Gesunde Produktivität für Dummies

Schummelseite

SYSTEME, STRUKTUREN UND ZEITMANAGEMENT

Zeitmanagement

- ✔ Identifizieren Sie zuerst Ihre Zeitfresser, um eine gute Planung möglich zu machen.
- ✔ Reduzieren Sie die Tätigkeiten, die Ihnen viel Zeit stehlen.
- ✔ Planen Sie Pausen und freie Zeit immer proaktiv ein.
- ✔ Nutzen Sie Kalender-Blocking, um nicht nur zu planen, was Sie machen, sondern auch wann Sie welche Aufgaben erledigen.
- ✔ Planen Sie eine Power Hour ein, um die Aufgaben zu erledigen, die Sie schon lange nerven oder die ansonsten immer hinten runterfallen.
- ✔ Folgen Sie der Zwei-Minuten Regel: Alle Aufgaben, die in zwei Minuten erledigt werden können, erledigen Sie sofort.
- ✔ Nutzen Sie die ALPEN-Methode in Kapitel 2, um Ihren Arbeitstag zu planen.

Prioritäten setzen

- ✔ Nutzen Sie die Eisenhower-Matrix in Kapitel 2, um Ihre Aufgaben zu priorisieren.
- ✔ Folgen Sie dem Pareto-Prinzip, der 80/20-Regel.
- ✔ Nutzen Sie die ABCDE-Methode, um Ihre Aufgaben nach Priorität zu sortieren.
- ✔ Essen Sie morgens direkt den Frosch – beginnen Sie mit der Aufgabe, die am wahrscheinlichsten aufgeschoben wird.

Aufgabenplanung

- ✔ Grundregel: Schreiben Sie ALLES auf. Halten Sie Ihr System immer up to date.
- ✔ Verwenden Sie ein Kanban-Board, um über Ihre Aufgaben einen visuellen Überblick zu behalten.
- ✔ Nutzen Sie Vorlagen, Workflow und Templates.
- ✔ Bauen Sie sich eine Feierabend- und Wochenendroutine auf.

FOKUS AUFBAUEN

- ✔ **Die größten Produktivitätskiller:** Ablenkungen, Multitasking, Information Overload und Unklarheit.
- ✔ **So gehen Sie mit externen Ablenkungen um:** Kommunikation und Grenzen setzen, bauen Sie Fokuszeiten ein und nutzen Sie geräuschreduzierende Hilfsmittel.
- ✔ **So gehen Sie mit inneren Ablenkungen um:** Halten Sie den Impuls für zehn Minuten aus, bevor Sie reagieren. Schreiben Sie Sorgen auf und nehmen Sie sich einen Termin zum Sorgen machen vor. Erstellen Sie eine »Später-Liste«.

Gesunde Produktivität für Dummies

Schummelseite

- **Ablenkungen durch Smartphone und Social Media:** Alle Notifications ausstellen, alle unwichtigen Apps löschen, Handy so weit weg wie möglich legen, blockieren Sie Webseiten und reduzieren Sie Ihren Newsfeed.
- **Fokus stärken:** Vermeiden Sie Multitasking, nutzen Sie Batching und reduzieren Sie so viele Reize wie möglich. Üben Sie sich in Meditation, um Ihren Fokus zu stärken.

ENERGIEMANAGEMENT

- Zeitmanagement alleine reicht nicht aus, wenn Sie nicht die Energie haben, um Ihre Zeit dann auch so zu nutzen, wie Sie möchten.
- 100 Prozent zu geben, wird nicht jeden Tag gleich aussehen. Seien Sie nachsichtig mit sich.
- Analysieren Sie Ihre Energieräuber und Energiegeber.
- Unterstützen Sie Ihren natürlichen Schlaf-Wach-Rhythmus: Gönnen Sie sich morgens Licht, aber vermeiden Sie Licht am Abend, essen Sie nicht zu spät zu Abend und achten Sie auf Ihren Koffeinkonsum.
- Planen Sie Ihre Aufgaben nach Ihrem Rhythmus.
- Achten Sie auf Ihre Pausen.
- Sorgen Sie dafür, dass Sie genug schlafen und erhöhen Sie Ihre Schlafqualität.
- Berücksichtigen Sie Ihre Intro- oder Extroversion bei Ihrer Tagesplanung.

MOTIVATION UND PROKRASTINATION

- Motivation entsteht, wenn Sie anfangen.
- Prokrastination ist keine Faulheit, sondern meist der Schutz vor unangenehmen Emotionen.
- Üben Sie sich darin, die unangenehmen Emotionen auszuhalten.
- Finden Sie Alternativen für Ihre Sorgen und Ängste, die negativen Gedanken, die bei der Prokrastination auftauchen.
- Machen Sie sich klar, dass Ihre Vorhersagen, wie Sie sich morgen fühlen werden, meist falsch sind.
- Nehmen Sie sich vor, nur zehn Minuten an einer Aufgabe zu arbeiten. Danach dürfen Sie aufhören.
- Nutzen Sie Kalender-Blocking oder die Pomodoro-Technik, erklärt in Kapitel 5, um anzufangen.
- Reduzieren Sie die Hürden, um zu beginnen.
- Erstellen Sie bewusst einen richtig schlechten ersten Entwurf.

Gesunde Produktivität für Dummies

Schummelseite

PEOPLE PLEASING

- ✔ People Pleaser sind die Menschen, die es anderen immer recht machen müssen.
- ✔ Als People Pleaser machen Sie Ihren Selbstwert von anderen abhängig, erfüllen fremde Erwartungen und wissen oft gar nicht, was Sie selbst wollen.
- ✔ Checken Sie Ihre Glaubenssätze – Müssen Sie anderen wirklich immer helfen?
- ✔ Machen Sie sich klar: »Nein« ist kein böses Wort.
- ✔ Üben Sie, die Emotionen – die Angst vor dem Neinsagen – auszuhalten.
- ✔ Machen Sie sich Ihre Ziele und Prioritäten klar.
- ✔ So sagen Sie leichter »Nein«:
  - Schlagen Sie eine Alternative vor.
  - Bleiben Sie freundlich.
  - Geben Sie keine (oder nur eine kurze) Erklärung.
  - Antworten Sie nicht mit »vielleicht«.
  - Bitten Sie um Bedenkzeit.

PERFEKTIONISMUS

- ✔ Restrukturieren Sie Ihren Perfektionismusgedanken. Finden Sie Alternativen zu Ihrem Gedanken »Ich muss alles perfekt machen!«
- ✔ Üben Sie sich in Selbstmitgefühl und Akzeptanz. Sie dürfen Fehler machen.
- ✔ Machen Sie sich klar, dass Ihr Gehirn darauf ausgerichtet ist, leichter die Fehler und negativen Seiten zu sehen.
- ✔ Führen Sie ein Erfolgstagebuch.
- ✔ Machen Sie sich klar, dass Fehler auch Ihre Vorteile haben.
- ✔ Versuchen Sie Ihr Schwarz-Weiß-Denken abzulegen. Die Dinge sind nicht gut oder schlecht. Die Wahrheit liegt irgendwo dazwischen.
- ✔ Setzen Sie sich Zeitlimits, um Aufgaben abzuschließen.
- ✔ Erledigen Sie Aufgaben mal absichtlich nicht perfekt oder machen Sie absichtlich kleine Fehler.

SELBSTZWEIFEL

- ✔ Ursachen für Selbstzweifel gibt es viele: Kindheitserfahrungen, Pluralistische Ignoranz, Vergleiche mit anderen, mangelnde Fehlerkultur, Negativverzerrung und den Dunning-Kruger-Effekt.

Schummelseite

- ✔ Die Auswirkungen von Selbstzweifeln für Produktivität können ebenfalls vielfältig sein: Perfektionismus, Prokrastination, People Pleasing, schlechtere Arbeitsleistung und Überlastung können alles Folgen von Selbstzweifeln sein.
- ✔ Das Hochstapler-Syndrom ist eine extreme Form von Selbstzweifeln, bei denen die Betroffenen sich wie Hochstapler fühlen und Angst haben »aufzufliegen«, auch wenn Sie offensichtlich qualifiziert sind.

  So gehen Sie mit Ihren Selbstzweifeln um:

  - Hinterfragen Sie Ihre Gedanken.
  - Seien Sie nett zu sich selbst und üben Sie sich in Selbstmitgefühl.
  - Sprechen Sie offen über Ihre Selbstzweifel.
  - Feiern Sie Ihre Erfolge.
  - Üben Sie sich darin, Komplimente anzunehmen.
  - Machen Sie sich klar, dass andere Menschen auch nur mit Wasser kochen.

GEWOHNHEITEN

Versuchen Sie Gewohnheiten aufzubauen, die Ihnen in Ihrem Alltag helfen.

Gewohnheiten aufbauen

- ✔ Verstehen Sie Ihr »Warum« hinter der neuen Gewohnheit.
- ✔ Fangen Sie mit der neuen Gewohnheit so klein wie möglich an.
- ✔ Erstellen Sie sich einen Notfallplan für Ihre Ausreden.
- ✔ Stellen Sie Ihren Perfektionismus ab – Hauptsache die Richtung stimmt.
- ✔ Nehmen Sie sich eine Gewohnheit nach der anderen vor.
- ✔ Reduzieren Sie Ihre Hürden, um anzufangen.
- ✔ Nutzen Sie Habit Stacking, um eine bereits bestehende Gewohnheit zu erweitern.
- ✔ Suchen Sie sich einen Accountability Partner.

Gewohnheiten loswerden

- ✔ Ersetzen Sie Ihre alte Gewohnheit durch eine neue.
- ✔ Konzentrieren Sie sich auf das Gefühl danach.
- ✔ Versuchen Sie das Bedürfnis dahinter zu verstehen.
- ✔ Bauen Sie Hürden auf.

Gesunde Produktivität für Dummies

Amelie Schomburg

Gesunde Produktivität für dummies®

WILEY-VCH GmbH

Gesunde Produktivität für Dummies

Bibliografische Information der Deutschen Nationalbibliothek

Die Deutsche Nationalbibliothek verzeichnet diese Publikation in der Deutschen Nationalbibliografie; detaillierte bibliografische Daten sind im Internet über `http://dnb.d-nb.de` abrufbar.

1. Auflage 2025

Coverillustration: © Nuthawut - `stock.adobe.com`
Korrektur: Johanna Rupp, Nußloch
Satz: Straive, Chennai, India
Druck und Bindung:

Print ISBN: 978-3-527-72274-7
ePub ISBN: 978-3-527-85094-5

Über die Autorin

Amelie Schomburg ist Sozial- und Organisationspsychologin und arbeitet als freiberufliche Trainerin und Coach im Bereich Stressmanagement, Resilienz, Selbstvertrauen und gesunder Produktivität. Dabei hilft sie ihren Teilnehmenden, hohen Anforderungen gerecht zu werden, Selbstzweifel zu überwinden und Produktivität zu erhöhen, ohne dabei mehr Stress zu haben oder auszubrennen.

Neben Einzelarbeit mit Kunden gibt Amelie Schomburg auch Firmenseminare. Mehr Informationen finden Sie auf `www.schomburg-consulting.de`

Auf einen Blick

Über die Autorin **9**

Über dieses Buch **19**

Teil I: Fokussiert und mit System arbeiten **25**

Kapitel 1: Einführung in die gesunde Produktivität 27
Kapitel 2: Systeme und Struktur 43
Kapitel 3: Fokussiert arbeiten 65

Teil II: Energie und Motivation hochhalten **85**

Kapitel 4: Energiemanagement 87
Kapitel 5: Motivation und Prokrastination 119

Teil III: Mit inneren Faktoren umgehen **147**

Kapitel 6: Den People Pleaser ablegen 149
Kapitel 7: Perfektionismus 173
Kapitel 8: Selbstzweifel und das Hochstapler-Syndrom 193
Kapitel 9: Gewohnheiten aufbauen 211

Teil IV: Der Top-Ten-Teil **233**

Kapitel 10: Zehn Apps für gesunde Produktivität 235
Kapitel 11: Zehn Tipps für Gelassenheit an stressigen Arbeitstagen 239
Kapitel 12: Warnsignale, dass Ihre gesunde Produktivität in Gefahr ist 245

Abbildungsverzeichnis **253**

Stichwortverzeichnis **255**

Inhaltsverzeichnis

Über die Autorin 9

Über dieses Buch 19

Wie Sie dieses Buch nutzen 20
Törichte Annahme über den Leser 20
Wie dieses Buch aufgebaut ist 21
Teil I: Fokussiert und mit System arbeiten 21
Teil II: Energie und Motivation hochhalten 22
Teil III: Mit inneren Faktoren umgehen 22
Teil IV: Der Top-Ten Teil 23
Symbole, die in diesem Buch verwendet werden 23

TEIL I
FOKUSSIERT UND MIT SYSTEM ARBEITEN 25

Kapitel 1
Einführung in die gesunde Produktivität 27

Die Gefahren von Stress und »Hustle Culture« 27
Die Herausforderungen der aktuellen Arbeitswelt 29
Die Auswirkungen von Stress und Hustle Culture 30
Auslöser für Stress 31
Was bei Stress passiert 31
Ab wann Stress gefährlich wird 33
Die Folgen von Stress 35
Warum Stress oft chronisch wird 39
Was gesunde Produktivität bedeutet 40
Warum wir Produktivität brauchen 41
Warum Zeit- und Aufgabenmanagement nicht reichen 41
Kleine Veränderungen, große Wirkung 42

Kapitel 2
Systeme und Struktur 43

Zeitmanagement 43
Wie ein paar Minuten einen riesigen Unterschied machen können 43
Zeitfresser identifizieren 44
Pausen und freie Zeiten proaktiv planen 46
Kalender-Blocking 46
Die Power Hour 49
Die Zwei-Minuten-Regel 50
DIE ALPEN-Methode 51
Umgang mit E-Mail-Flut 52

Methoden zur Prioritätensetzung 53
Beschäftigt versus produktiv 53
Die Eisenhower-Matrix 54
Das Pareto-Prinzip, auch 80/20-Regel genannt 55
Die ABCDE-Methode 56
Frösche essen 56
Methoden zur Aufgabenverwaltung 57
Von Notizbüchern, Whiteboard und Apps 57
Übersicht nützlicher Apps 59
Braindump 60
Kanban 60
Workflow und Templates 61
Feierabend- und Wochenendroutinen 62

Kapitel3
Fokussiert arbeiten 65
Warum Fokus oft so schwierig ist 65
Produktivitätskiller Ablenkung 65
Externe Ablenkungen 66
Innere Ablenkungen 66
Produktivitätskiller Multitasking 68
Produktivitätskiller Information Overload 69
Produktivitätskiller Unklarheit 72
Umgang mit externen Ablenkungen 73
Kommunikation und Grenzen setzen 74
Unterbrechungen durch Kollegen oder Kolleginnen, wenn Sie im Büro arbeiten 74
Unterbrechungen durch Familienmitglieder, wenn Sie im Homeoffice arbeiten 75
Ablenkungen durch Geräusche 76
Innere Ablenkungen 76
Ablenkungen durch Soziale Medien und Smartphones 78
Fokus stärken 80
Multitasking vermeiden 80

TEIL II
ENERGIE UND MOTIVATION HOCHHALTEN 85

Kapitel 4
Energiemanagement 87
Warum Energiemanagement noch wichtiger ist als Zeitmanagement 87
Energieräuber und Energiegeber identifizieren 89
Der natürliche Schlaf-Wach-Rhythmus 92
Die verschiedenen Phasen des Schlaf-Wach-Rhythmus 94
Die Fokusphase 95
Das Nachmittagstief 96
Die Kreativphase 97

Pausen ... 98
So besser nicht: Fehler bei Pausen ... 98
Pausen richtig machen ... 99
Schlaf ... 103
Die Kosten von Schlafmangel ... 104
Qualität über Quantität ... 105
Tipps für besseren Schlaf ... 106
Tipps bei Einschlafproblemen ... 107
Intro- und Extroversion ... 108
Intro- oder extrovertiert? Das ist hier die Frage! ... 109
Extroversion: Energie aus der Zeit mit anderen ziehen ... 109
Introversion: mehr Zeit für sich brauchen ... 111
Notfalltipps für den Arbeitsalltag ... 113
Bewegung: Stress ab- und Energie aufbauen ... 113
Atemtechniken: mal kurz Energie tanken ... 114
Body-Scan: einmal durch den ganzen Körper ... 116
Gesunder Lebensstil ... 117

Kapitel 5
Motivation und Prokrastination ... 119
Motivation, Motive und Volition ... 119
Intrinsische versus extrinsische Motivation ... 122
Intrinsische Motivation ... 123
Wie Motivation wirklich entsteht ... 125
Prokrastination ... 127
Prokrastination als Schutz vor unangenehmen Gefühlen ... 128
Morgen sind Sie nicht motivierter ... 131
Die Kosten von Prokrastination ... 132
Prokrastination überwinden ... 133
Negative Emotionen aushalten ... 135
Alternativen für negative Gedanken finden ... 136
Ihre Vorhersagen als falsch entlarven ... 138
Wissen, dass die Motivation erst nach dem Anfangen kommt ... 139
Tricks zum »einfach anfangen« ... 140
Verzeihen Sie sich Ihre Prokrastination ... 146

TEIL III
MIT INNEREN FAKTOREN UMGEHEN ... 147

Kapitel 6
Den People Pleaser ablegen ... 149
Woran Sie erkennen, dass Sie People Pleaser sind ... 149
Warum Menschen People Pleaser werden ... 152
Die Nachteile von People Pleasing ... 153
Von anderen abhängiges Selbstwertgefühl ... 153
Fremde Erwartungen erfüllen, statt für sich selbst einzustehen ... 153

People Pleaser wissen oft gar nicht, was sie wollen 154
People Pleaser sind weniger beliebt 155
People Pleasing als Teufelskreis 155
Wichtigkeit von Grenzen 156
Den People-Pleasing-Kreislauf unterbrechen 157
Einfacher »Nein« sagen 159
Glaubenssätze checken 159
»Nein« ist kein böses Wort 160
Ein »Nein« kann nicht nur Ihnen nutzen! 161
Emotionen aushalten 162
Klarheit über Ziele und Prioritäten 162
Sich belohnen 166
Kommunikation von Grenzen 167
Strategien zum Umgang mit negativen Reaktionen auf ein »Nein« 170
Was Sie als People Pleaser sonst noch tun sollten 171

Kapitel 7
Perfektionismus 173
Was Perfektionismus ist 173
Ursachen von Perfektionismus 176
Ursachen in der Familie 176
Weitere mögliche Ursachen 177
Gesunder versus ungesunder Perfektionismus 178
Auswirkungen von Perfektionismus 180
Die Vorteile von Perfektionismus 180
Die Nachteile von Perfektionismus 181
Strategien zur Bewältigung von Perfektionismus 182
Restrukturierung des Perfektionismusgedankens 182
Selbstmitgefühl und Akzeptanz 184
Negativverzerrung entgegenwirken 185
Fehler haben Ihre Vorteile 186
Schwarz-Weiß-Denken ablegen 187
Perfektionismus-Prioritäten setzen 189
Zeitlimits setzen 189
»Gut ist gut genug« – Ziele setzen 190
Absichtlich schlecht arbeiten 190
Absichtlich Fehler machen 191

Kapitel 8
Selbstzweifel und das Hochstapler-Syndrom 193
Selbstzweifel 193
Die Ursachen von Selbstzweifeln 194
Die Auswirkungen von Selbstzweifeln 198
So gehen Sie mit Selbstzweifeln um 200
Das Hochstapler-Syndrom 204

Kapitel 9
Gewohnheiten aufbauen ... 211
Die Rolle von Gewohnheiten ... 211
Vorteile von Gewohnheiten ... 212
Gewohnheiten sind energiesparend ... 212
Gewohnheiten geben Struktur und Stabilität ... 213
Gewohnheiten helfen Ihnen, langfristige Ziele leichter zu erreichen ... 213
Gewohnheiten statt Selbstdisziplin ... 214
Methoden zum Aufbauen neuer Gewohnheiten ... 215
Das »Warum« verstehen ... 215
Klein anfangen ... 217
Bei Ausreden: einen Notfallplan parat haben ... 218
Perfektionismus abstellen ... 219
Eine Gewohnheit nach der anderen ... 221
Hürden reduzieren ... 222
Habit Stacking: Eine Gewohnheit kommt nicht ganz allein ... 223
Accountability Partner suchen ... 224
Methoden, um Gewohnheiten loszuwerden ... 225
Weg damit! Gewohnheiten auslöschen (Extinktion) ... 226
Leichter: Gewohnheiten ersetzen ... 227
Sich auf das Gefühl danach konzentrieren ... 227
Das Bedürfnis dahinter verstehen ... 229
Hürden aufbauen ... 231

TEIL IV
DER TOP-TEN-TEIL ... 233

Kapitel 10
Zehn Apps für gesunde Produktivität ... 235
Habitica ... 235
Streaks ... 236
Forest ... 236
Focus@Will ... 236
Freedom ... 237
Rescue Time ... 237
Coffitivity ... 237
MindNode ... 238
Toggle Tracker ... 238
Bear Focus Timer ... 238

Kapitel 11
Zehn Tipps für Gelassenheit an stressigen Arbeitstagen ... 239
Physiologische Seufzer ... 239
Meditation ... 240
4-7-8-Atemübung ... 240

Bauchatmung . . . 241
Body-Check . . . 241
Durchschütteln . . . 241
Grundbedürfnisse checken . . . 242
Raus an die frische Luft . . . 242
Journaling . . . 243
Gespräch mit einer vertrauen Person . . . 243

Kapitel 12
Warnsignale, dass Ihre gesunde Produktivität in Gefahr ist . . . 245
Verhaltensweisen, die Sie nicht loswerden können . . . 245
Hamsterradgefühl . . . 246
Schlafprobleme . . . 247
Körperliche Symptome . . . 247
Vernachlässigung Ihrer Gesundheit . . . 248
Schuldgefühle bei Pausen und Urlaub . . . 249
Ständige Erreichbarkeit . . . 249
Verlust von Freude . . . 250
Ständige Gereiztheit . . . 250
Rückzug . . . 250

Abbildungsverzeichnis . . . 253
Stichwortverzeichnis . . . 255

Über dieses Buch

Dieses Buch bringt Ihnen bei, wie Sie produktiv sein können, ohne dabei Ihren Stress zu erhöhen. Das Buch spricht verschiedene Themen an, die einen Einfluss auf Ihre Produktivität und Ihr Stresslevel haben können.

Es gibt ganz konkrete Methoden und Tipps, wie Sie Ihre Aufgaben besser organisieren und Ihre Zeit besser planen können, aber auch wie Sie mit mentalen Faktoren umgehen können. Denn gesunde Produktivität bedeutet nicht nur, die eigene Zeit gut zu organisieren, sondern auch, mit den eigenen Ansprüchen und den Ansprüchen anderer Menschen umgehen zu können und diese möglicherweise zu reduzieren oder Grenzen aufzuziehen.

Sie lernen in diesem Buch,

✔ wie Sie produktiv sein können, ohne Ihre Gesundheit zu gefährden und was gesunde Produktivität wirklich bedeutet.

✔ wie Sie effektive Zeitmanagementtechniken einsetzen können, um Ihre Zeit optimal zu nutzen und Zeitfresser zu identifizieren.

✔ welche Strategien für fokussiertes Arbeiten es gibt, einschließlich Methoden zum Umgang mit Ablenkungen und zur Verbesserung Ihrer Konzentration.

✔ wie Sie Ihr Energiemanagement optimieren können, um langfristig leistungsfähig zu bleiben.

✔ welche Techniken Ihnen helfen können, Ihre Motivation zu steigern und Prokrastination zu überwinden.

✔ wie Sie klare Grenzen setzen und kommunizieren können, um Überlastung zu vermeiden und Ihre Selbstfürsorge zu verbessern.

✔ welche Methoden zum Umgang mit Perfektionismus den Stress reduzieren und Ihnen helfen, trotzdem qualitativ hochwertige Arbeit zu leisten.

✔ wie Sie Strategien entwickeln, um positive Gewohnheiten zu etablieren und negative Verhaltensweisen abzulegen.

Sie brauchen für dieses Buch kein Vorwissen, sondern können es als Einführung in viele verschiedene Themen verstehen. Jedes Kapitel beschäftigt sich mit einem Thema, über das selbst noch mal ein ganzes Buch geschrieben werden könnte. Verstehen Sie diese Kapitel als Einführung und als Möglichkeit zu entdecken, ob Sie von dem jeweiligen Thema betroffen sind. Diese Erkenntnis können Sie dann natürlich nutzen, um sich in diese Themen noch weiter einzuarbeiten.

Ich kann nicht bei allen Themen in die extreme Tiefe gehen – dafür bekommen Sie in diesem Buch eine sehr breite Übersicht über viele Themen und eine Menge Methoden an die Hand, die Sie ausprobieren und anwenden können.

Wie Sie dieses Buch nutzen

Dieses Buch soll Sie dazu anregen auszuprobieren. Sie bekommen in diesem Buch viele verschiedene Methoden vorgestellt und gleichzeitig zu vielen der Methoden auch Hintergrundwissen. Ich persönlich finde Hintergrundwissen immer wichtig. Denn um eine Methode zu verstehen und sie erfolgreich anzuwenden, hilft es auch zu wissen, warum sie funktioniert.

Menschen sind unterschiedlich. Herausforderungen sind unterschiedlich. Persönlichkeiten sind unterschiedlich. Erfahrungen sind unterschiedlich. Präferenzen und Lebensvorstellungen sind unterschiedlich. Erwarten Sie daher bitte nicht, dass jede Methode und jeder Tipp auch bei Ihnen funktioniert. Wir Menschen sind nicht alle gleich. Die Methoden funktionieren generell bei Menschen – aber genau wie die meisten Menschen gerne Pizza essen, heißt das nicht unbedingt, dass Sie persönlich auch gerne Pizza essen.

Probieren Sie daher aus. Nutzen Sie dieses Buch als Nachschlagwerk, um immer wieder eine neue Methode auszuprobieren und wenn diese nicht funktioniert, eine andere zu testen. Beginnen Sie mit den Methoden, die Sie am meisten ansprechen. Von denen Sie der Meinung sind, dass diese besonders einfach umzusetzen und in Ihr Leben integrierbar sind. Machen Sie sich es sich für den Anfang nicht zu kompliziert.

Bitte probieren Sie nicht alles gleichzeitig. Das funktioniert ungefähr genauso gut, wie das Umsetzen von Neujahrsvorsätzen. Ein paar Tage und dann haben Sie schnell wieder aufgegeben. Fangen Sie daher klein an. Sobald Sie eine Methode ausprobiert und festgestellt haben, dass diese gut funktioniert und bei Ihnen nun etabliert ist, suchen Sie sich die nächste. Dazu hilft es, das Kapitel 9 über Gewohnheiten zu lesen.

Geben Sie sich Zeit. Ihre Gewohnheiten, Verhaltensweisen und Denkweisen haben Sie sich vermutlich über Jahre hinweg aufgebaut. Dies hat lange gedauert, erwarten Sie daher bitte nicht, dass Sie sich innerhalb von ein paar Tagen ändern. Veränderung braucht Zeit, Geduld und Nachsicht mit sich selbst. Die Wahrscheinlichkeit, dass Sie in alte Muster verfallen, wird groß sein. Seien Sie dann nachsichtig mit sich selbst und probieren Sie es einfach noch mal. Sich dafür zu verurteilen, hilft Ihnen nicht weiter, vermutlich erhöht es sogar die Wahrscheinlichkeit, dass Sie wieder rückfällig werden.

Sie können dieses Buch am Stück lesen, wenn Sie wollen, und später zurück zu den Tipps kommen und sich überlegen, welche Sie anwenden wollen. Oder Sie suchen sich bestimmte Kapitel raus, die Sie besonders interessieren.

Törichte Annahme über den Leser

Viele Ratgeber werden gelesen in der Hoffnung, dass es einem dann besser geht. Endlich die eine Lösung für das Problem zu finden. Bei der Lektüre wird dann zustimmend genickt – Ha! Ja, stimmt genau, so geht es mir!

Und dann passiert ... nichts.

Eines kann ich leider nicht für Sie übernehmen: die Umsetzung.

Die Lektüre dieses Buches bringt Ihnen wenig, wenn Sie dann nicht in die Umsetzung kommen. Theorie und Hintergrundwissen nutzen Ihnen überhaupt nichts, wenn Sie es nicht schaffen, die Methoden, Tipps und Tricks auch in der Praxis umzusetzen.

Sie können nicht erwarten, dass sich Ihr Leben verbessert, wenn Sie so weitermachen wie bisher – zumindest nicht, wenn Sie gerade unzufrieden sind. Da hilft Ihnen dann die reine Lektüre dieses Buches auch nicht weiter.

Übernehmen Sie Verantwortung und kommen Sie ins Handeln.

Erwarten Sie bitte auch nicht, dass Sie in diesem Buch den einen kleinen Tipp finden, der Ihr Leben auf magische Weise verändern wird. Oft sind es die vielen kleinen Dinge, die dafür sorgen, dass es Ihnen besser geht. Aber eben auch nur, wenn Sie diese umsetzen. Das kann ich Ihnen nicht abnehmen.

Die meisten Tipps und Tricks in diesem Buch sind eher für neurotypische Menschen gedacht. Dieses Buch geht nicht speziell auf Neurodivergenz ein. Sollten Sie zum Beispiel ADHS haben, dann sind vielleicht nicht alle Tipps und Tricks für Sie anwendbar. Sie können sich aber sicherlich auch die ein oder andere Methode aus diesem Buch ziehen.

Eine Sache ist mir noch wichtig: Dieses Buch soll Sie nicht dazu verleiten an Ihrer Selbstoptimierung zu arbeiten, die vermutlich nicht nötig ist. Ja, Sie können bestimmt einige Tipps und Tricks in diesem Buch umsetzen, um an ein paar Stellschrauben an Ihrer Produktivität zu drehen. Achten Sie dabei aber auf eine gesunde Produktivität. Damit ist gemeint, dass Sie auf keinen Fall zu einer Maschine werden oder auf Kosten Ihrer Gesundheit produktiv sind. Das Buch ist nicht dazu gedacht, dass Sie mehr, mehr, mehr schaffen, sondern, dass Sie eine gesunde Balance finden.

Beachten Sie bitte auch, dass es nicht darum geht, ein strukturelles Problem zu individualisieren. Chronisch unterbesetzte Teams sowie Erwartungshaltungen und Aufgabenlasten, die einfach nicht erfüllbar sind, liegen nicht in Ihrer Verantwortung und sollen Sie nicht dazu verleiten, dies durch persönliche Produktivität auszugleichen.

Wie dieses Buch aufgebaut ist

Sie können in diesem Buch jedes Kapitel für sich lesen und auch in beliebiger Reihenfolge. Ich würde Ihnen jedoch vorschlagen, zumindest das erste Kapitel zu lesen, bevor Sie sich an die Lektüre eines anderen Kapitels machen. Außerdem empfehle ich Ihnen Kapitel 9 über Gewohnheiten auf jeden Fall zu lesen. Es wird Ihnen helfen, einige der Methoden in diesem Buch umzusetzen und dranzubleiben.

Teil I: Fokussiert und mit System arbeiten

Im ersten Teil des Buches dreht sich alles um Fokus und Systeme. Im ersten Kapitel erfahren Sie, was mit gesunder Produktivität gemeint ist, warum die »Hustle-Culture« gefährlich sein kann und welche psychischen und physischen Auswirkungen Stress haben kann.

Im zweiten Kapitel finden Sie Methoden zu Zeitmanagement, zur Prioritätensetzung und zur generellen Aufgabenverwaltung. Es beschreibt die konkrete Umsetzung von Systemen, die Sie in Ihren Arbeitsalltag einbauen können.

Im dritten Kapitel geht es um das Thema Fokus. Das Kapitel behandelt die Frage, warum Fokus oft so schwierig ist und warum Ablenkung ein riesiger Stressor und großer Produktivitätskiller ist. Sie erfahren, wie Sie mit Ablenkungen umgehen können und wie Sie generell Ihren Fokus wieder stärken können.

Teil II: Energie und Motivation hochhalten

Im zweiten Teil des Buches geht es darum, wie Sie Energie und Motivation hochhalten können. Kapitel 4 beschäftigt sich mit dem Thema Energiemanagement. Denn auch das beste Zeitmanagement bringt Ihnen wenig, wenn Sie die Zeit, die Sie dadurch gewinnen, nicht so nutzen können, wie Sie wollen, weil Ihnen die Energie fehlt. Dabei behandelt das Kapitel die Themen Pausen, Schlaf, den natürlichen Schlaf-Wach-Rhythmus und auch welchen Einfluss ein gesunder Lebensstil auf die Energie hat.

Kapitel 5 befasst sich mit dem Thema Motivation und damit einhergehend auch dem Thema Prokrastination – dem Aufschieben von Aufgaben. Sie lernen, wie sich Motivation wirklich entwickelt, warum es unsinnig ist auf Motivation zu warten. Sie lernen außerdem, wie Prokrastination entsteht und warum Aufschieben nichts mit Faulheit zu tun hat. Natürlich erfahren Sie ebenfalls, wie Sie Prokrastination überwinden können und es schaffen, auch die wirklich nervigen Aufgaben zu erledigen.

Teil III: Mit inneren Faktoren umgehen

Der dritte Teil des Buches beschäftigt sich mit inneren Faktoren. Mit den Dingen, die in Ihrem Kopf passieren. Diese können dafür sorgen, dass Stress entsteht, wenn er gar nicht da sein müsste, oder dass sich Stress durch Ihre eigenen Ansprüche verstärkt.

In Kapitel 6 geht es um den People Pleaser. People Pleaser sind Menschen, die das Bedürfnis haben, es anderen Menschen immer recht zu machen. Hauptsache den anderen geht es gut, egal wie sehr Sie sich aufopfern müssen. Sie lernen in dem Kapitel die Wichtigkeit von Grenzen und Selbstfürsorge. Sie lernen, wie Sie mit dem »Kannst du mal eben …?«-Syndrom umgehen können und wie Sie klare Grenzen kommunizieren.

In Kapitel 7 geht es um Perfektionismus. Sie erfahren, woher Ihr Drang nach Perfektionismus kommt und wie sich gesunder von ungesundem Perfektionismus unterscheidet. Sie lernen Strategien kennen, wie Sie einen gesunden Umgang mit Perfektionismus finden können, sodass Sie sich durch Ihren Perfektionismus nicht mehr überarbeiten und Aufgaben endlich abschließen können, ohne sie noch mindestens 28-mal überarbeiten zu müssen.

In Kapitel 9 geht es um Selbstzweifel und das Hochstapler-Syndrom. Sie erfahren, woher Selbstzweifel kommen, wie Selbstzweifel Ihre Produktivität beeinflussen können und auch, wie Sie mit Selbstzweifeln umgehen können. Außerdem lernen Sie die Hintergründe zum Hochstapler-Syndrom kennen, einer extremen Form von Selbstzweifeln.

In Kapitel 9 dreht sich dann alles um Gewohnheiten. In diesem Kapitel lernen Sie, warum Gewohnheiten so wichtig sind. Wie Sie es schaffen unliebsame Gewohnheiten loszuwerden und wie Sie neue Gewohnheiten aufbauen.

Teil IV: Der Top-Ten Teil

In Kapitel 10 finden Sie eine Übersicht von Apps für gesunde Produktivität. Diese decken viele verschiedene Themen ab.

In Kapitel 11 finden Sie zehn Tipps für mehr Gelassenheit an stressigen Arbeitstagen.

In Kapitel 12 finden SIe 10 Warnsignale, dass Ihre gesunde Produktivität in Gefahr ist.

Symbole, die in diesem Buch verwendet werden

Wie in allen *für Dummies*-Büchern finden Sie auch in diesem Buch Symbole, die Sie auf Folgendes hinweisen:

Bei diesem Symbol erhalten Sie weitere Tipps und Tricks und manchmal auch wichtiges Hintergrundwissen.

Bei diesem Symbol erwartet Sie eine praktische Übung.

Dieses Symbol gibt Ihnen einen wichtigen Hinweis. Zum Beispiel etwas, worauf Sie besonders achten sollten. Oder wobei Sie vorsichtig sein sollten.

Dieses Symbol fasst Definitionen oder wichtige Konzepte nochmals kurz zusammen.

Dieses Symbol weist auf eine Anekdote oder einen Funfact hin.

Hier finden Sie Merkens- und Bemerkenswertes.

Beispiele sind mit diesem Icon versehen.

Teil I
Fokussiert und mit System arbeiten

IN DIESEM TEIL …

Im ersten Teil des Buches geht es um ein paar ganz praktische Grundlagen. Sie erfahren, warum gesunde Produktivität wichtig ist und welche Gefahren Stress und Hustle Culture mit sich bringen. Denn gesunde Produktivität hängt eng mit dem Thema Stress zusammen. Gesunde Produktivität bedeutet, dass Sie Ihren Stress reduzieren, aber trotzdem noch produktiv sind.

In diesem Teil des Buches erhalten Sie ergänzend zum Hintergrundwissen auch ganz praktische Tipps, wie Sie Ihre Aufgaben und Ihre Zeit organisieren und planen. Damit schaffen Sie die ersten Grundlagen, wie Sie produktiv arbeiten können.

IN DIESEM KAPITEL

Die Gefahren von Stress und »Hustle Culture«

Wann Stress auch seine Vorteile haben kann

Was gesunde Produktivität wirklich bedeutet

Warum Sie Produktivität trotzdem brauchen

Kapitel 1
Einführung in die gesunde Produktivität

Dieses Kapitel dient als Einführung in die gesunde Produktivität. Sie lernen die Gefahren von Stress und der sogenannten »Hustle Culture« kennen. Sie erfahren auch, warum Stress nicht nur negativ ist und in welchen Fällen Stress sogar positiv sein kann. Sie lernen, wie ein grundsätzlich gesunder Umgang mit Stress aussieht und, natürlich am wichtigsten, wie eine gesunde Produktivität aussieht.

Die Gefahren von Stress und »Hustle Culture«

Höher, größer, weiter. Mehr, mehr, mehr. Das scheint für viele Menschen noch immer das Motto zu sein. Egal, ob durch die eigenen Ansprüche oder durch die Anforderungen, die von ihrem Umfeld, zum Beispiel, von Arbeitgebern, an sie herangetragen werden.

Vielleicht kennen Sie auch das Gefühl, sich in dem täglichen Hamsterrad gefangen zu fühlen. Egal, ob das im Job der Fall ist, oder im privaten Bereich.

- ✔ Der Haushalt, der immer und immer wieder von vorne anfängt und nie ein Ende hat.
- ✔ Die vielen E-Mails, die beantwortet werden müssen.
- ✔ Die ständigen Anfragen und das Gefühl, nicht hinterherzukommen.
- ✔ Die hohen Ziele, die Sie sich gesteckt haben. Ihre eigenen hohen Ansprüche. Sie müssten schon weiter sein. Besser sein, mehr in Ihrem Leben erreicht haben.

Eigentlich ist Ihnen alles zu viel. Sie sind gestresst. Aber gleichzeitig haben Sie, wie so viele von uns, eben auch gelernt, dass Arbeit wichtig ist. Dass Produktivität wichtig ist. Vermutlich ziehen auch Sie Ihren Wert aus Ihrer Produktivität und fühlen sich unwohl und auf einmal nicht mehr so viel wert, manchmal unzufrieden, wenn Sie nicht produktiv sind. Gönnen Sie sich Entspannung und Ruhe, kommt direkt das schlechte Gewissen.

Passen Sie auf, dass Sie nicht der »Hustle Culture« verfallen und versuchen, mit unermüdlichem Einsatz Ihre Ziele zu erreichen und machen, machen und machen. Immer in Eile und Hetze. Leider oft auch über Ihre Grenzen hinweg, was zu psychischen oder physischen Konsequenzen führen und Sie krank machen kann, mental oder körperlich.

Hustlen Sie noch, oder leben Sie schon?

Hustle Culture (hustle, englisch für »hetzen« – also frei übersetzt eine »Hetzkultur«) beschreibt einen Lebensstil und eine Arbeitseinstellung der konstanten Produktivität und Glorifizierung des Ständig-beschäftigt-Seins und Ständig-Arbeitens.

Oft ist Hustle Culture mit der Idee verbunden, dass sich nur durch wirkliche harte Arbeit, oft auf Kosten von Freizeit, Erholung oder auch der persönlichen Gesundheit, beruflicher Erfolg einstellt. Leistung und Produktivität sind die Messlatte für den eigenen Wert.

Allerdings führt der tägliche »Hustle« auch nicht unbedingt dazu, dass Sie tatsächlich wirklich produktiver sind. Denn, wenn Sie konstant erschöpft sind, ständig an Ihre Belastungsgrenze gehen, fehlt Ihnen vermutlich die Energie, um die Zeit, in der Sie arbeiten, tatsächlich produktiv zu nutzen beziehungsweise Sie arbeiten langsamer, machen vielleicht sogar mehr Fehler.

Spätestens dann, wenn Ihr konstanter Hustle nicht nur dazu führt, dass Sie erschöpft und müde sind, sondern noch weitere gesundheitliche Konsequenzen spüren, können Sie Ihre Produktivität vergessen. Wenn Sie Pech haben, sagt Ihnen Ihr Körper irgendwann ganz deutlich, wann es zu viel ist. Sie entwickeln körperliche oder mentale Symptome. Im Extremfall bis zum Burn-out.

Die Herausforderung ist nun, einen gesunden Mittelweg zu finden. Denn produktiv sein, arbeiten, Ziele erreichen und Dinge schaffen, ist etwas, was nicht nur grundsätzlich einfach zum Leben dazu gehört – die meisten Menschen müssen arbeiten, um Geld zu verdienen und so ein Haushalt erledigt sich auch nicht einfach so von alleine. Zusätzlich ist das Arbeiten an Zielen auch etwas, was Menschen zufrieden und glücklich macht.

Produktivität ist nicht per se etwas Negatives, im Gegenteil. Es ist wichtig, Ziele zu haben. Es ist wichtig, einen Sinn und Zweck im Leben zu haben.

Sie können also in Ihrem Leben nicht komplett auf Produktivität verzichten und ich vermute, dass Sie das auch nicht wollen. Aber eben nicht auf Kosten Ihrer Gesundheit.

Wenn Sie es schaffen, Ihre Gesundheit zu priorisieren und einen gesunderen Mittelweg zu finden, dann werden Sie feststellen, dass Sie nicht nur zufriedener werden, sondern auch, dass Sie – paradoxerweise – produktiver werden.

Genau das ist gesunde Produktivität:

- eine Produktivität, die Sie nicht ausbrennen lässt und krank macht.
- eine Produktivität, die dafür sorgt, dass Sie produktiv sind, ohne Raubbau an Ihrer eigenen Gesundheit zu betreiben.
- eine Produktivität, die Sie glücklich macht.

In diesem Buch werden Sie immer wieder mal Formulierungen wie »damit Sie produktiver arbeiten können« finden. Damit ist in diesem Fall nicht gemeint, dass Sie immer produktiver und noch produktiver sein sollen und mehr, mehr, mehr schaffen sollen. Sondern damit ist gemeint, dass Sie die Zeit, in der Sie arbeiten, so effizient und produktiv nutzen können wie es nur geht, damit Sie mehr Zeit für andere Dinge haben. Das bedeutet zum Beispiel auch, dass Sie nicht nur schnell Aufgaben abarbeiten, sondern auch, dass Sie die richtigen Aufgaben erledigen. Es bedeutet nicht, dass Sie alle Stunden, die Sie im Wachzustand sind, produktiv und arbeitend verbringen sollen.

Die Herausforderungen der aktuellen Arbeitswelt

Unsere moderne Arbeitswelt stellt Sie vor eine ganze Reihe an Herausforderungen. Alles wird schneller, die Menge an Aufgaben immer mehr, die Ansprüche immer höher, viel Weiterentwicklung bedeutet auch, dass man ständig am Ball bleiben und sich weiterbilden muss. Viele Teams sind unterbesetzt und viele Unternehmen haben Probleme Fachkräfte zu finden, sodass am Ende viel Arbeit auf wenig Schultern verteilt wird.

Man würde meinen, dass die Digitalisierung und andere Weiterentwicklungen die Arbeit für die Menschen einfacher gemacht haben, stattdessen führen sie oft zu weiteren Herausforderungen:

- **Ständige Erreichbarkeit**

  Durch E-Mail und Smartphones, oft auch durch flexible Arbeitszeiten und Arbeitsorte, sind Sie überall erreichbar. Das Abschalten wird dadurch wirklich schwierig. In vielen Jobs können Sie nicht einfach den Stift fallen lassen und Ihr Arbeitstag ist vorbei. Die ständige Erreichbarkeit sorgt außerdem dafür, dass Sie oft unterbrochen werden. Es besteht in vielen Jobs die Erwartungshaltung, dass Sie immer und konstant erreichbar sind und E-Mails, Anrufe oder auch Chatnachrichten sofort beantworten.

- **Verschwimmende Grenzen**

  Die ständige Erreichbarkeit, aber auch Homeoffice-Regelungen (auch wenn diese viele Vorteile haben) sorgen ebenfalls dafür, dass die Grenze zwischen Arbeit und Privatleben verschwimmt. Dadurch wird es besonders mental schwierig, richtig abzuschalten und die Arbeit auch mal Arbeit sein zu lassen. Stattdessen checken Sie vielleicht sogar noch Abends vor dem Schlafengehen oder direkt morgens nach dem Aufstehen Ihre E-Mails.

- **Leistungsdruck und Unterbesetzung**

  In vielen Unternehmen steigt der Leistungsdruck und immer mehr Arbeit wird auf immer weniger Schultern verteilt. Viele Unternehmen haben Probleme Personal zu finden, sodass die vorhandenen Mitarbeitenden die gesamte Arbeitslast tragen müssen. Je nachdem in welchem Bereich Sie arbeiten, geht die Weiterentwicklung bei vielen Themen sehr schnell und es wird erwartet, dass Sie immer mit Ihrem Wissen up to date sind.

- **Informationsflut**

  So praktisch moderne Medien auch sind, der Mensch ist für die vielen Informationen, die Sie am Tag aufnehmen müssen, nicht gemacht. Die Menge an E-Mails und Nachrichten ist in vielen Jobs viel zu viel. Zusätzlich kommt noch die private Informationsflut dazu. Von Whatsapp-Nachrichten bis zu Social Media.

In den letzten Jahren ist die Anzahl der E-Mails, die Arbeitnehmende im beruflichen Kontext bekommen, deutlich gestiegen. Dies ergab eine Umfrage des Digitalverbandes Bitkom.

2014: 18 E-Mails pro Tag

2018: 21 E-Mails pro Tag

2021: 26 E-Mails pro Tag

2023: 42 E-Mails pro Tag

Wie Sie sehen können, hat sich in den letzten zehn Jahren die Anzahl der E-Mails mehr als verdoppelt. Mit einem besonders großen Sprung zwischen 2021 und 2023 – vermutlich durch die Coronapandemie.

Die Auswirkungen von Stress und Hustle Culture

Stress gehört zum Leben dazu. Stress ist per se auch nicht unbedingt schlimm und hat oft einen viel zu schlechten Ruf. Aber entscheidend ist hier, wie Sie mit Stress umgehen. Denn Stress kann – wenn Sie den richtigen Umgang damit finden –sogar so einige Vorteile haben. Nur wenn Stress chronisch wird, dann wird er gefährlich. Dazu finden Sie in den folgenden Abschnitten mehr Informationen.

Was bei Ihnen Stress auslöst und was bei einer anderen Person Stress auslöst, kann sehr verschieden sein. Das kennen Sie sicherlich, dass Sie während einer stressigen Situation angespannt und nervös sind und sich fragen, wie die andere Person nur so ruhig bleiben kann. Oder Sie kennen es andersrum, dass Sie sich wundern, warum genau die eine Person nun sich von einer Situation so stressen lässt. Es ist doch eigentlich alles ganz entspannt.

Auslöser für Stress

Stressauslöser, die sogenannten *Stressoren*, sind individuell sehr unterschiedlich. Aber sie lassen sich grob in ein paar Kategorien zusammenfassen:

- ✔ **Physische Auslöser**

  Zum Beispiel Hitze, Kälte oder ständige Geräusche. Das kennen Sie, wenn Ihre Heizung im Büro nicht gut funktioniert und Sie den ganzen Tag leicht frieren oder wenn Sie schon mal neben einer Baustelle gearbeitet haben und den ganzen Tag den Baulärm ertragen mussten. Auch Großraumbüros, in denen alle Kollegen ständig in Telefonkonferenzen sitzen, können das auslösen. Ergänzend kommen hier noch körperliche Schmerzen hinzu. Wenn Sie zum Beispiel eine Verletzung haben, die Sie eine Weile beschäftigt, oder eine chronische Krankheit. Auch diese körperlichen Schmerzen können Stress auslösen.

- ✔ **Aufgaben- und arbeitsbezogene Auslöser**

  Das sind wohl die typischen Auslöser, die den meisten Menschen zuerst einfallen. Die lange To-do-Liste. Die vielen E-Mails. Die vielen Aufgaben, die Sie zu erledigen haben. Die Kollegen, die alle gleichzeitig etwas von Ihnen wollen. Die bedrohlichen Deadlines und Zeitlimits.

- ✔ **Soziale Auslöser**

  Unter soziale Auslöser fallen die sozialen Verpflichtungen, die Sie in Ihrem Leben haben. Zum Beispiel die Versorgung von Kindern oder Verwandten. Aber auch so etwas wie Konflikte, Streit, Trennungen.

- ✔ **Veränderungen**

  Ihr Gehirn ist entspannt, wenn es sich in bekannten Situationen befindet – es weiß, dass dann keine Gefahr herrscht. Veränderungen, selbst die positiven – führen aber oft zu Stress. Für Menschen besonders stressige Lebensereignisse sind zum Beispiel Hochzeiten, Kinder bekommen oder in Rente gehen, weil sie mit einer großen Veränderung einhergehen, auch wenn es positive Ereignisse sind.

- ✔ **Traumatische Auslöser**

  Das sind schwerwiegende Lebensereignisse, zum Beispiel schwere Unfälle, Krankheiten oder Gewalt.

Was bei Stress passiert

Grundsätzlich ist die menschliche Stressreaktion eine sehr alte Reaktion, evolutionär betrachtet, denn sie ist für unser Überleben wichtig. Das ist die eigentliche Hauptaufgabe der Stressreaktion: unser Überleben sichern.

In Gefahrensituationen wird die Stressreaktion gestartet, die auch die *Kampf-oder-Flucht-Reaktion* genannt wird. Unser Gehirn registriert eine mögliche Gefahr und startet einige körperliche Reaktionen, die dazu führen sollen, dass Sie sich entweder möglichst gut verteidigen können oder so schnell wie möglich flüchten können. Hauptsache überleben.

Das passiert bei der Kampf-oder-Flucht-Reaktion:

- ✔ Sie fangen an tiefer zu atmen, um möglichst viel Sauerstoff aufzunehmen und dadurch möglichst viel Energie zu bekommen.
- ✔ Ihr Herzschlag wird schneller, um das Blut möglichst schnell durch den Körper zu transportieren – auch für mehr Energie. (Haben Sie schon mal hektische Flecken, zum Beispiel am Hals, bekommen, als Sie gestresst oder aufgeregt waren? Das wäre ein Symptom dafür.)
- ✔ Fette und Blutzucker werden abgerufen, um Ihnen möglichst viel Energie zu geben.
- ✔ Alle körperlichen Funktionen, die aktuell als nicht wichtig eingestuft werden, werden runtergefahren. Dazu gehört zum Beispiel die Verdauung. Ihr Körper ist damit beschäftigt eine Gefahr zu bekämpfen, das Mittagessen zu verarbeiten hat da keine Priorität.
- ✔ Cortisol und Adrenalin werden ausgeschüttet. Beides sind Hormone, die Ihnen Energie geben und zum Beispiel dafür sorgen, dass die ganzen körperlichen Reaktionen (zum Beispiel die Hemmung der Verdauung) starten.
- ✔ Ihre Amygdala übernimmt die Steuerung. Die Amygdala ist das »Gefahrenzentrum« Ihres Gehirns und konstant damit beschäftigt, Ihre Umgebung nach Gefahren zu scannen. Sobald Ihre Amygdala eine potenzielle Gefahr erkennt, greift sie ein und entscheidet, ob und wie Sie handeln. Das ist sehr praktisch für Situationen, in denen Sie sich tatsächlich in einer Gefahrensituation befinden – zum Beispiel, wenn Sie im Straßenverkehr ganz schnell ausweichen müssen. Allerdings wird die Amygdala auch oft dann aktiv, wenn Sie zum Beispiel nur vor Ihrer Steuererklärung sitzen, die zwar unangenehm, aber nicht gefährlich ist. Das Problem dabei ist, dass die Amygdala zwar schnelle Entscheidungen trifft, aber nicht unbedingt die besten. Während die Amygdala aktiv ist, hat Ihr Frontallappen nicht so viel zu sagen. Ihr Frontallappen ist der Bereich Ihres Gehirns, der für rationale Entscheidungen, Emotions- und Impulskontrolle verantwortlich ist. All diese Dinge funktionieren nicht mehr so gut, wenn Ihre Amygdala gerade die Chefin ist. Wenn Sie es also schon mal erlebt haben, dass Sie ruppig oder emotional auf Dinge reagiert haben, weil Sie gestresst waren – die Amygdala war schuld. (Dies soll natürlich keine Ausrede für Ihr Verhalten sein – ist klar!)

Ihre Amygdala in Aktion

Haben Sie es schon mal erlebt, dass Sie blitzschnell gehandelt haben und erst hinterher gemerkt haben, wie und warum Sie das getan haben?

Zum Beispiel beim Autofahren. Es fährt Ihnen fest jemand seitlich ins Auto und Sie können gerade noch ausweichen. Sie handeln so schnell und automatisch, erst hinterher wird Ihnen bewusst, was dort eigentlich gerade passiert ist und dass die Situation richtig hätte schiefgehen können. Sie mussten absolut nicht über Ihre Handlung nachdenken, Sie haben einfach gehandelt.

Wenn Ihnen das schon einmal passiert ist, dann haben Sie die Amygdala in Aktion gesehen. Sie hat für Sie die Gefahr erkannt und sofort beschlossen, dass und wie Sie handeln, ohne dass die Information über die mögliche Gefahr und die Handlungsmöglichkeiten erst noch durch weitere Gehirnregionen verarbeitet werden müssen.

Kurzer Exkurs zu Cortisol

Cortisol ist grundsätzlich kein böses Hormon. Auch wenn es oft als das »Stresshormon« bekannt ist. Unangenehm und gefährlich wird es für Sie nur, wenn es nicht richtig ausbalanciert ist.

Normalerweise steigt Ihr Cortisolspiegel morgens, sodass Sie Energie haben, um aus dem Bett zu kommen. Über den Tag verteilt sinkt der Spiegel dann wieder ab, sodass Sie abends müde genug sind, um schlafen zu können. Zwischendurch haben Sie tagsüber wahrscheinlich kleine Spitzen im Cortisol-Level, wenn Sie zum Beispiel gerade eine stressige Situation haben. So sieht es im Idealfall aus.

Wenn Sie nun aber schon eine Weile gestresst sind, Ihr Stress schon chronisch wird, dann wird es vermutlich dazu kommen, dass Ihr Cortisol-Level nicht mehr vernünftig eingependelt ist.

Es kann zum Beispiel passieren, dass Ihr Level grundsätzlich immer etwas zu hoch ist. Ihr Körper also in einem dauerhaften angespannten und gestressten Zustand ist. Es kann auch passieren, dass Ihr Cortisol-Level sich dreht. Sie also morgens einen niedrigen Cortisolspiegel haben und damit keine Energie, um aus dem Bett zu kommen. Dafür haben Sie dann abends einen hohen Cortisolspiegel, sodass Sie noch zu viel Energie haben und nicht einschlafen können, obwohl Sie erschöpft und müde sind. Sie stehen abends zu sehr unter Strom, um einschlafen zu können und sind morgens dann todmüde.

Ab wann Stress gefährlich wird

Stress ist nicht per se gefährlich. Das ist wichtig zu betonen. Sondern im Gegenteil. Stress hat sogar ziemlich viele Vorteile. Zum einen natürlich, dass Sie in echten Gefahrensituationen tatsächlich um ihr Überleben kämpfen können. Ihre Stressreaktion schützt Sie. Zum anderen aber auch in Situationen, die zwar für Sie nicht lebensgefährlich, aber herausfordernd sind. Denn in solchen Situationen bekommen Sie durch Ihre Stressreaktion Energie.

Stellen Sie sich vor, Sie müssen eine Prüfung schreiben. Stress kann dafür sorgen, dass Sie sich besser konzentrieren können. Stellen Sie sich vor, Sie müssen einen ganzen Tag einen Workshop halten, haben aber die Nacht davor kaum geschlafen. Stress gibt Ihnen Energie, um durch den Tag zu kommen.

Als Trainerin, die regelmäßig Workshops gibt, und oft früh morgens sehr müde in Zügen sitzt und sich wirklich gerne einfach noch mal hinlegen möchte, verlasse ich mich auf den Gedanken »Ach, Adrenalin wird das schon regeln. Die Energie kommt, wenn ich mit dem Workshop anfange!« Und bisher war das auch immer so. In dem Fall hat Stress eben auch so seine Vorteile.

Im Idealfall sieht Ihr Stress so aus wie in Abbildung 1.1. Sie haben ab und zu Spitzen in Ihrem Stresslevel, wenn Sie am Tag Stresssituationen erleben. Aber, wenn Sie einen gesunden Umgang mit Stress haben, dann kommen Sie immer wieder in Ihren Ruhemodus zurück. Genau dafür ist Cortisol gedacht. Immer mal wieder kleine Spitzen an Energie zu geben.

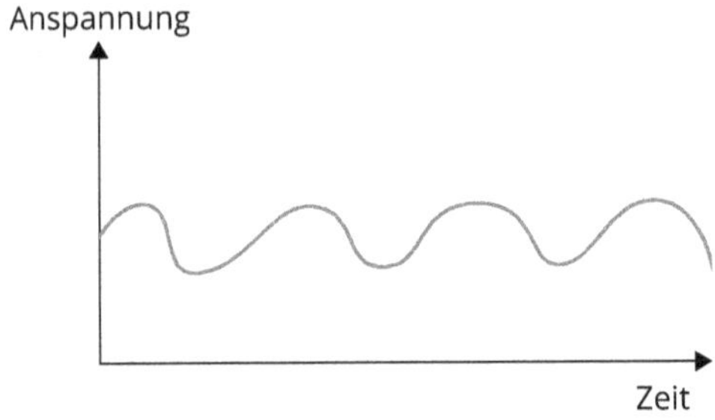

Abbildung 1.1: Die gesunde Stresskurve

Diese Art von Stress ist gesund. Das ist der Stress, den Sie haben wollen. Stellen Sie sich das vor wie beim Sport. Sie wollen ab und zu Ihren Herzschlag hochtreiben. Das ist gesund und auch wichtig. Nie Ausdauertraining zu machen, ist auch nicht so richtig gesund. Genauso verhält es sich mit Stress. Ab und zu Stress zu haben, ist gesund – aber nur wenn Sie es auch schaffen, diesen Stress wieder abzubauen und in den Ruhemodus zu kommen. Würden Sie konstant Ausdauertraining machen beziehungsweise wäre Ihr Herzschlag konstant höher, als er eigentlich sein sollte während Sie sich eigentlich gerade nicht bewegen, dann wäre das auf jeden Fall Grund zur Sorge und nicht gesund für Sie.

Leider wird bei vielen Menschen der Stress irgendwann chronisch und ihre Stresskurve sieht dann so aus wie in Abbildung 1.2.

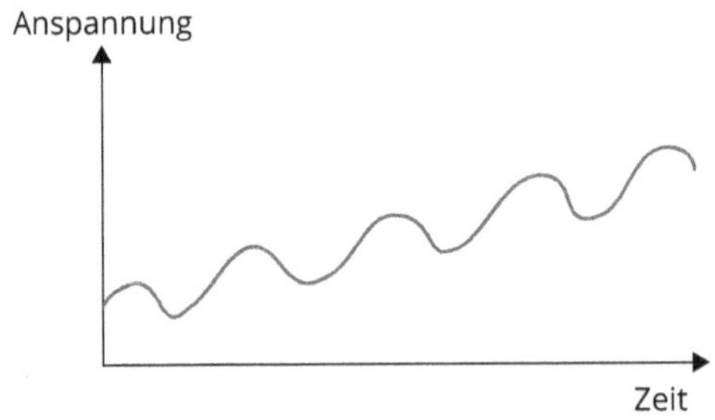

Abbildung 1.2: Die ungesunde, chronische Stresskurve

Sie werden durch irgendetwas gestresst, Ihre Stresskurve steigt. Danach erholen Sie sich auch wieder etwas, aber Sie kommen nicht zurück in Ihren normalen Entspannungszustand, sodass Ihr Level ganz leicht erhöht bleibt. Dann passiert die nächste stressige Situation und Ihr Stresslevel steigt wieder an. Auch danach erholen Sie sich wieder etwas, aber nicht genug. Sodass im Grunde Ihr Anspannungslevel immer weiter steigt. Ihr Stress wird dann chronisch und genau das ist der Stress, der ungesund ist. Alle schlimmen negativen Auswirkungen durch Stress, von denen Sie jemals gehört haben, entstehen durch chronischen Stress.

Leider passiert diese Steigerung vom chronischen Stresslevel oft so schleichend und langsam, dass Sie vielleicht gar nicht bemerken, wie weit Sie schon in chronischem Stress gefangen sind. Bis es dann irgendwann zu spät ist.

Der Frosch im kochenden Wasser

Sie kennen doch bestimmt die Geschichte mit dem Frosch in kochendem Wasser. Wenn Sie einen Frosch in einem Topf mit kochendem Wasser setzen, springt er sofort wieder raus. Viel zu heiß.

Wenn Sie aber nun einen Frosch in einen Topf mit muckelig warmem Wasser setzen und ganz, ganz langsam die Temperatur erhöhen, fängt der Frosch an, sich an die erhöhte Temperatur zu gewöhnen und merkt gar nicht, dass das Wasser zu heiß ist, bis es zu spät ist und er bei kochendem Wasser stirbt.

So ähnlich verhält es sich mit chronischem Stress. Er kann sich so langsam steigern, dass Sie sich an Ihr Stresslevel gewöhnen und gar nicht mehr merken, wie hoch dieses Level ist – vielleicht sogar, bis es zu spät ist.

Übrigens ist die Metapher mit dem Frosch zwar weitverbreitet und wird viel genutzt, um zu verdeutlichen, wie wir Menschen uns an langsam immer negativer werdende Umstände gewöhnen können, sie ist aber wissenschaftlich eigentlich nicht korrekt. Ein Frosch würde irgendwann versuchen, aus dem immer heißer werdenden Wasser zu entkommen. Ich drücke Ihnen die Daumen, dass Sie es nicht so machen, wie der Frosch in der Metapher, sondern wie ein echter Frosch.

Die Folgen von Stress

Stress, hier ist normalerweise chronischer Stress gemeint, bringt eine Reihe von (negativen) Folgen mit sich. Hier finden Sie ein paar Symptome und manchmal sonderbare Erlebnisse, die eine Folge von Stress sein können.

✔ **Kennen Sie das? Wachen Sie oft gerne mal mitten in der Nacht, so gegen 2 oder 3 Uhr auf und können nicht wieder einschlafen?**

Dann können Stress und damit auch Cortisol schuld sein. Sie sind schon so im Überlebensmodus, dass Ihr Körper sich vermutlich nur so viel Schlaf zieht, wie er benötigt, um wieder genug Energie zu haben, um weiterhin um sein Überleben zu kämpfen, aber nicht so viel, dass er sich wirklich erholen kann. Deswegen kann es sein, dass Sie bereits nach ein paar Stunden Schlaf wieder aufwachen. Die nötigste Energie für den Überlebenskampf ist wieder aufgeladen. Das klingt dramatisch, aber wenn Sie sich überlegen, dass die Stressreaktion für das tatsächliche Überleben sorgen soll, ist die körperlich Reaktion tatsächlich genau das.

✔ **Sind Sie am Wochenende, obwohl Sie mal länger geschlafen haben und mehr Stunden Schlaf als sonst bekommen haben, tatsächlich müder als sonst? Sie fühlen sich matschig, weil Sie »zu lange« geschlafen haben?**

Auch daran kann Cortisol schuld sein. Cortisol gibt Ihnen Energie. Wenn Sie also in der Woche, während Sie Ihrem Arbeitsalltag nachgehen, das Gefühl haben, Sie haben mehr Energie, obwohl Sie weniger schlafen, dann kann es sein, dass Ihr Stresslevel unter der Woche konstant (etwas) erhöht ist und Sie dadurch Energie bekommen. Wenn Sie nun am Wochenende endlich mal ausschlafen können, kann es sein, dass Ihr Cortisol-Level erst dann wieder auf einem normalen Level ist, also dass Sie erst dann mal entspannt sind. Weil Sie unter der Woche durch das Cortisol Energie bekommen, fühlen Sie sich im Vergleich am Wochenende dann müder als sonst.

✔ **Kennen Sie das auch, dass Sie am Wochenende, im Urlaub, an Feiertagen – immer dann wenn Sie frei haben – erst mal krank werden? Sie hatten eine stressige Phase und können dann endlich zur Ruhe kommen und anstatt, dass Sie diese ruhige Zeit endlich genießen können – zack – werden Sie erst mal krank.**

Kein Wunder. Normalerweise, wenn Sie sich in einer akuten Stressphase befinden, arbeitet Ihr Immunsystem hart. Denn Sie sind sowieso schon mit dem Überleben beschäftigt, da sagt Ihr Körper, dass Sie nun ja wirklich keine Zeit haben, sich auch noch um einen Schnupfen zu kümmern, sodass Ihr Körper den Schnupfen wegschiebt. Sobald Sie sich dann aber wieder etwas entspannen, hat Ihr Körper dann Zeit sich um den Schnupfen zu kümmern und Sie werden erst mal krank. Wenn Sie allerdings schon eine Weile gestresst sind und sich im chronischen Stress befinden, dann hat Ihr Körper irgendwann keine Kapazitäten mehr und Sie nehmen jede Krankheit und jede Erkältungswelle mit. Wenn Sie also ständig krank sind, dann kann das natürlich viele Ursachen haben, aber chronischer Stress kann auch ein Grund dafür sein.

✔ **Kennen Sie das auch, dass Sie immer in stressigen Phasen zu Zucker und Kohlenhydraten greifen?**

Auch hier kein Wunder. Denn wenn Sie sich im Stress befinden, dann braucht der Körper natürlich Energie, um den Stressor zu bekämpfen. Die gespeicherte Energie, die Sie noch in Ihrem Körper haben, wird während einer Stresssituation abgerufen. Sie muss allerdings dann auch wieder aufgefüllt oder ergänzt werden. Also ist es normal, dass Sie in stressigen Phasen das Bedürfnis haben, Zucker oder Kohlenhydrate, also die Pizza oder Schokolade, zu sich zu nehmen.

✔ **Kennen Sie das auch, dass Sie in stressigen Phasen Magenprobleme bekommen? Zum Beispiel Verstopfung? Oder, dass es in die andere Richtung geht, dass Sie Durchfall bekommen, wenn Sie zum Beispiel einen wichtigen oder aufregenden Termin vor sich haben?**

Während Sie sich in einer Stresssituation befinden, fährt Ihr Körper alles runter, was aktuell nicht für das Überleben benötigt wird. Dazu gehört auch die Verdauung. Ihr Körper braucht die Energie, um für das Überleben zu kämpfen und hat keine Energie zu verschwenden, um sich dann noch um das Verdauen des Mittagessens zu kümmern. Aus diesem Grund schlägt Stress oft auch auf den Magen. Das kann sein, dass Sie zu Verstopfungen neigen, Magenschmerzen oder zum Beispiel auch Durchfall bekommen. Bei Durchfall möchte der Körper einfach möglichst schnell alles loswerden, damit es ihn nicht noch beschäftigen muss.

Es gibt natürlich noch viele weitere Auswirkungen von Stress. Im Folgenden finden Sie einige von ihnen beschrieben. Wenn Sie sich bei mehreren dieser Auswirkungen wieder erkennen, dann nehmen Sie das als eine Warnung, dass Sie vermutlich schon in den chronischen Stress abgerutscht sind oder dabei sind abzurutschen.

✔ **Ungesunde Verhaltensweisen**

Das können extreme Verhaltensweisen, wie starker Alkohol- oder Drogenkonsum sein, aber auch Verhaltensweisen, von denen Sie eigentlich wissen, dass sie Ihnen nicht guttun und bei denen es Ihnen schwerfällt aufzuhören. Das kann zum Beispiel sein, dass Sie Stille nicht aushalten können und immer irgendeine Art von Medien konsumieren müssen. Es kann auch sein, dass Sie jeden Abend eine Tüte Chips essen müssen, weil Sie das Gefühl haben, Sie brauchen das jetzt unbedingt – auch wenn Sie wissen, dass Sie davon Bauchschmerzen bekommen. Immer dann, wenn Sie das Gefühl haben, Sie brauchen jetzt unbedingt etwas, hinterfragen Sie mal, wo das herkommen könnte.

✔ **Reduzierte Immunreaktion**

Bei akutem Stress ist die Immunreaktion meist ziemlich gut ausgeprägt. Der Körper ist mit dem Überleben beschäftigt, ein Schnupfen wird sofort bekämpft, denn Sie haben gerade Besseres zu tun. Aber sobald Ihr Stresslevel dann etwas abfällt, werden Sie erst mal krank. Im Urlaub, zu Feiertagen oder nach einer Weile, wenn Ihr Immunsystem durch chronischen Stress runterfährt, nehmen Sie vermutlich jede Erkältungswelle mit.

✔ **Kognitive Leistungseinbußen**

Das Denken wird schwieriger unter Stress. Die Amygdala hat die Führung übernommen und alles, was nicht unbedingt für das Überleben wichtig ist, hat keine Priorität. Rationale Entscheidungen zu treffen, wird schwierig. Impulskontrolle wird schwierig. Probleme zu lösen, wird vermutlich schwierig. Neue Informationen aufzunehmen und komplexere Zusammenhänge zu verstehen, wird schwierig. Und Sie werden vermutlich auch echt vergesslich.

✔ **Muskelschmerzen**

Rückenschmerzen, Nackenschmerzen, Kopfschmerzen, Kieferschmerzen, generell jegliche Art von Verspannungen steht in Verbindung mit Stress.

- **Herz-Kreislauf-Erkrankungen**

  Dies sind wohl die typischen Dinge, die mit oft Stress in Verbindung gebracht werden. Bluthochdruck, Herzrhythmusstörungen und im Zweifel sogar ein Herzinfarkt. Cortisol – wenn zu hoch, kann das Herz angreifen.

- **Verfall von Zellen**

  Sie altern auch etwas schneller, wenn Sie chronischen Stress haben. Heißt, Sie bekommen schneller Falten oder graue Haare.

Erinnern Sie sich daran, wie Barack Obama vor und nach seiner Amtszeit ausgesehen hat? Von komplett schwarzen Haaren zu komplett weiß. Könnte das entsprechende Alter gewesen sein. Könnte aber auch Stress gewesen sein.

- **Schlafprobleme**

  Da Cortisol, wenn zu hoch, dafür sorgen kann, dass Sie nicht einschlafen beziehungsweise nicht durchschlafen oder generell schlechter schlafen, kann Stress auch zu Schlafproblemen führen. Hier ist oft nicht nur das Hormon an sich für die Schlafprobleme verantwortlich, sondern auch oft, dass Sie mental nicht abschalten können. Wenn Sie beispielsweise abends vor dem Einschlafen noch mal gedanklich Ihre To-do-Liste durchgehen. Fehlender oder schlechter Schlaf ist dann natürlich auch ein Teufelskreis, denn Schlaf ist wichtig, um Stress abzubauen.

- **Psychische Probleme**

  Von psychischer Belastung bis hin zu Burn-out, Depressionen oder Angststörungen können viele psychische Probleme mit Stress in Verbindung gebracht werden.

- **Vernachlässigung von sozialen Beziehungen**

  Wenn Sie nur noch arbeiten, kann dies dazu führen, dass Sie Ihre sozialen Beziehungen vernachlässigen. Manchmal vielleicht auch gar nicht bewusst, sondern weil Sie durch den Stress oft das Gefühl haben, dass tatsächlich Ihre Arbeit die höchste Priorität hat. Sie bekommen einen Tunnelfokus. Doch wenn Sie soziale Beziehungen vernachlässigen, führt das in einen Teufelskreis, denn auch soziale Beziehungen reduzieren Stress.

Brauchen Sie bereits professionelle Hilfe?

Grundsätzlich gilt, dass es nie schaden kann, sich professionelle Hilfe zu suchen. Lieber zu früh als zu spät. Es ist einfacher präventiv zu arbeiten, als sich von einem kompletten Burn-out zu erholen.

Wenn Sie sich schon mal gefragt haben, ob Sie bereits professionelle Hilfe benötigen, dann ist genau das meist ein Zeichen, dass Sie sich professionelle Hilfe suchen sollten. Ressourcen finden Sie am Ende des Buches in Kapitel 12.

Warum Stress oft chronisch wird

Wenn Sie sich die Kampf-oder-Flucht-Reaktion mal ansehen, dann wird deutlich, dass diese genau dafür gemacht ist, in den Kampf oder in die Flucht zu gehen (oder als dritte Möglichkeit, sich totzustellen). Hätten Sie in der Steinzeit gelebt und wären im Wald einem wilden Tier begegnet, wäre die gleiche Reaktion ausgelöst worden wie heutzutage auch. Sie wären dann entweder mit dem wilden Tier in den Kampf gegangen oder wahrscheinlicher wären Sie die nächsten paar Kilometer in Ihr Dorf gerannt. Dort wären Sie dann in Sicherheit gewesen. Die ganze Energie, die Ihr Körper Ihnen für diesen Kampf oder die Flucht bereitgestellt hat, wäre damit wieder abgebaut und Ihre Stresskurve, die während der Begegnung mit dem Tier vermutlich sehr hoch gewesen ist, wäre nach der Flucht wieder niedriger.

Nun stellen Sie sich aber vor, dass Sie nur vor Ihrer Steuererklärung oder Ihren E-Mails sitzen, die aber dummerweise die gleiche Stressreaktion bei Ihnen auslösen wie ein wildes Tier. Ihr Körper bereitet Sie auf einen Kampf oder eine Flucht vor. So sehr Sie vielleicht auch vor Ihrer Steuererklärung wegrennen wollen – die wirklich passende Reaktion ist Kampf oder Flucht nur noch selten. Zumindest nicht bei den alltäglichen Stressoren, die bei den meisten Menschen für Stress sorgen.

Und hierin liegt auch der Grund, warum Stress für so viele Menschen chronisch wird. Ihr großes Projekt, das Sie stresst, wird irgendwann abgeschlossen sein. Ihre Steuererklärung ist irgendwann erledigt und Sie haben dann erst mal ein Jahr Ruhe. Die meisten Stressoren sind irgendwann vorbei. Aber das Problem ist, dass Sie dann Ihren Stress noch nicht abgebaut haben. Denn Ihre Stressreaktion ist eigentlich dafür gedacht, dass Sie Kämpfen oder Fliehen. Und nicht, dass Sie den ganzen Tag vor Ihrem Computer sitzen.

Die gesamte Energie, die Ihr Körper Ihnen bereitgestellt hat, ist noch nicht abgebaut. Sie stehen noch unter Strom. Ihre Stresskurve ist noch nicht wieder auf einem niedrigen Level, obwohl Ihre Stressauslöser verschwunden sind. Und deshalb wird für viele Menschen der Stress chronisch. Die Energie, die Ihnen für die Kampf-oder-Flucht-Reaktion bereitgestellt wird, bleibt erhalten, Sie kommen nicht wieder auf Ihr Ruhelevel zurück und die Energie manifestiert sich dann irgendwann zu körperlichen Problemen.

Daher ist es so wichtig, dass Sie sich nicht nur um die Auslöser für Ihren Stress kümmern, sondern auch herausfinden, wie Sie sich nach einer stressigen Phase wieder entspannen können.

Bewegung gegen Stress

Die effektivste Methode, um Stress abzubauen: Bewegung. Logisch, denn genau dafür ist die Kampf-oder-Flucht-Reaktion gemacht. Die beste und effektivste Methode, um diese Energie abzubauen, wäre also Bewegung.

Das bedeutet nicht, dass Sie anfangen müssen, Leistungssport zu machen. Aber mehr Bewegung im Alltag tut vermutlich den meisten Menschen gut.

✔ Gehen Sie mehr spazieren.

- ✔ Machen Sie Yoga oder Progressive Muskelentspannung.
- ✔ Laufen Sie mehr die Treppen rauf oder runter.
- ✔ Bauen Sie eine kleine Dance-Session im Homeoffice zwischen Ihren Terminen ein.
- ✔ Schütteln Sie sich einmal gut durch.

Übrigens, bei Tieren kann man sehen, dass sie nachdem sie die Freeze-Reaktion hatten – sich also vor einen Angreifer totgestellt hatten –zu zittern anfangen. Das tun sie nicht unbedingt aus Angst, sondern um Ihre überschüssige Energie – die ja eigentlich zum Kämpfen oder Fliehen gedacht ist – abzubauen.

Was gesunde Produktivität bedeutet

Gesunde Produktivität bedeutet, produktiv zu sein, aber nicht auf Kosten der eigenen mentalen oder körperlichen Gesundheit. Keinen Raubbau am eigenen Körper oder der mentalen Gesundheit zu betreiben. Nicht gedankenlos im Hamsterrad gefangen zu sein und nur noch wie ein Roboter zu funktionieren.

Es wird sicherlich im Leben immer wieder Phasen geben, in denen Sie die Zähne zusammenbeißen und durchhalten müssen. Dass es diese Phasen gibt, das ist normal.

Aber kennen Sie diesen Spruch eines Memes: »Erwachsensein ist zu sagen: Nach dieser Woche wird es wieder ruhiger! Jede Woche bis zur Rente.«

Im Idealfall sieht es bei Ihnen nicht so aus. Zumindest nicht dann, wenn Sie sich nach Ruhe sehnen. Wenn Sie die übermäßig beschäftigte Phase als sehr stressig empfinden.

Gesunde Produktivität bedeutet,

- ✔ dass Sie Ihre eigenen Bedürfnisse nicht mehr vernachlässigen,
- ✔ dass Sie auf sich und Ihre Wünsche hören,
- ✔ dass Sie anfangen sich zu fragen, was Sie eigentlich brauchen, damit es Ihnen gut geht,
- ✔ dass Sie nicht ausbrennen,
- ✔ dass Sie Ihre Arbeit gut schaffen,
- ✔ dass Sie Ihre Ziele erreichen, dass Sie Dinge umsetzen, ohne sich selbst aufopfern zu müssen.

Warum wir Produktivität brauchen

Trotz der Gefahren der Hustle Culture und der negativen Auswirkungen, die durch chronischen Stress auftreten können, brauchen wir Produktivität. Ohne geht es nicht.

✔ **Irgendetwas gibt es immer zu tun**

Egal, ob im Job oder auch im Privatleben, irgendetwas gibt es immer zu tun. Selbst wenn es nur Kleinigkeiten sind, wie das Geburtstagsgeschenk für den Neffen zu kaufen. Oder die Wäsche zu waschen. Es gibt immer irgendetwas zu tun. Sie können sich also Produktivität gar nicht entziehen.

✔ **Persönliche Erfüllung**

Gar keine Herausforderungen im Leben zu haben, an keinen Zielen zu arbeiten oder sich weiterzuentwickeln, wird Sie vermutlich unglücklich machen. Sie brauchen eine gewisse Spannung in Ihrem Leben und Sie brauchen die Herausforderungen. Wenn Sie gar nichts zu tun haben, dann vermeiden Sie vermutlich einen Burn-out, aber Sie können im Bore-out landen. Denn zu viel Langweile ist für uns Menschen auch nicht gut.

✔ **Selbstverwirklichung**

Viele Menschen definieren sich über ihre Arbeit und darüber, welche Ergebnisse sie erzielen. Das kann natürlich auch gefährlich werden, wenn die Arbeit der einzige wichtige Lebensinhalt für Menschen wird. Gleichzeitig kann das Gefühl vom Erreichen von Zielen oder sogar schon das Hinarbeiten auf Ziele sehr wichtig für die Entwicklung sein und auch für die mentale Gesundheit.

✔ **Gesellschaftlicher/Wirtschaftlicher Erfolg**

Wenn wir Produktivität nicht auf Einzelebene betrachten, sondern auf gesellschaftlicher und wirtschaftlicher Ebene, dann ist klar, dass nur durch Produktivität Weiterentwicklung, Innovation und wirtschaftlicher Erfolg entsteht. Ob Sie diesen Aspekt wichtig finden, bleibt natürlich Ihnen überlassen.

Warum Zeit- und Aufgabenmanagement nicht reichen

Um gesund produktiv zu sein, reichen Zeit- und Aufgabenmanagement nicht. Sie sind nicht zu vernachlässigen, reichen aber nicht aus. Es braucht noch viele andere Aspekte.

Im klassischen Stressmanagement gibt es drei Säulen, wie Sie mit Stress umgehen können:

1. **Instrumentelles Stressmanagement**

   Hier schauen Sie sich die Auslöser für Ihren Stress an und überlegen, wie Sie sie reduzieren können, zum Beispiel mithilfe von Methoden aus dem Zeit- oder Aufgabenmanagement, die Sie in Kapitel 2 und 3 finden. Aber auch Gewohnheiten spielen hier mit rein. Dazu finden Sie mehr in Kapitel 9.

2. **Regeneratives Stressmanagement**

   Damit finden Sie heraus, wie Sie sich von stressigen Phasen wieder erholen können. In Kapitel 4 sind entsprechende Methoden aufgeführt.

3. **Mentales Stressmanagement**

   Dies ist der Teil des Stressmanagements, der oft vergessen wird. Er bezieht sich auf »Stress hat man nicht, Stress macht man sich«. Hier geht darum, was bei Ihnen im Kopf passiert und welche Denkweise Ihren Stress verstärkt, wenn er eigentlich nicht besonders stark sein müsste, oder manchmal auch erst auslöst, wenn er gar nicht da sein müsste.

   Hier geht es um den Umgang mit den eigenen Ansprüchen an die Arbeit, mit dem Bedürfnis, es allen Menschen recht zu machen, mit Zweifeln, mit dem Umgang mit Perfektionismus. Dazu finden Sie mehr in den Kapiteln 5 bis 8.

Im Grunde geht es darum, dass Sie eine Balance finden zwischen Entspannung und Produktivität. Und diese Balance können Sie mit diesen drei Säulen angehen. Indem Sie Ihre Aufgaben und Ihre Zeit besser organisieren. Indem Sie dafür sorgen, dass Sie sich nach stressigen Phasen besser erholen oder eben indem Sie mit Ihren eigenen Ansprüchen und dem Druck, denn Sie sich selbst machen, besser umgehen.

Im Idealfall gehen Sie das Thema von allen drei Seiten an. Dies ist abhängig davon, wo Sie Ihre größten Herausforderungen sehen und auch mit welchen Themen Sie sich vielleicht auch schon gut auskennen.

Kleine Veränderungen, große Wirkung

Gehen Sie nach dem Prinzip »Kleine Veränderung, große Wirkung« vor. Sie brauchen nicht direkt Ihre ganzen Routinen und Ihr ganzes Leben umzustellen. Im Gegenteil. Sehr wahrscheinlich wäre das sogar keine gute Idee.

Fangen Sie mit einer Kleinigkeit an und arbeiten sich dann Stück für Stück weiter.

Viele Dinge gleichzeitig umzusetzen, wird Sie überfordern und dafür sorgen, dass Sie schnell aufgeben. Gleichzeitig braucht es manchmal auch gar nicht die riesigen Veränderungen, sondern oft sind es tatsächlich die kleinen Dinge, die schon einen riesigen Unterschied machen können.

Probieren Sie aus. Fangen Sie mit dem an, was für Sie leicht umzusetzen ist. Danach nehmen Sie sich das nächste vor. Gesund produktiv zu sein, soll nicht noch ein weiterer Stressor in Ihrem Leben sein. Deswegen, viele kleine Schritte sorgen für eine große Wirkung. Konzentrieren Sie sich auf die kleinen Schritte. Eins nach dem anderen.

IN DIESEM KAPITEL

Methoden zum Zeitmanagement

Methoden zur Prioritätensetzung

Methoden zur Aufgabenverwaltung

Kapitel 2
Systeme und Struktur

Dieses Kapitel widmet sich dem Zeitmanagement, der Prioritätensetzung und durchdachter Aufgabenverwaltung. Diese Methoden sollen Ihnen dabei helfen, Sie mental zu entlasten, Zeit zu sparen und damit Stress zu reduzieren. Auch wenn die Aufgaben in vielen Jobs immer mehr werden und die Welt immer schnelllebiger wird, können Sie mit guten Systemen und Strukturen Ihren Stress in Schach halten. In diesem Kapitel finden Sie ganz konkrete Methoden dazu.

Zeitmanagement

Zeit ist für uns alle eine begrenzte Ressource und Zeitdruck ein häufiger Stressauslöser. Die vielen Aufgaben, die zu erledigen sind, die vielen Verpflichtungen sind einfach nicht alle in 24 Stunden unterzubringen. So geht es vielen Menschen. Im Folgenden finden Sie einige Hinweise, wie Sie Ihre Zeit besser managen können.

Wie ein paar Minuten einen riesigen Unterschied machen können

Aufgabenplanung und Zeitmanagement ist für manche Menschen ein riesiger Spaß und für andere eher nervig. Vielleicht ist Aufgabenplanung und Zeitmanagement für Sie sogar ein Thema, das Sie stresst. Denn es ist im Grunde noch eine Aufgabe mehr, die Sie erledigen müssen. Ihre To-do-Liste ist ja bereits lang genug.

Dabei müssen Sie bedenken, dass Sie natürlich etwas Zeit in Ihre Planung investieren müssen, aber diese bekommen Sie sehr wahrscheinlich hinten wieder raus.

Ein gutes System, eine gute Aufgaben- und Zeitplanung hat mehrere Vorteile:

- ✔ **Den Überblick behalten**

  Sie behalten immer den Überblick. Sie wissen, *was* zu tun ist und *wann* es zu tun ist. Das bedeutet, dass Ihnen Aufgaben nicht durchrutschen oder Sie wichtige Deadlines vergessen können.

- ✔ **Mentale Entlastung**

  Jede kleine Aufgabe, die Sie zu erledigen haben und die Sie sich nicht aufschreiben, müssen Sie sich merken. Das ist wie ein neuer Tab, den Sie in Ihrem Browser aufmachen, was diesen Stück für Stück etwas langsamer macht. Oder wie beim Arbeitsspeicher auf Ihrem Computer, der belegt wird. Alles, was Sie versuchen sich zu merken, bindet kognitive Kapazitäten, die Sie auch für die eigentlichen Aufgaben benötigen könnten. Ein gutes System und eine Struktur für Ihre To-dos zu haben, sorgt dafür, dass Sie mental entlastet werden. Unterschätzen Sie nicht, wie stressig es ist, sich viele Kleinigkeiten merken zu müssen. Zu wissen, dass Sie ein gutes System haben, auf das Sie sich verlassen können, gibt Ihnen außerdem Zuversicht und Ruhe, was zusätzlich Ihre mentale Entlastung fördert.

- ✔ **Zeitersparnis**

  Auch wenn Sie etwas Zeit in die Planung stecken müssen, am Ende wird es Ihnen Zeit sparen. Denn Sie vermeiden, dass Sie zu viel Zeit für unnötige Aufgaben aufbringen oder erst mal überlegen müssen, was eigentlich zu erledigen ist und bis wann. Sie arbeiten nach Prioritäten. Sie vermeiden außerdem, dass Sie Zeit verschwenden, indem Sie immer wieder zwischen Aufgaben switchen.

Schreiben Sie sich alles auf! »Ich kann mir das merken!« ist in einigen Fällen vermutlich wahr, in vielen Fällen eine Lüge. Selbst wenn Sie sich gut Kleinigkeiten merken können, ist es für Ihr Gehirn vermutlich sehr anstrengend. Unterschätzen Sie die mentale Last nicht. Welches System Sie nutzen, um Ihre Aufgaben zu sortieren und sich zu merken, ist im Grunde gar nicht so wichtig. Wichtig ist nur, dass Sie *alles* aufschreiben.

Zeitfresser identifizieren

Um herauszufinden, wie Sie Ihre Zeit am besten managen, müssen Sie zunächst herausfinden, wie Sie Ihre Zeit verbringen.

Sie wissen bereits, wie Sie Ihre Zeit verbringen? Sind Sie sich sicher? Ich bin sicher, auch Sie haben viele kleine Zeitfresser im Leben, die Sie reduzieren könnten, wenn Sie sich ihrer erst mal bewusst werden. Viele Menschen haben zum Beispiel gar nicht auf dem Schirm, wie viel Zeit sie vor dem Fernseher oder mit dem Handy verbringen. Vielleicht wird es Sie überraschen, wie viel Zeit Sie dann doch mit unnötigen Aufgaben oder Tätigkeiten verbringen.

Bei den Zeitfressern geht es außerdem nicht nur darum, zu identifizieren, mit welchen Tätigkeiten Sie eventuell zu viel Zeit verbringen, sondern auch, welche Störfaktoren Sie in Ihrem Umfeld haben. Dinge, die Sie aus Ihren Tätigkeiten herausziehen und unterbrechen, sodass Sie im Endeffekt länger für Ihre Aufgaben benötigen, als nötig wäre.

Ihre persönlichen Zeitfresse

1. Erstellen Sie eine Tabelle mit den folgenden Spalten: Tätigkeit, Dauer, Priorität, Störfaktor, zum Beispiel so wie in Tabelle 2.1.

Tätigkeit	Dauer	Priorität	Störfaktor

Tabelle 2.1: Ihre persönlichen Zeitfresser auflisten

2. Notieren Sie sich über mehrere Tage – im Idealfall eine Woche – ganz genau, welche Tätigkeiten Sie ausführen.
   a. Damit Sie nicht vergessen, die Tabelle auszufüllen, können Sie sich einen Timer stellen, der Sie zum Beispiel jede Stunde oder alle zwei Stunden daran erinnern soll, die Tabelle auszufüllen.
   b. Seien Sie beim Ausfüllen so genau und detailliert wie möglich.
3. Markieren Sie nun alle Tätigkeiten, die Sie als Zeitfresser identifizieren. Dies können Tätigkeiten sein, die Sie von sich aus machen oder es sind Faktoren im Äußeren, die Sie beeinflussen (zum Beispiel Kollegen, die Sie ständig unterbrechen).
4. Berechnen Sie, wie viel Zeit diese Zeitfresser Sie gekostet haben.
5. Setzen Sie sich ein Ziel, wie Sie Ihre größten Zeitfresser reduzieren können.
   a. Sind es Tätigkeiten, die Sie leicht reduzieren könnten, zum Beispiel Ihren Social-Media-Konsum?
   b. Sind es Aufgaben, die Sie eventuell delegieren können, zum Beispiel Fleißaufgaben, die auch ein Praktikant erledigen könnte?
   c. Sind es Störfaktoren, die Sie aus Ihren Aufgaben rausziehen und unterbrechen, zum Beispiel der Kollege, der ständig wegen Kleinigkeiten anruft? Hier hilft vielleicht ein klärendes Gespräch. Mehr zu Unterbrechungen finden Sie außerdem in Kapitel 3.

Im Idealfall führen Sie die Übung noch ein paar Wochen weiter durch und können auf diese Weise Veränderungen beobachten oder noch weitere Zeitfresser identifizieren.

Die meisten Smartphones analysieren die Bildschirmzeit. Sie können auf Ihrem Handy ziemlich genau nachvollziehen, wie viel Zeit Sie am Handy verbringen und auch mit welchen Apps.

Die Zahlen können ziemlich erschreckend sein. Nutzen Sie diese Analyse trotzdem! Besonders dann, wenn Sie sowieso das Gefühl haben, dass Sie zu viel Zeit am Handy verbringen, kann Ihnen das Klarheit darüber geben, wie viel Zeit es wirklich ist und mit welchen Apps Sie diese Zeit verbringen.

Wenn Sie Ihre Zeitfresser lieber digital dokumentieren wollen, eignen sich Apps wie zum Beispiel Toggle.

Pausen und freie Zeiten proaktiv planen

Pausen, Urlaub und freie Zeiten sind oft die Zeiten, die der To-do-Liste zum Opfer fallen. Die To-do-Liste ist heute besonders lang? Na, dann lass ich das Mittagessen heute mal ausfallen und mach eben keine Pause.

Planen Sie Pausen und freie Zeiten proaktiv und nehmen Sie diese genauso wichtig wie andere Termine. Fangen Sie an, Pausen als Termine mit sich selbst zu betrachten. Kundentermine würden Sie nicht ohne Weiteres verschieben – also bitte auch nicht die Pausentermine mit sich selbst. Das sind Sie sich schuldig.

Dies gilt besonders für die Menschen, die in ihren Jobs eine freie Zeiteinteilung haben. Besonders Selbstständige, aber auch Studierende. So viele Vorteile die freie Zeiteinteilung hat, so schnell kann sie auch dazu führen, dass Pausen und Urlaub geopfert werden. Denn irgendetwas ist ja immer zu tun.

- ✔ Planen Sie Ihre Mittagspausen proaktiv ein und achten Sie darauf, dass Sie sich diese tatsächlich auch frei halten und nicht mit anderen Terminen belegen. Sicherlich gibt es hier auch mal Ausnahmen, aber diese sollten genau das sein, Ausnahmen und nicht die Regel.
- ✔ Planen Sie lange Wochenenden und Urlaub im Voraus ein. In einigen Jobs müssen Sie sowieso lange im Voraus planen, aber auch wenn Sie das nicht unbedingt müssten, sollten Sie versuchen dies zu tun. Ansonsten besteht die Gefahr, dass Sie irgendwann im September feststellen, dass Sie noch sehr viel Urlaub für das Jahr übrig haben. Und vermutlich auch dringend nötig.

Kalender-Blocking

Kalender-Blocking ist eine simple Methode zur Zeit- und Aufgabenplanung. Dabei tragen Sie nicht nur Ihre festen Termine in Ihren Kalender ein, sondern auch Ihre Aufgaben. Sie machen also Termine mit Ihren Aufgaben. Damit planen Sie nicht nur, welche Aufgaben Sie an Ihrem Tag erledigen, sondern auch wie viel Zeit Sie für bestimmte Aufgaben haben.

Ihr Kalender könnte dann so aussehen:

09:00 – 10:00 Uhr: Meeting mit Sales-Team

10:00 – 11:00 Uhr: Vorbereitung Kundenpräsentation

11:00 – 11:30 Uhr: Beantwortung E-Mails

12:00 – 13:00 Uhr: Mittagspause

13:00 – 14:00 Uhr: Meeting mit Kunde

14:30 – 15:00 Uhr: Angebot für Kunde finalisieren

15:00 – 15:30 Uhr: Vorbereitung Meeting mit Kunde

16:00 – 17:00 Uhr: PowerPoint für Pitch vorbereiten

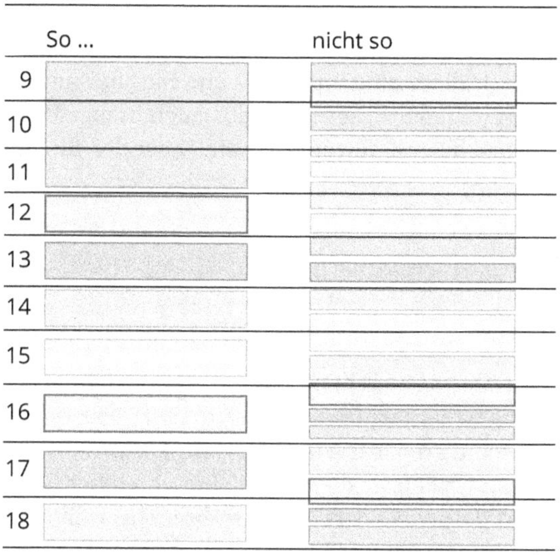

So ... nicht so

9
10
11
12
13
14
15
16
17
18

Abbildung 2.1: Beispiel für Kalender-Blocking

Welche Vorteile hat Kalender-Blocking?

✔ **Fokus**

Kennen Sie das Phänomen, dass Sie eine To-do-Liste für den Tag haben und im Grunde auch den ganzen Arbeitstag Zeit diese abzuarbeiten? Sie haben sonst (fast) keine Termine.

Sie fangen also mit der ersten Aufgabe auf Ihrer Liste an. Dann stellen Sie fest, dass Ihnen diese Aufgabe nicht unbedingt besonders viel Spaß macht und Sie wechseln zur nächsten. Die macht nun auch nicht so richtig Spaß und Ihnen fällt außerdem direkt noch eine gute Idee zu einer anderen Aufgabe ein, also wechseln Sie wieder. Ihnen fehlt der Fokus. Und am Ende des Tages stellen Sie fest, dass Sie zwar die ganze Zeit beschäftigt waren, aber nicht so richtig etwas geschafft haben und obwohl Sie die ganze Zeit beschäftigt waren, irgendwie trotzdem rumgetrödelt haben.

Gegen dieses Phänomen hilft Kalender-Blocking. Sie wissen ganz genau, wann was zu tun ist. Anstatt zwischen den Aufgaben hin und her zu wechseln, fokussieren sich nur auf eine Aufgabe.

✔ **Zeitersparnis**

Zeitersparnis haben Sie, weil Sie sich nur auf eine Aufgabe fokussieren und nicht zwischen den Aufgaben wechseln. Wenn Sie viel zwischen den Aufgaben wechseln, dann kommt es oft zu den sogenannten Wechselkosten. Sie brauchen erst mal wieder Zeit, um zurück in eine Aufgabe zu finden, nachdem Sie etwas anderes gemacht haben. Diese Zeit sparen Sie sich. Außerdem neigen Sie, wenn Sie häufig zwischen Aufgaben hin und her springen durch den fehlenden Fokus oft zu mehr Fehlern, die Sie dann später korrigieren müssen, was Sie auch wieder Zeit kostet.

Kennen Sie außerdem den Effekt, dass Arbeit sich auch so weit ausdehnt, wie die Zeit, die für sie zur Verfügung steht? Wenn Sie eine Stunde für eine Aufgabe zur Verfügung haben, dann brauchen Sie auch oft diese eine Stunde. Wenn Sie aber nur 45 Minuten für diese Aufgabe haben, dann schaffen Sie diese Aufgabe auch in den 45 Minuten. Ihr Fokus verbessert sich und Sie verschwenden weniger Zeit. Kalender-Blocking spart Ihnen also auch hier Zeit.

Parkinson'sches Gesetz

Das Parkinson'sche Gesetz beschreibt, dass Arbeit sich so weit ausdehnt, wie Zeit für die Arbeit zur Verfügung steht. Das Gesetz wurde erstmals in den 1950er-Jahren in der Zeitschrift »The Economist« von dem Autor Cyril Northcote Parkinson in einem satirischen Essay veröffentlicht. Darin erzählt er die Geschichte von einer Frau, die eine Postkarte verschicken möchte und dafür mehrere Stunden braucht, weil sie sich ständig von anderen Dingen ablenken lässt beziehungsweise noch andere Dinge erledigt. Im Vergleich dazu steht ein Geschäftsmann, der diese gleiche Aufgabe innerhalb von zwei Minuten erledigt hat.

✔ **Bessere Zeiteinschätzung**

Sie lernen außerdem besser einzuschätzen, wie lange manche Aufgaben tatsächlich benötigen. Grundsätzlich sind wir Menschen nicht so gut darin, den Umfang und die Dauer bestimmter Aufgaben zu kalkulieren. Das ist der sogenannte Planungsfehler. Sicherlich kennen Sie das auch: Sie haben sich viele Aufgaben für den Tag vorgenommen, gehen auch davon aus, dass dies realistisch zu schaffen ist, aber am Ende des Tages haben Sie aus irgendeinem Grund nur die Hälfte geschafft. Wenn Sie anfangen, mit Kalender-Blocking zu arbeiten, werden Sie mit der Zeit immer besser einschätzen können, wie lange bestimmte Aufgaben tatsächlich benötigen. Sie entkommen damit der Frustration am Ende des Tages nur die Hälfte ihrer To-do-Liste geschafft zu haben.

Achten Sie darauf, dass Sie nur etwa 70 oder 80 Prozent Ihres Tages verplanen. Ansonsten besteht die Gefahr, dass Ihr kompletter Tagesplan auseinanderfällt, sobald eine spontane Anfrage reinkommt. Wenn Sie wissen, dass sich in Ihrem Job die Umstände häufig schnell ändern, dann lassen Sie gerne noch mehr Puffer in Ihrem Kalender.

Bauen Sie sich die Routine auf, zum Feierabend den nächsten Tag durchzuplanen und Ihre Termine und Aufgaben in den Kalender einzutragen oder zu aktualisieren. Die darauffolgenden Tage können Sie zumindest schon mal grob vorplanen – aber immer mit genug Puffer – sodass Sie immer grob einschätzen können, wann Sie welche Themen abgearbeitet haben.

Die Aufgaben ein bis zwei Wochen im Voraus zu planen, zumindest schon mal grob, hilft Ihnen auch, wenn Ihre To-do-Liste zu lang ist. Wenn sie Ihnen nicht machbar und viel zu riesig vorkommt, kann es helfen, die einzelnen Aufgaben auf die kommenden Tage zu verteilen. Das kann den Druck rausnehmen.

Die Power Hour

Die *Power Hour* ist ein Konzept der amerikanischen Autorin Gretchen Rubin. Die Autorin nutzt diese *Kraftstunde*, wie Sie grob übersetzt wird, um eine Stunde in der Woche dazu zu nutzen, all die Aufgaben zu erledigen, die sonst ständig aufgeschoben werden.

Das können zum Beispiel Dinge im Haushalt sein, die Sie schon lange aufschieben. Das Bild, das endlich mal aufgehängt werden soll, zum Beispiel. Der Küchenschrank, der dringend mal wieder gereinigt werden müsste.

Das können auch Aufgaben sein, die nicht unbedingt gemacht werden müssen, die Sie sich aber auch schon eine Weile lang vornehmen, wie endlich das Fotobuch vom letzten Urlaub zu erstellen.

Das können auch viele kleine nervige Aufgaben sein, wie Vorsorgetermine beim Arzt zu machen oder:

- ✔ Dateien auf dem Computer organisieren und unnötige Dokumente entfernen
- ✔ Fotos auf dem Smartphone sortieren und in Alben einordnen
- ✔ Kleiderschrank ausmisten und Spenden vorbereiten
- ✔ Kleine Reparaturen durchführen (zum Beispiel tropfender Wasserhahn, quietschende Tür)
- ✔ Dokumente sortieren und ablegen
- ✔ LinkedIn-Profil aktualisieren
- ✔ Wichtige Daten auf einer externen Festplatte sichern
- ✔ Software-Updates durchführen

Um die Power Hour zu nutzen, blockieren Sie eine feste Stunde pro Woche im Kalender, die Sie tatsächlich nur für diese Aufgaben nutzen.

Der große Vorteil der Power Hour ist, dass Sie eine feste Zeit nur für diese ständig aufgeschobenen Aufgaben haben. Selbst wenn Sie in der Stunde nicht fertig werden – ein Fotobuch vom letzten Urlaub zu erstellen, könnte eventuell länger dauern –, haben Sie doch mehr geschafft als gar nichts und die Wahrscheinlichkeit, dass Sie an der Sache dranbleiben, ist hoch. Dies funktioniert gut bei größeren Aufgaben, die keine Dringlichkeit haben.

Wenn Sie in der Power Hour viele Kleinigkeiten erledigen wollen, dann erstellen Sie sich hierfür eine separate To-do-Liste. Sobald Ihnen während Ihres Arbeitsalltags die Kleinigkeiten einfallen, die Sie noch erledigen wollen, schreiben Sie sie einfach auf die Liste. Die Aufgabe ist dann aus dem Kopf und sie wird trotzdem erledigt.

Stellen Sie sich einen Timer für die Power Hour!

Die Zwei-Minuten-Regel

Die Zwei-Minuten-Regel ist die simple Regel, dass alles, was Sie in zwei Minuten oder weniger erledigen können, sofort erledigt wird. In Ausnahmen auch mal bei Aufgaben, die drei oder vier Minuten benötigen.

- Ihnen fällt ein, dass Sie dringend neues Druckerpapier bestellen wollten? Ein paar Klicks und sofort erledigen.
- Ihnen fällt ein, dass Sie dringend einen Zahnarztvorsorgetermin machen wollten? Schnell auf die Website geklickt und Sie suchen sich einen Termin aus.
- Sie bekommen einen Terminvorschlag für eine Videokonferenz? Sofort bestätigen oder Alternative vorschlagen.
- Sie erhalten eine simple Frage via E-Mail? Sofort beantworten.

Die Vorteile der Zwei-Minuten-Regel:

- **Weniger Stress**

  Dadurch, dass Sie die kleinen To-dos sofort erledigen, können diese sich gar nicht erst zu einem riesigen Haufen aufbauen. Denn manchmal sind es die vielen kleinen Dinge, die Sie zu erledigen haben, die Sie stressen können.

- **Klarheit im Kopf**

  Wenn Sie versuchen, sich viele kleine Dinge zu merken, die Sie erledigen müssen, beansprucht das viel kognitive Kapazitäten, die Sie lieber für andere Dinge nutzen könnten. Wenn diese kleinen Dinge schnell erledigt sind, sobald sie auftauchen oder Ihnen einfallen, brauchen Sie sich diese Aufgaben gar nicht erst zu merken.

Wenn Sie außerdem nur zwei Minuten benötigen, um diese Dinge zu erledigen, lohnt es sich auch nicht, diese in einer To-do-Liste einzutragen.

- **Motivation**

  Wenn Sie viele kleine Dinge bereits erledigt haben, können Sie dadurch Motivation aufbauen. Sie haben das Gefühl, ganz viel erledigt zu haben, das kann Sie motivieren und es fällt Ihnen leichter, die größeren Aufgaben anzugehen.

Die Zwei-Minuten-Regel funktioniert auch super für den Haushalt. Hier lohnt es sich aber, sie auf eher fünf bis zehn Minuten auszuweiten. Selbst wenn Sie abends bereits müde sind und gerne schlafen wollen, nehmen Sie sich ein paar Minuten Zeit, um noch den gröbsten Teil im Haushalt zu erledigen. Das kann einen riesigen Unterschied machen, sodass Sie dann an Ihren freien Tagen nicht vor einem großen Berg an Haushalt stehen. Es hilft hier, einen Timer auf fünf bis zehn Minuten zu stellen und danach auch tatsächlich aufzuhören.

DIE ALPEN-Methode

Die ALPEN-Methode ist ein einfaches Werkzeug, um Ihren Arbeitstag zu strukturieren, und wurde von Lothar J. Seiwert entwickelt. Sie soll helfen Prioritäten zu setzen.

So läuft sie ab:

- **A – Aufgaben notieren**

  Schreiben Sie alle Aufgaben, Termine und Verpflichtungen auf eine lange Liste. Schreiben Sie dabei wirklich alles auf, was Ihnen in den Kopf kommt.

- **L – Länge einschätzen**

  Schätzen Sie den jeweiligen Zeitaufwand für die Aufgabe so genau wie möglich ein.

- **P – Pufferzeit einplanen**

  Planen Sie 40–60 Prozent Ihrer Zeit für die Aufgaben ein. Den Rest lassen Sie für Unvorhergesehenes frei.

- **E – Entscheidungen treffen**

  Priorisieren Sie die Aufgaben. Welche sind dringend? Welche müssen unbedingt und schnell erledigt werden? Verschieben Sie weniger wichtige Aufgaben.

- **N – Nachkontrolle**

  Überprüfen Sie am Ende des Tages, was Sie erledigt haben, und passen dann Ihre Planung für den nächsten Tag an.

- **A:** Aufgaben: Präsentation vorbereiten (1 Stunde), E-Mails beantworten (30 Minuten), Meeting vorbereiten (1 Stunde), Büro aufräumen (30 Minuten)
- **L:** Zeitaufwand: 3 Stunden
- **P:** Geplante Arbeitszeit: 4 Stunden, Pufferzeit: 1 Stunde
- **E:** Priorität: Meeting vorbereiten zuerst, Präsentation vorbereiten als Nächstes, dann E-Mails und Büro aufräumen als letzte Priorität
- **N:** Am Abend reflektieren, ob alle Aufgaben geschafft wurden, und To-do-Liste für den nächsten Tag erstellen

Umgang mit E-Mail-Flut

E-Mails sind für viele Menschen einer der größten Zeitfresser und Unterbrecher im Arbeitsalltag. Aber mit etwas Strategie kann man auch E-Mails effizienter verwalten, ohne dass sie Ihre Konzentration und Ihre Produktivität beeinträchtigen.

- **Feste Zeiten für E-Mails**

  Anstatt, dass Sie sich durch E-Mails ständig aus dem Arbeitsfluss bringen lassen, richten Sie feste E-Mail-Zeiten für sich ein, zum Beispiel immer morgens oder nach der Mittagspause. So lassen Sie sich durch konstant reinkommende E-Mails nicht mehr unterbrechen.

- **Zwei-Minuten-Regel**

  Wenn Sie eine E- Mail innerhalb von zwei Minuten beantworten können, dann erledigen Sie dies sofort. E-Mails, die mehr Aufwand benötigen, planen Sie als To-do für später ein.

- **Ordnerstruktur**

  Erstellen Sie sich eine passende Ordnerstruktur. Zum Beispiel Unterordner nach bestimmten Projekten oder Ordner, die Ihre E-Mails nach Dringlichkeit einordnen. Auch ein Ordner für »Später lesen« ist dann praktisch, wenn Sie zum Beispiel Newsletter mit Fachartikeln abonniert haben, die Sie aber selten sofort lesen können.

- **E-Mails abbestellen**

  Melden Sie sich von Newslettern oder Werbemails ab, wenn Sie diese sowieso nicht lesen. Auch wenn Sie diese E-Mails immer sofort löschen, kostet Sie das trotzdem Zeit und Aufmerksamkeit.

- **E-Mail-Etikette**

  Seien Sie deutlich in Ihren E-Mails, sodass Sie weitere Nachfragen vermeiden. Verzichten Sie auf unnötiges Geplänkel. Bei Terminabsprachen geben Sie mögliche Vorschläge durch, um die Absprache zu verkürzen, anstatt den Empfänger zu fragen, wann dieser Zeit hat.

- **Schreiben Sie weniger E-Mails**

  Wenn Sie weniger E-Mails bekommen wollen, dann schreiben Sie auch weniger E-Mails. Nutzen Sie Chatfunktionen, wenn das in Ihrem Unternehmen zur Verfügung steht, oder greifen Sie auf ein kurzes Telefonat zurück.

- **Antworten Sie nicht zu schnell**

  Wenn Sie sich selbst unter Druck stellen, sehr schnell auf E-Mails antworten zu müssen, gewöhnen Sie sich an, nicht zu schnell auf E-Mails zu antworten (es sei denn, die Anfrage ist wirklich dringend). Wenn Sie immer innerhalb von Minuten antworten, gewöhnen nicht nur Sie sich daran, sondern auch Ihre Kollegen. Das heißt, sowohl Sie als auch Ihre Kollegen, erwarten immer sofort eine schnelle Antwort. Sie können sich selbst und Ihre Kollegen auch dazu erziehen, nicht so schnell auf E-Mails zu antworten.

Es kann hilfreich sein, E-Mails erst kurz vor dem Feierabend rauszuschicken. So haben Sie die Aufgabe abgearbeitet, aber müssen sich nicht am gleichen Tag direkt mit einer möglichen Antwort auseinandersetzen.

Methoden zur Prioritätensetzung

Prioritäten zu setzen ist sinnvoll, um die wirklich wichtigen Aufgaben zu erledigen und nicht einfach nur beschäftigt zu sein. Im Folgenden finden Sie einige Methoden, wie Sie dazu vorgehen können.

Beschäftigt versus produktiv

Beschäftigt zu sein, bedeutet nicht unbedingt auch produktiv zu sein. Oft verwechseln Menschen beides miteinander. Wenn Sie zwar aktiv sind, aber eigentlich nur an unwichtigen Aufgaben arbeiten, dann fallen die wirklich wichtigen Dinge, die Ihnen helfen Ihre Ziele zu erreichen, hinten über.

Wirklich produktiv sein, bedeutet, die Dinge zu erledigen, die entweder auf Ihre Ziele oder wichtige Ergebnisse ausgerichtet sind, oder die Dinge, die schwerwiegende Konsequenzen haben könnten, wenn Sie sie nicht erledigen (die Steuererklärung zum Beispiel).

Wenn Sie oft eher beschäftigt als tatsächlich produktiv sind, kann das mehrere Gründe haben.

- **Gefühl von Produktivität und kurzfristige Belohnung**

  Die kleinen Fleißaufgaben zu erledigen, die Sie aber nicht wirklich weiterbringen, vermitteln Ihnen ein Gefühl von Produktivität. Fleißaufgaben sind oft die einfachen Aufgaben, die sich eben leicht abarbeiten lassen, und so haben Sie vielleicht das Gefühl, viel in wenig Zeit erledigt zu haben. Sie erhalten dadurch eine kurzfristige Befriedigung, auch wenn es Sie langfristig nicht weiterbringt.

- **Prokrastination**

  Wenn Sie sich vor Ihren größeren, wichtigen Aufgaben drücken wollen, kann es passieren, dass Sie sich mit einfachen Fleißaufgaben ablenken. Haben Sie es schon mal erlebt, dass Sie unbedingt Ihre Fenster putzen mussten, obwohl Ihre To-do-Liste unglaublich lang war? Ihre Fenster wurden seit Monaten nicht geputzt, aber gerade jetzt, wenn Sie eigentlich andere Dinge zu tun hätten, kommt Ihnen das auf einmal wirklich wichtig vor. Fleißaufgaben erledigen kann ein Vermeidungsverhalten sein, weil Sie sich vor anderen Aufgaben drücken. Oder aber, Sie sind von der schlichten Länge Ihrer To-do-Liste überfordert. Dazu lesen Sie unbedingt Kapitel 5 zu Prokrastination.

- **Unklare Strukturen**

  Wenn Strukturen und klare Prioritäten fehlen, kann das dazu führen, dass Sie sich mit den weniger wichtigen Aufgaben beschäftigen.

Die Eisenhower-Matrix

Die *Eisenhower-Matrix* ist ein Klassiker unter den Produktivitätsmethoden und dient der Priorisierung von Aufgaben. Dabei kategorisieren Sie Ihre Aufgaben in vier Quadranten ein, je nachdem wie wichtig und dringlich Ihre Aufgaben sind.

Die Methode ist nach dem ehemaligen US-Präsidenten Dwight D. Eisenhower benannt, der mal in einer Rede von zwei Arten von Problemen gesprochen hat. Die dringenden und die wichtigen.

- **Wichtig und dringend**

  Sofort erledigen.

- **Wichtig, aber nicht dringend**

  Zeit einplanen, um diese zu erledigen.

- **Dringend, aber nicht wichtig**

  Im Idealfall delegieren.

- **Weder dringend noch wichtig**

  Ignorieren.

So gehen Sie vor:

- Listen Sie alle Ihre Aufgaben auf.
- Bewerten Sie jede Ihrer Aufgaben nach Dringlichkeit und Wichtigkeit und ordnen diese dann dem jeweiligen Quadranten zu.
- Konzentrieren Sie sich zunächst auf das Abarbeiten von Aufgaben in Quadrant 1 und 2. Delegieren Sie so viele Aufgaben wie möglich auf Quadrant 3.
- Ignorieren Sie die Aufgaben aus Quadrant 4.

Abbildung 2.2: Eisenhower-Matrix

Das Pareto-Prinzip, auch 80/20-Regel genannt

Das *Pareto-Prinzip*, auch die *80/20-Regel*, besagt, dass mit 20 Prozent des Aufwandes schon oft 80 Prozent der Ergebnisse erzielt werden können. Diese Regel soll helfen, dass Sie den Fokus auf die Aufgaben oder Teilaufgaben richten, die Sie wirklich voranbringen und Ihnen helfen Ihre Ziele zu erreichen.

In vielen Unternehmen ist es so, dass 20 Prozent der Kunden um die 80 Prozent des Umsatzes ausmachen. Sie müssen sich also für den Großteil Ihres Umsatzes auf nur einen kleinen Teil Ihrer Kunden konzentrieren. Wenn Sie Produkte verkaufen, könnte es praktisch sein, sich nur auf die Bestseller zu konzentrieren. Anstatt zu versuchen weitere Produkte zu ergänzen oder sich um die Produkte zu kümmern, die sich nicht so gut verkaufen, sollten Sie sich nach dem Pareto-Prinzip auf die Vermarktung und den Vertrieb Ihrer Beststeller konzentrieren.

Vielleicht kennen Sie das Prinzip auch aus Ihren Aufgaben. Sie arbeiten beispielsweise an einem Bericht (oder schreiben ein Buch!) und der wichtigste Teil der Aufgabe ist eigentlich, sich die Struktur der Inhalte und Argumente zu überlegen. Damit haben Sie bereits einen riesigen Teil Ihrer Aufgabe erledigt. Die letzten 20 Prozent sind dann noch das Glattziehen von Texten, Rechtschreibfehlern und Formatierungen, die aber wahnsinnig viel Zeit in Anspruch nehmen.

Das Pareto-Prinzip heißt nun nicht, dass Sie Ihre Aufgaben immer sofort aufhören sollten, sobald Sie 80 Prozent fertig haben. Achten Sie aber bei Ihren Aufgaben darauf, ob nicht manchmal 80 Prozent schon reichen beziehungsweise ob Sie sich auf die richtigen Prozent der Aufgabe oder Aufgabenmenge konzentrieren.

Dies gilt auch für den privaten Bereich. Muss Ihre Wohnung wirklich blitzblank gewischt sein, wenn Ihr Besuch kommt? Oder reicht es vielleicht auch, wenn Sie nur schnell aufräumen und das Gröbste beseitigen?

Die ABCDE-Methode

Die ABCDE-Methode ist eine Methode von Brian Tracy, die auf dem Pareto-Prinzip basiert. Sie hilft Aufgaben nach Wichtigkeit und Dringlichkeit zu priorisieren. Sie ist eine alternative Methode zur Eisenhower-Matrix. Die Aufgaben werden den Buchstaben ABCDE zugeordnet.

- ✔ **A:** Höchste Priorität. Das Nichterledigen hätte starke Konsequenzen.
- ✔ **B:** Wichtig. Aber weniger dringend als A-Aufgaben.
- ✔ **C:** Wäre schön, diese zu erledigen. Aber das Nichterledigen hat keine starken Konsequenzen.
- ✔ **D:** Könnten delegiert werden.
- ✔ **E:** Bringen keinen Mehrwert und können daher eliminiert werden.

Die Methode empfiehlt außerdem, dass die A-Aufgaben circa 60 Prozent der Zeit einnehmen, B-Aufgaben um die 25 Prozent und C-Aufgaben etwa 15 Prozent der Zeit.

Frösche essen

»Frösche essen« ist eine ebenfalls von Brain Tracy benannte Methode aus seinem Buch »Eat that Frog«. Sie basiert auf der Idee, die unangenehmsten oder nervigsten Aufgaben direkt zu Beginn des Tages zu erledigen. Diese Aufgaben sind Ihr Frosch des Tages. Dabei handelt es sich um Aufgaben, die Ihnen besonders bevorstehen und bei denen die Wahrscheinlichkeit, dass Sie sie aufschieben, hoch ist.

Vielleicht haben Sie es schon mal erlebt, dass Sie zum Beispiel einen wichtigen Telefonanruf erledigen müssen. Weil dieser aber eventuell unangenehm werden könnte, schieben Sie den gerne mal auf, anstatt ihn direkt zu erledigen. Solange Sie diesen Anruf aber nicht erledigen, haben Sie diese Aufgabe den ganzen Tag im Hinterkopf und sie lässt Sie nicht in Ruhe. Es fällt Ihnen vielleicht sogar schwerer, sich auf andere Aufgaben zu konzentrieren. Dieser bevorstehende Telefonanruf beschäftigt sie.

Genau diesen Effekt soll »Frösche essen« vermeiden. Die Aufgabe ist als erste abgeschlossen und Sie können sich auf Ihre anderen Aufgaben konzentrieren. Gleichzeitig soll das Essen von Fröschen auch Motivation aufbauen. Wenn Sie direkt die unangenehmen Aufgaben erledigen, können Sie stolz auf sich sein und es gibt Ihnen Motivation, auch andere Aufgaben anzugehen.

So gehen Sie vor:

1. Überlegen Sie sich am besten schon am Tag vorher, welchen Frosch Sie am nächsten Tag essen müssen beziehungsweise wollen. Diese Aufgabe erkennen Sie am besten daran, dass Sie schon bei dem Gedanken daran überhaupt gar keine Lust haben, sie zu erledigen. Sie macht Ihnen Angst oder raubt Ihnen schon Energie, bevor Sie überhaupt damit angefangen haben.

2. Bereiten Sie alles vor, was Sie für die Erledigung der Frosch-Aufgabe benötigen.

3. Erledigen Sie die Aufgabe.

4. Nachdem Sie die Aufgabe erledigt haben, reflektieren Sie, wie es Ihnen nach der Erledigung geht. Erleichtert? Stolz? Genießen Sie dieses Gefühl und versuchen Sie es so weit es geht herauszuziehen.

Wenn Sie lernen, dass das Erledigen von unangenehmen Aufgaben direkt zu Beginn des Arbeitstages sich gut für Sie anfühlt, fällt es Ihnen in Zukunft leichter, die Frösche schnell zu essen.

Übrigens: Die Methode heißt »Eat that Frog« nach einem Zitat von Mark Twain: »If it's your job to eat a frog, it's best to do it first thing in the morning. And if it's your job to eat two frogs, it's best to eat the biggest one first.»

Frei übersetzt »Wenn es Ihre Aufgabe ist, einen Frosch zu essen, tun Sie dies am besten gleich morgens. Und wenn es Ihre Aufgabe ist, zwei Frösche zu essen, essen Sie am besten zuerst den größten.«

Ergänzend zum Eat-that-Frog-Prinzip, gibt es noch das *Scary-Hour-Prinzip*. Dies ist ein Konzept der Amerikanerin Laur Wheeler und wurde vor ein paar Jahren über TikTok populär. Das Grundprinzip ist ähnlich wie bei Eat that Frog. Sie nutzen einfach die erste Arbeitsstunde des Tages für alle Aufgaben, die unangenehm oder nervig sind oder die Sie am wahrscheinlichsten aufschieben würden. Dies ist dann die »Scary Hour« – die Horrorstunde. In der Horrorstunde sollten Sie außerdem alle Ablenkungen wie E-Mails oder Telefonanrufe reduzieren.

Methoden zur Aufgabenverwaltung

Um die Übersicht über Ihre Aufgaben nicht zu verlieren, sollten Sie sich ein gutes System zurechtlegen. Im Folgenden werden Ihnen einige Möglichkeiten vorgestellt, wie Sie Ihre Aufgaben verwalten können.

Von Notizbüchern, Whiteboard und Apps

Es gibt wahnsinnig viele Methoden, Tools und Apps, die Sie nutzen können, um Ihre Aufgaben zu verwalten. Von Asana über Trello, bis Notion. Genauso wie es unglaublich viele verschiedene Notizbücher, Kalender oder Ähnliches gibt. Oder Sie nutzen weder eine digitale Methode noch ein Notizbuch, sondern arbeiten mit einem Whiteboard oder Flipchart. Die Möglichkeiten sind fast unendlich.

Die verschiedenen Methode bringen jeweils Vor- und Nachteile mit sich.

- ✔ **Notizbücher**

  Einfach zu nutzen, sind nicht ortsgebunden, dafür aber weniger flexibel

✔ **Whiteboards oder Flipcharts**

Visuell ansprechend und übersichtlich, praktisch wenn man im Team arbeitet, aber dafür ortsgebunden.

✔ **Apps**

Flexibel, viele verschiedene Funktionen, praktisch für Teams, aber immer abhängig von Technologien (Und für manche Menschen ist das Abhaken einer Aufgabe durch einen Klick weniger befriedigend als das Durchstreichen mit einem Stift.)

Im Grunde ist es egal, welche Methode Sie nutzen. Das ist von Ihren Vorlieben abhängig und natürlich auch davon, wie Ihr Arbeitsalltag aussieht. Sollten Sie viel beruflich reisen müssen, ist ein Whiteboard vermutlich keine gute Idee. Manche Unternehmen erlauben auch nicht alle Programme oder Apps, zum Beispiel aus Datenschutzgründen. Hier ist es wichtig, sich vorher zu informieren.

Die Hauptsache ist, dass Sie überhaupt eine Methode nutzen und dass Sie an dieser auch dranbleiben.

Beschränken Sie sich auf eine Methode, vermeiden Sie ein Durcheinander wie eine To-do-Liste in Ihrem E-Mail-Programm, zugleich weitere Listen in Ihrem Notizbuch und dann auch noch ein paar Post-its® an Ihrem Computerbildschirm.

Im Idealfall haben Sie EINEN zentralen Ort für all Ihre Aufgaben und Notizen.

Wenn Sie sich nicht sicher sind, welches System für Sie funktioniert, dann testen Sie ein System für einen Zeitraum von mindestens ein bis zwei Wochen. An manche Systeme muss man sich erst gewöhnen, um festzustellen, ob Sie für einen funktionieren. Sollten Sie nach zwei Wochen feststellen, dass es nicht für Sie passt, testen Sie das nächste.

Drei Grundprinzipien für die Aufgabenverwaltung:

1. **Bestimmen Sie EINEN zentralen Ort für Ihre Aufgaben.**

   (Ein zweites System wäre in Ordnung, wenn Sie zum Beispiel berufliches und privates trennen wollen.)

2. **Schreiben Sie ALLES auf.**

   Wirklich alles. (Außer den Zwei-Minuten-Aufgaben, die Sie sofort erledigen und die es deshalb erst gar nicht auf die To-do-Liste schaffen) Unser Gehirn ist nicht dafür gedacht, sich viele Dinge gleichzeitig zu merken.

3. **Halten Sie Ihr System immer up to date.**

   Nehmen Sie sich pro Tag zehn Minuten, um Ihre To-dos zu aktualisieren, ergänzen oder löschen. Ein System kann noch so gut sein, es bringt Ihnen nichts, wenn Sie es nicht aktuell halten.

Übersicht nützlicher Apps

Apps und webbasierte Anbieter für die Aufgabenverwaltung gibt es viele. Im Folgenden finden Sie eine Übersicht. Dabei handelt es sich bei Weitem nicht um alle, die am Markt zu finden sind. Das Angebot ist groß und verändert sich ständig.

Für welche Anwendung Sie sich entscheiden, wenn Sie digital arbeiten wollen, ist von Ihren Vorlieben abhängig. Probieren Sie es einfach mal aus. Die Angebote haben jeweils ihre Vor- und Nachteile, das ist abhängig von den Funktionen, die Sie suchen. Oder vielleicht auch einfach abhängig davon, ob Ihnen eine Anwendung optisch gefällt. Achten Sie auch darauf, welche Vorgaben Ihr möglicher Arbeitgeber hat. Nicht alle Apps sind in allen Unternehmen freigegeben.

✔ **Trello**

Ein schlichtes Projektmanagement-Tool, das Aufgaben in Boards, Listen und Karten organisieren kann. Es kann individuell genutzt werden, aber auch in Teams.

✔ **Notion**

Eine sehr umfangreiche Plattform, die sowohl die Ablage von Notizen als auch Aufgabenverwaltung und Projektplanung abdecken kann. Sie ist individualisierbar und anpassungsfähig, daher aber auch, zumindest am Anfang, nicht ganz intuitiv nutzbar.

✔ **Asana**

Eines der bekanntesten Tools für Projektmanagement für Teams. Aber auch individuell nutzbar. Bietet Ansichten, wie Listen, Board oder Diagramme.

✔ **Todoist**

Besonders als Handy-App gut nutzbar. Für Einzelpersonen, aber auch Teams nützlich. Bietet Übersichten von Aufgaben und ist mit anderen Apps integrierbar.

✔ **Microsoft To Do**

Ermöglicht das Erstellen von To-do-Listen, Erinnerungen und lässt sich in das Microsoft Ökosystem integrieren.

✔ **Evernote**

Besonders nützlich, wenn Sie Informationen organisieren müssen. Evernote ist eine umfangreiche Notiz-App, kann aber auch Aufgaben und Dokumente verwalten.

✔ **OneNote**

Eine Möglichkeit von Microsoft, um Notizen, Texte, Bilder abzulegen und zu organisieren. Lässt sich mit anderen Microsoft-Anwendungen integrieren.

✔ **Miro**

Ein digitales Whiteboard, das die visuelle Darstellung von Aufgaben, Planung, Projektmanagement und Brainstorming ermöglicht. Auch im Team nutzbar.

Braindump

Ein Braindump (deutsch: »Gehirn ausschütten«) ist eine simple Technik, bei der alle Gedanken, Ideen und Aufgaben schnell und ohne sie zu sortieren aufgeschrieben werden. Ein Braindump hilft Ihnen, Ihre Ideen nicht zu verlieren, aber gleichzeitig auch Ihren Kopf freizubekommen.

Beim Braindump ist es wichtig, dass Sie sich nicht zensieren, sondern wirklich alles, was Ihnen in den Sinn kommt, aufschreiben.

Das können To-dos sein, die dringend erledigt werden sollten, wie endlich die eine E-Mail an den Kunden zu schreiben. Das können aber auch Ideen sein, die noch überhaupt nicht konkret sind, sondern sich vielleicht auf Projekte beziehen, die Sie irgendwann mal angehen wollen. Das können auch bestimmte Sätze sein, die Sie in einen Text, an dem Sie weiterarbeiten müssen, unbedingt einbauen wollen. Egal was, Hauptsache alles aus dem Kopf raus.

Sie können einen Braindump fest einplanen und zum Beispiel als Routine für den Start in den Tag einführen. Oder als Abschluss für den Feierabend, damit Sie für den nächsten Tag nichts vergessen.

Ein Braindump funktioniert ansonsten besonders gut, wenn Sie das Gefühl haben, dass Sie gerade überhaupt keinen Überblick mehr über Ihre Aufgaben haben und dringend Klarheit in Ihrem Kopf benötigen. Auch dann, wenn Sie vielleicht schon eine Weile Ihre Organisationssysteme nicht mehr aktualisiert oder genutzt haben.

Im Idealfall nutzen Sie dafür einfach ein leeres DIN-A4-Blatt – egal ob analog oder digital und schreiben alles ohne System erst mal auf.

Sobald Sie alles aufgeschrieben haben, fangen Sie an, die Aufgaben in Ihr System zu sortieren:

- ✔ Ergänzen Sie Aufgaben in Ihren To-do-Listen.
- ✔ Tragen Sie Termine im Kalender ein.
- ✔ Wandeln sie Ideen oder Gedanken in To-dos um und setzen auch sie auf Ihre To-do-Liste.
- ✔ Sollten Sie dort Aufgaben aufgeschrieben haben, die Sie innerhalb von ein paar Minuten erledigen könnten, erledigen Sie diese direkt. Aufgaben, die Sie delegieren wollen oder müssen, delegieren Sie sofort. So erhalten Sie schnell Momentum, Sie haben nicht nur mehr Klarheit im Kopf, sondern auch ein Erfolgsgefühl, weil die ersten Dinge bereits erledigt sind.

Kanban

Kanban ist eine Methode, die ursprünglich von Toyota entwickelt wurde, um die Produktionsprozesse zu verbessern. Heute wird Kanban oft im Projektmanagement genutzt, besonders in der Softwareentwicklung. Normalerweise wird sie für die gemeinsame Aufgabenplanung von Teams genutzt. Kanban hilft die Aufgaben und den Arbeitsfluss zu visualisieren. Das Wort Kanban stammt aus dem Japanischen und bedeutet so viel wie »visuelles Signal«.

Die Grundidee ist einfach:

1. Teilen Sie ein Board in Spalten »To do – Zu erledigen«, »In Progress – In Arbeit« und »Done – Erledigt« ein.
2. Legen Sie dann fest, wie viele Aufgaben in »WIP – Work in Progress« sein dürfen. Also an wie vielen Aufgaben Sie gleichzeitig arbeiten können. Das soll verhindern, dass Sie an zu vielen Projekten gleichzeitig arbeiten, die Sie eigentlich nicht bedienen können. Das ist natürlich auch abhängig davon, wie große Ihre Aufgaben sind.
3. Wenn Sie möchten, ergänzen Sie an Ihren verschiedenen Aufgaben Zeitschätzungen oder brechen Sie auf kleinere Unteraufgaben runter.
4. Aktualisieren Sie Ihr Board regelmäßig und überprüfen Sie, ob der Status der Aufgaben korrekt ist.

Ihr Kanban Board können Sie physisch abbilden, zum Beispiel an einem Whiteboard mit Post-its (siehe Abbildung 2.3). Auch in den meisten digitalen Tools, zum Beispiel Trello, lassen sich Aufgaben nach Kanban sortieren.

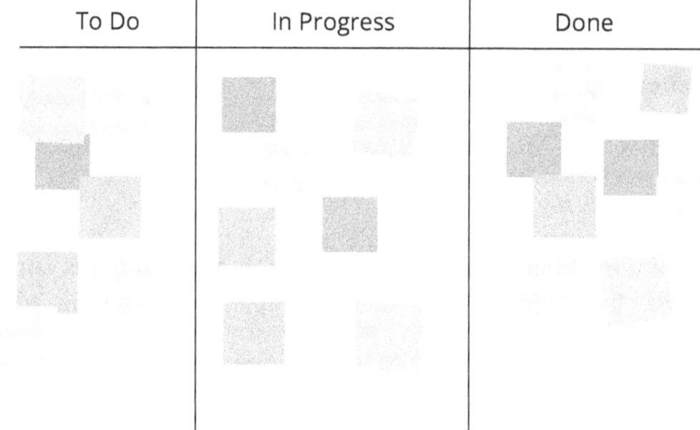

Abbildung 2.3: Beispiel für ein Kanban Board

Sie können noch weitere Spalten einbauen, wenn nötig. Zum Beispiel »Warten auf Feedback« oder »Delegiert«.

Workflow und Templates

Wenn Sie viele Aufgaben haben, die Sie regelmäßig erledigen müssen, dann machen Sie es sich so einfach wie möglich. Besonders dann, wenn die Aufgaben aus vielen verschiedenen

Schritten bestehen. Erstellen Sie sich für bestimmte Aufgaben Templates oder dokumentieren Sie den Workflow.

- ✔ Sie müssen immer wieder eine bestimmte Art von Bericht erstellen? Dann haben Sie ein Template bereit, sodass Sie nicht jedes Mal wieder darüber nachdenken müssen, wie so ein Bericht nun aussehen soll.
- ✔ Sie schreiben immer wieder eine ähnliche E-Mail? Dann erstellen Sie einen Schnellbaustein, den Sie für den entsprechenden Einzelfall abwandeln.
- ✔ Sie haben immer wieder die gleiche Aufgabe, die aus vielen Schritten besteht? Dokumentieren Sie diese Schritte, um nicht jedes Mal wieder überlegen zu müssen, welche Schritte Sie nun gehen müssen. Dies ist besonders dann praktisch, wenn es wirklich wichtig ist, dass Aufgaben immer gleich ausgeführt werden. Oder auch, wenn eine Aufgabe nur einmal im Jahr anfällt und Sie sich dann beim besten Willen nicht mehr erinnern, wie Sie das beim letzten Mal gemacht haben.

Ihre jährliche Steuererklärung funktioniert bestimmt schneller, wenn Sie nur auf Ihren Workflow zurückgreifen müssen, in dem genau beschrieben steht, was Sie tun müssen, welche Dokumente Sie nutzen und wo Sie noch mal den Zugang zum Online-Portal finden, anstatt dass Sie sich jedes Jahr die Informationen wieder neu zusammensuchen müssen.

- ✔ **Onboarding neuer Mitarbeitenden**

  Schritt-für-Schritt-Anleitung für den Prozess. Templates für die Dokumente, die an die Mitarbeitenden gehen müssen.

- ✔ **Monatlicher Finanzbericht**

  Workflow für alle Schritte zur Datensammlung. Template für den Bericht.

- ✔ **Kundenakquise**

  Workflow für den genauen Ablauf von der ersten Kontaktaufnahme bis zum möglichen Vertragsabschluss. Template für den Vertrag.

Feierabend- und Wochenendroutinen

Feierabendroutinen sind eine tolle Sache, sie können Ihnen helfen,

- ✔ nach dem Arbeitstag besser abzuschalten,
- ✔ am nächsten Tag produktiver zu sein
- ✔ den Übergang vom Arbeitsmodus zum Freizeitmodus klarer zu machen.

Besonders wenn Sie dazu neigen, abends noch über Ihre Aufgaben nachzudenken und nicht abschalten oder einschlafen können, kann eine Feierabendroutine helfen abzuschalten.

Wenn Sie zum Beispiel genau wissen, welche Aufgaben für den nächsten Tag anstehen, brauchen Sie abends, während Sie versuchen einzuschlafen, nicht mehr im Kopf über Ihre To-do-Liste nachzudenken.

Wie könnten solche Feierabendrituale aussehen?

- ✔ **Aktualisieren Sie Ihre To-do-Listen und Ihr Organisationssystem.**

  Haken Sie erledigte Aufgaben ab und ergänzen neue Aufgaben, die über den Tag aufgetaucht sind.

- ✔ **Legen Sie Ihre Prioritäten und Aufgaben für den nächsten Tag fest.**

- ✔ **Definieren Sie den Eat that frog für den nächsten Morgen.**

  Das Essen der Frösche starten Sie, bevor Sie irgend etwas anderes tun oder Ihr E-Mail-System öffnen.

- ✔ **Räumen Sie Ihren Arbeitsplatz auf.**

  Organisieren Sie Ihre Dokumente und räumen Ihr Material weg. Dies gilt ganz besonders, wenn Sie im Homeoffice arbeiten. Abschalten und den Feierabend genießen, ist schwierig, wenn Ihr Arbeitslaptop auf dem Esstisch rumsteht.

- ✔ **Finden Sie ein Ritual, das Ihren Feierabend einläutet.**

  Ein Ritual, zum Beispiel sobald Sie nach Hause kommen (oder wenn Sie im Homeoffice sind, nachdem Ihr Laptop weggeräumt ist). Machen Sie eine kurze Meditation, wechseln Sie Ihre Kleidung, gehen Sie eine Runde spazieren, machen Sie eine Runde Yoga. So ein Ritual kann Ihnen mental helfen, sich auf den Feierabend vorzubereiten.

Ergänzende Wochenendroutinen können Ihnen helfen, die kommende Woche vorzubereiten und so entspannter und auch produktiver in die Woche zu starten, zum Beispiel:

- ✔ **Prüfen Sie, was in der vergangenen Woche gut gelaufen ist und was nicht.**

  Was wollen Sie davon in der nächsten Woche ändern?

- ✔ **Setzten Sie sich Ihre Ziele für die nächste Woche und gehen in die Wochenplanung.**

- ✔ **Nutzen Sie das Wochenende für einen »Reset«.**

  Räumen Sie Ihre Wohnung auf. Erledigen Sie Ihren Haushalt, waschen Sie Ihre Wäsche. Kochen Sie Ihr Essen für die kommende Woche vor. Packen Sie Ihre Arbeitstasche. Planen Sie, wann Sie zum Sport gehen.

Auf Social Media finden Sie unter dem Hashtag `#Sundayreset` viele Videos von Menschen, die ihr sonntägliches Aufräumen, Putzen und Vorbereiten für die neue Woche zeigen. Diese könnte Ihnen als Motivation dienen.

Ihr Wochenende soll natürlich auch zur Erholung dienen. Aber überlegen Sie sich, was Sie benötigen, um sich auf die kommende Woche gut vorbereitet zu fühlen. Das kann die aufgeräumte Wohnung sein oder der Aufgabenplan für die nächste Woche. Sie können das Wochenende auch für Sport nutzen, weil das für Sie unter der Woche schwieriger einzubauen ist.

Probieren Sie aus, was Sie am Wochenende machen können, damit Sie für die Woche mental entlastet sind. Denken Sie dabei gerne an Ihr Zukunfts-Ich. Was würde Ihr Zukunfts-Ich brauchen, damit es ihm gut geht?

IN DIESEM KAPITEL

Warum Fokus oft so schwierig ist

Innere und externe Ablenkungen und der Umgang damit

Fokus stärken

Kapitel 3
Fokussiert arbeiten

In diesem Kapitel dreht sich alles darum, wie Sie es schaffen können, fokussierter zu arbeiten. In unserer schnellen Welt wird es für viele Menschen oft immer schwieriger, sich auf ihre Arbeit zu fokussieren und konzentriert Aufgaben abzuarbeiten. Ablenkungen und Unterbrechungen sind die Norm und reißen viele Menschen aus ihren Aufgaben heraus. Auch Social Media beziehungsweise das Smartphone hat einen Einfluss auf unsere Konzentrationsfähigkeit.

In diesem Kapitel erfahren Sie, warum Fokus oft so schwierig ist. Wie Sie mit inneren und externen Ablenkungen umgehen können und wie Sie es generell schaffen, Ihren Fokus zu stärken.

Warum Fokus oft so schwierig ist

Haben Sie auch oft das Gefühl, dass Ihre Aufmerksamkeitsspanne immer kürzer wird? Die Fähigkeit sich zu fokussieren, ist für viele Menschen zunehmend herausfordernder. Sich wirklich konstant auf ein Thema zu konzentrieren, wirklich tief in manche Themen reinzudenken, wird für viele Menschen oft immer schwieriger. Dafür sind mehrere Faktoren verantwortlich.

Ablenkungen und Unterbrechungen sind die Produktivitätskiller Nummer 1!

Produktivitätskiller Ablenkung

Ablenkungen gehören zu den größten Produktivitätskillern und sind ein riesiger Auslöser für Stress. Ablenkungen sind allgegenwärtig und beeinträchtigen erheblich unsere Produktivität.

Bestimmt kennen Sie das auch – Sie haben sich gerade in ein Thema eingearbeitet und da kommt Ihr Kollege rein. Sie haben gerade angefangen, über ein komplexes Problem nachzudenken, da pingt Ihr Computer, weil eine Chatnachricht eingegangen ist. Sie müssen sich eigentlich auf das Schreiben eines Textes fokussieren, aber ihr Kopf dreht sich immer wieder um eine bestimmte Sorge, die Sie einfach nicht loslässt.

Je nachdem, was Sie beruflich machen, gehören Ablenkungen und Unterbrechungen Ihrer Arbeit zu Ihrem Job dazu. Die ständigen Anrufe, die Sie aus Ihrer Arbeit reißen. Das ständige Aufpoppen von E-Mails. Das ständige Reinkommen von Kollegen, die irgendetwas von Ihnen wollen.

Dabei müssen wir unterscheiden zwischen externen und internen Ablenkungen. Wir können uns selbst aus der Arbeit rausreißen oder externe Faktoren sind für die Ablenkungen und Unterbrechungen verantwortlich.

Externe Ablenkungen

Ablenkungen können von außen kommen:

- ✔ Lärm im Büro – oder manchmal auch einfach nur ein geteiltes Büro, sodass Sie zu viel von anderen Kollegen mitbekommen
- ✔ Telefonanrufe
- ✔ Chatnachrichten oder E-Mails
- ✔ Unterbrechungen durch Kollegen

Sollten Sie zum Beispiel im Homeoffice sein, dann könnten noch andere Unterbrechungen und Ablenkungen dazukommen, wie zum Beispiel der Postbote, der klingelt. Oder vielleicht sogar Kinder, die Sie zu Hause haben und nebenbei noch versorgen, oder denen Sie mal kurz bei den Hausaufgaben helfen müssen. Aber auch Partner, mit denen Sie sich das Homeoffice teilen. Laute Nachbarn oder eine Baustelle vor der Tür.

Innere Ablenkungen

Innere Ablenkungen sind die Ablenkungen, die nicht von außen kommen und für die Sie selbst verantwortlich sind.

Zum Beispiel dann, wenn Sie es nicht schaffen, sich auf Ihre Aufgabe zu fokussieren, weil sich Ihre Gedanken immer um ein bestimmtes Thema drehen, das Ihnen Sorgen macht. Oder auch, wenn Sie ganz plötzlich das dringende Bedürfnis haben, eine Aufgabe zu erledigen, die eigentlich gar nicht so wichtig ist, aber weil es Ihnen gerade in dem Moment einfällt, MÜSSEN Sie es jetzt unbedingt erledigen. Zum Beispiel, im Homeoffice endlich den Geschirrspüler zu leeren. Es können aber auch Verhaltensweisen sein, wie Social Media checken zu müssen. Ich erinnere mich noch sehr genau daran, wie ich beim Schreiben meiner Masterarbeit mitten im Satz aufgehört habe, um Facebook zu checken.

Innere Ablenkungen und die Gründe dafür können vielfältig sein. Oft, aber nicht immer handelt es sich dabei um eine Form von Prokrastination. Dazu finden Sie in Kapitel 5 noch mehr Tipps und Tricks.

Beispiele für innere Ablenkungen sind:

- ✔ Gedankenkreisen
- ✔ Sorgen und Ängste
- ✔ Tagträume
- ✔ Wechseln zwischen Aufgaben
- ✔ Der Sog von Social Media
- ✔ Unwichtige Aufgaben, die JETZT unbedingt erledigt werden müssen

Lieber Unterbrechungen oder lieber high sein?

Was ist schlimmer? Ständig beim Abarbeiten von Aufgaben unterbrochen zu werden oder beim Erledigen von Aufgaben unter Cannabiseinfluss zu stehen?

In Literatur zum Thema Produktivität wird häufig ein Experiment erwähnt, das informell stattgefunden haben soll. Da die originale Quelle nicht auffindbar ist, kann es auch nur ein Mythos sein. Wir wissen nicht sicher, ob es wirklich in dieser Form durchgeführt wurde.

Aber angeblich wurde in diesem Experiment Produktivität von Personen unter drei verschiedenen Bedingungen getestet:

- ✔ ungestörtes Arbeiten
- ✔ unter Cannabiseinfluss arbeiten
- ✔ mit häufigen Unterbrechungen arbeiten

Das »Experiment« hat angeblich gezeigt, dass die Gruppe mit den häufigen Unterbrechungen am wenigsten produktiv war. Sogar weniger produktiv als die Menschen, die unter Cannabiseinfluss standen.

Auch wenn dies ein informelles Experiment und nicht wissenschaftlich fundiert war und vielleicht sogar gar nicht stattgefunden hat, soll es doch verdeutlichen, dass Ablenkungen einer der größten Produktivitätskiller sind.

Produktivitätskiller Multitasking

Glauben Sie, dass Multitasking der Schlüssel zur Produktivität ist? Dann liegen Sie falsch.

Multitasking – etwas überspitzt dargestellt – existiert eigentlich nicht.

Es ist auch nicht so, dass Frauen besser im Multitasking sind als Männer. Das ist Unsinn. (Vielleicht ist es so, dass Frauen eher gezwungen sind Multitasking zu betreiben – zum Beispiel bei der Care-Arbeit und daher »geübter« sind. Dies ist allerdings eine andere Diskussion.)

Moment mal, sagen Sie jetzt vielleicht – ich mache doch regelmäßig Multitasking, wie kann es dann sein, dass Multitasking nicht existiert. Natürlich können Sie Dinge gleichzeitig machen. Sie können einen Podcast hören und dabei Ihre Wohnung putzen. Natürlich können Sie einen Text schreiben und gleichzeitig Musik hören.

Aber – und das ist wichtig – die meisten Aufgaben sind sich zu ähnlich und können daher nicht wirklich gleichzeitig durchgeführt werden. Einen Text schreiben und gleichzeitig ein Hörbuch hören? Funktioniert nicht. Telefonieren und dabei E-Mails beantworten? Funktioniert nicht.

Oder eher gesagt – es funktioniert schon. Aber zu welchem Preis?

Es mag Ihnen vielleicht so vorkommen, als würden Sie diese zwei Aufgaben tatsächlich gleichzeitig machen, aber zumindest so, wie es in Ihrem Gehirn verarbeitet wird, ist es nicht wirklich gleichzeitig. Ihr Gehirn verarbeitet es trotzdem nacheinander. Es ist nur eben so schnell, dass es sich so anfühlen kann, als würden Sie es tatsächlich gleichzeitig machen. In Wirklichkeit wechselt Ihr Gehirn aber nur sehr schnell zwischen den Aufgaben hin und her. Dieser Wechsel, das sogenannte Task Switching ist das, was wir als Multitasking wahrnehmen, aber es hat leider auch einige negative Konsequenzen.

Wenn Sie es außerdem mal probiert haben, zwei Dinge, die sich in der Art ähnlich sind, gleichzeitig zu machen – wie gut hat das wirklich funktioniert? Wenn Sie zum Beispiel versuchen einen Text zu schreiben und gleichzeitig dabei eine Serie zu schauen (Vielleicht macht die Autorin genau das, während sie diesen Text tippt. Vielleicht ist das aber auch nur ein zufälliges Beispiel.) – wie gut funktioniert das wirklich? In diesem Fall ist besonders das Sprachzentrum beansprucht und entweder werden Sie in Ihrem Text sehr viele Fehler ausgleichen müssen beziehungsweise Sie sind sehr langsam beim Schreiben, oder Sie bekommen von der Serie nur die Hälfte mit.

Die Konsequenzen von Multitasking sind:

- ✔ **Sinkende Produktivität**

  Vielleicht haben Sie das Gefühl, dass Sie mehr schaffen, wenn Sie Multitasking betreiben, aber in Wirklichkeit kann Multitasking dafür sorgen, dass die Produktivität sinkt.

✔ **Zeitaufwand**

Paradoxerweise bedeutet Multitasking, dass Sie für die Aufgaben tatsächlich länger benötigen, im Vergleich zum Nacheinander-Abarbeiten, denn jeder Aufgabenwechsel kostet Ihr Gehirn Energie und Zeit zur Neuorientierung. Sie brauchen immer wieder einen Moment, um in die neue Aufgabe reinzukommen, sodass Sie im Endeffekt länger für die Aufgaben benötigen.

✔ **Qualitätseinbußen**

Wenn Sie schnell zwischen den Aufgaben wechseln, dann können Sie nie so richtig tief über eine Aufgabe nachdenken. Geteilte Aufmerksamkeit zwischen den verschiedenen Aufgaben sorgt dafür, dass Sie nur oberflächlich arbeiten. Dies führt zu Fehlern und Qualitätseinbußen (Dies muss oft ausgeglichen werden, sodass noch mehr Zeitaufwand entsteht). Probleme zu lösen oder kreative Ideen zu entwickeln, kann damit auch immer schwieriger werden.

✔ **Stress und Burn-out**

Multitasking hängt eng zusammen mit Stress und damit auch mit Burn-out. Kein Wunder, wenn Sie sich überlegen, wie kognitiv anstrengend Multitasking ist. Für unser Gehirn ist das einfach zu viel. Viele Menschen, die an Burn-out erkranken, berichten, dass Sie vorher viel Multitasking in ihrem Job hatten.

Produktivitätskiller Information Overload

Information Overload beziehungsweise Informationsüberflutung und Überreizung ist ein Problem. Die moderne Welt, besonders die digitalisierte Welt, ist eigentlich nicht für uns Menschen gemacht.

Denken Sie mal darüber nach, wie Menschen früher gelebt haben. Wir haben in Wäldern und Höhlen gelebt. Nicht, dass das Leben besonders einfach war – das ist damit nicht gemeint –, aber die Menge an Informationen, die wir aufgenommen haben, war deutlich geringer.

Auch die Generationen, die vor dem Zeitalter des Internets und besonders vor der Zeit von Social Media und Smartphones aufgewachsen sind, haben sehr, sehr viel weniger Informationen am Tag aufgenommen. Da gab es die Tageszeitung, über die man die wichtigsten Informationen bekommen hat, und das war es. Es gab keine minütliche Berichterstattung via Social Media, so wie heutzutage.

Natürlich können wir viel Informationen aufnehmen, aber im Grunde ist unser Gehirn für diese Informationsfluten nicht gemacht, besonders dann wenn Sie davon niemals eine Pause haben. Die Evolution des menschlichen Gehirns war in den letzten tausend Jahren nicht so schnell, dass wir davon ausgehen können, dass es sich an die sehr veränderte Welt, in der wir leben, angepasst hat.

Die Informationsüberflutung gilt nicht nur für die Informationen, die wir durch Medien zu uns nehmen, aktiv zum Beispiel durch das Smartphone oder während der Arbeitszeit, wie E-Mails und Co, sondern auch für den normalen Alltag. Besonders dann, wenn Sie in einer größeren Stadt leben.

Die Sucht von Social Media

Haben Sie sich schon mal gefragt, warum Sie es nicht schaffen Ihr Handy wegzulegen? Oder warum Sie sich vielleicht sogar etwas verloren fühlen, wenn Sie keinen Akku mehr haben und gerade keine Möglichkeit Ihr Handy aufzuladen? Fühlt es sich vielleicht für Sie sogar komisch an, wenn Ihr Handy weit weg liegt? Oder bekommen Sie sogar Phantom-Anrufe, das heißt Sie spüren das Vibrieren in Ihrer Hosentasche, aber wenn Sie nachschauen, ruft Sie gerade niemand an?

Smartphones beziehungsweise Soziale Medien können süchtig machen. Daran ist hauptsächlich Dopamin schuld. Dopamin ist ein Hormon, das uns glücklich macht, das uns motivieren und auch Energie geben kann. Aber, es kann eben auch dafür sorgen, dass Sie nach irgendetwas süchtig werden.

Jedes Mal, wenn Sie zu Ihrem Handy greifen, wird ein bisschen Dopamin ausgeschüttet. Jedes Mal, wenn Sie eine Nachricht auf dem Handy empfangen, wird ein bisschen Dopamin ausgeschüttet. Das sind keine riesigen Mengen, aber sie reichen, um Sie süchtig zu machen.

Besonders kurzer Video Content, wie Instagram Reels, YouTube Shorts oder TikToks sind gefährlich. Das schnelle Aufeinanderfolgen von Videos sorgt für das Ausschütten von Dopamin, sodass Sie immer weiter scrollen oder immer wieder zu Ihrem Handy greifen. Gleichzeitig ist es einfach in einen Sog zu kommen, weil der Algorithmus Ihnen Inhalte anzeigt, die zu Ihren Interessen passen.

Informationen beziehungsweise das Konsumieren von Informationen kann Sie in diesem Fall tatsächlich süchtig machen. Außerdem wird beim Konsum oft Cortisol – das Stresshormon – ausgeschüttet

Soziale Medien können Sie also gleichzeitig süchtig machen und stressen. Am Ende des Kapitels finden Sie Methoden, wie Sie mit dem Information Overload durch Soziale Medien umgehen können.

Übrigens, wenn Sie die Gewohnheit haben, direkt morgens zum Handy zu greifen, dann sollten Sie versuchen, zumindest die erste Stunde ohne Handy klarzukommen. Denn wenn Sie direkt morgens zum Handy greifen, wird direkt morgens Dopamin ausgeschüttet. Ihr Gehirn gewöhnt sich daran, dass es heute wieder Dopamin bekommt, also ist die Wahrscheinlichkeit, dass Sie über den Tag verteilt, immer wieder zum Handy greifen, ziemlich groß. Die Wahrscheinlichkeit reduziert sich, wenn Sie die erste Stunde des Tages ohne Handy verbringen, sodass Sie nicht so schnell in das Dopaminmuster verfallen.

Überlegen Sie mal, wie viele Schilder und Werbung Sie aufnehmen, wenn Sie sich einfach nur in Ihrer Stadt bewegen. Hinzu kommen die Reize durch alles andere, was Sie wahrnehmen müssen, seien es andere Menschen, Gebäude oder der Straßenverkehr. Vermutlich hören Sie in der Zeit, während Sie sich durch die Stadt bewegen, noch einen Podcast oder ein Hörbuch. Vielleicht fahren Sie auch Auto, das heißt noch eine Aufgabe, auf die Sie sich konzentrieren müssen.

Uff. Ihr armes Gehirn! Was es alles verarbeiten muss!

Doch wie kommt es zur Informationsüberflutung?

- ✔ Technologische Entwicklung
- ✔ Ständige Erreichbarkeit durch Smartphones et cetera
- ✔ Erwartungshaltung, ständig erreichbar zu sein
- ✔ Komplexität von Arbeitsprozessen
- ✔ Schnelligkeit des Nachrichtenzyklus

Auswirkungen von Informationsüberflutung sind:

- ✔ **Sinkende Produktivität**

  Sie sind damit beschäftigt, die ganzen Informationen und Reize zu verarbeiten, Sie haben weniger mentale Kapazitäten übrig, um an Ihren eigenen Aufgaben zu arbeiten.

- ✔ **Stress**

  Da Informationsüberflutung für unser Gehirn anstrengend ist, kann das natürlich auch dazu führen, dass dies bei Ihnen Stress auslöst. Wenn Sie dauerhaft einer Informationsflut ausgesetzt sind, kann das zu chronischem Stress beitragen, was die Gefahr für ein Burn-out erhöht.

- ✔ **Schwierigkeiten, Entscheidungen zu treffen**

  Zu viele Informationen können zu einer Entscheidungsparalyse führen. Dasselbe gilt auch für zu viele Möglichkeiten – das nennt sich *Choice Overload.*

- ✔ **Prioritäten werden nicht gesetzt**

  Es wird außerdem, durch die Menge an Informationen, schwierig, die wirklich wichtigen Informationen herauszufiltern und die Prioritäten vernünftig zu setzen.

- ✔ **Kognitive Verzerrungen**

  Informationsüberflutung kann auch das Entstehen von Denkfehlern fördern, weil Ihr Gehirn versucht, mit der Informationsflut zurechtzukommen, sucht es Abkürzungen bei Entscheidungen oder Rückschlüssen. Diese müssen nicht unbedingt falsch sein, können aber zu Denkfehlern führen.

Das Marmeladenexperiment und Choice Overload

Das Marmeladenexperiment ist eine Studie zum Thema Choice Overload und ein Klassiker in der Psychologie, das Sheena Iyengar und Mark Lepper 2000 durchgeführt haben.

In einem Supermarkt wurden an zwei Tagen Marmeladenverkostungen durchgeführt. An einem Tag wurden 24 verschiedene Sorten Marmeladen zum Verköstigen zur Verfügung gestellt und am zweiten Tag gab es nur 6 verschiedene Sorten zur Auswahl.

Interessant war, wie die Kunden sich verhalten haben:

- ✔ Bei 24 Sorten blieben mehr Kunden stehen und probierten die Marmeladen.
- ✔ Aber bei der kleineren Auswahl an Marmeladen kauften 30 Prozent aller Kunden, während bei der großen Auswahl nur 3 Prozent der Kunden kaufen.

Es scheint also so zu sein, dass wir Menschen mit einer kleineren Auswahl meistens viel besser umgehen können, zumindest sind wir entscheidungsfreudiger, während uns eine große Auswahl eher überfordert.

Produktivitätskiller Unklarheit

Wenn Sie gar nicht genau wissen, was eigentlich zu erledigen ist, dann ist es natürlich schwierig, sich auf die Aufgaben zu fokussieren. Mangelnde Klarheit über Ziele und auch Prioritäten helfen nicht Fokus aufzubauen. Sie wissen vermutlich gar nicht, wo Sie überhaupt anfangen sollen und das kann dazu führen, dass Sie zwischen den Aufgaben hin und her springen – was Multitasking fördern kann.

- ✔ **Fehlende Ziele**

  Wenn nicht klar ist, warum bestimmte Aufgaben erledigt werden sollten, oder welche Ziele überhaupt existieren, fehlt die Richtung für den Fokus. Außerdem sorgen fehlende Ziele auch oft für mangelnde Motivation.

- ✔ **Keine Priorisierung**

  Wenn nicht klar ist, was wichtig ist, ist alles wichtig und alles nicht wichtig. Sie sind sich nicht sicher, womit Sie überhaupt anfangen sollen, und welche Aufgaben, zum Beispiel bei Zeitmangel, eher mal hinten runterfallen dürfen.

✔ **Fehlende Struktur**

Ohne Priorisierung und Ziele fehlt es Ihnen an Struktur in Ihrem Arbeitsalltag, was wiederum dazu führt, dass Sie keinen Fokus haben und es Ihnen schwerfallen wird, Aufgaben konsequent abzuarbeiten.

Hier geht es hauptsächlich darum, sich selbst klarzumachen, welche Aufgaben erledigt werden müssen und welche Aufgaben welche Prioritäten haben. In Kapitel 2 finden Sie einen Abschnitt zum Thema Prioritätensetzung.

Andererseits können Sie auch nicht immer selbst dafür sorgen, dass Klarheit in Ihren Aufgaben und deren Wichtigkeit entsteht. Da müssen Vorgesetzte normalerweise helfen beziehungsweise eine Richtung vorgeben. Wenn Ihnen das also im Arbeitsalltag fehlt, dann hilft ein klärendes Gespräch mit Vorgesetzen oder im Team, um diese Ziele und Priorisierungen festzulegen.

Umgang mit externen Ablenkungen

Externe Ablenkungen sind die Ablenkungen, die durch andere Menschen oder andere externe Faktoren entstehen. Nicht immer können diese kontrolliert werden. Aber Sie können es zumindest versuchen und in vielen Fällen die Auswirkungen wenigstens etwas reduzieren, sodass Sie nicht mehr so oft unterbrochen werden, oder Sie die Ablenkungen weniger stören.

Um mit Ablenkungen umgehen zu können, müssen Sie zuerst einmal wissen, was Sie regelmäßig ablenkt. Vielleicht kommen Ihnen direkt Ablenkungen in den Kopf, aber vielleicht werden Ihnen einige auch erst auffallen, wenn Sie anfangen darauf regelmäßig zu achten.

Was lenkt Sie ab?

Um herauszufinden, was Sie tatsächlich ablenkt, führen Sie über eine typische Arbeitswoche mal ein Ablenkungstagebuch.

- ✔ Schreiben Sie jede Ablenkung auf – wer oder was hat sie unterbrochen oder abgelenkt?
- ✔ Schreiben Sie auf, was Sie in dem Moment gemacht haben, als Sie abgelenkt wurden.
- ✔ Schreiben Sie auf, wann und wie lange Sie abgelenkt waren.
- ✔ Geben Sie der Ablenkung eine Bewertung, wie sehr Sie diese genervt und beeinträchtigt hat.

Nach ein oder zwei Wochen haben Sie hoffentlich einen genaueren Überblick über Ihre typischen Ablenkungen

Kommunikation und Grenzen setzen

Sprechen Sie mit anderen Menschen, die Sie unterbrechen. Das können Kollegen sein, das können auch Menschen sein, mit denen Sie zusammenwohnen – wie Partner oder auch Kinder. Bei Kindern kommt es auf das Alter an, aber auch mit ihnen kann kommuniziert werden und es können Regeln aufgestellt werden.

Unterbrechungen durch Kollegen oder Kolleginnen, wenn Sie im Büro arbeiten

Arbeiten Sie in einem Büro und werden viel durch Ihre Kollegen oder Kolleginnen unterbrochen, können Sie ein paar Tipps befolgen:

✔ **Klare Signale**

Führen Sie Signale ein, die klarmachen, ob Sie angesprochen oder unterbrochen werden dürfen. Wenn die Tür zu Ihrem Büro zu ist, heißt es nur im absoluten Notfall – wenn das Büro zum Beispiel in Flammen steht – stören. Wenn die Tür angelehnt ist, dann darf – wenn es wichtig ist – unterbrochen werden. Wenn die Tür komplett offen steht, darf jede Person gerne reinkommen und Sie unterbrechen.

- Es gibt auch Ampelsysteme: Wenn Sie in einem geteilten Büro oder sogar Großraumbüro arbeiten, können Sie zum Beispiel kleine USB-Ampeln nutzen, die Sie an Ihren Laptop anschließen.
- Hier können Sie natürlich auch mit digitalen Status-Systemen arbeiten, wie zum Beispiel die Anwesenheitsanzeige in Slack oder MS Teams.

✔ **Fokuszeiten**

Führen Sie Fokuszeiten oder andersherum »Office Hours« ein. Wenn Sie können, führen Sie feste Office Hours ein, also feste Arbeitszeiten, wann Kollegen oder Kolleginnen Sie unterbrechen dürfen. Diese müssen klar kommuniziert werden. In vielen Jobs sind diese Office Hours nicht durchführbar, weil zu viel im Team gearbeitet werden muss. Hier können Sie stattdessen Fokuszeiten einführen. Feste Zeiten, die Sie im Team haben, während denen alle Mitglieder im Team Zeit für Fokusarbeit haben und nicht unterbrochen werden dürfen.

- Führen Sie diese Fokuszeiten immer zur gleichen Zeit bei allen Teammitgliedern ein – zum Beispiel jeden Tag von 8–10 Uhr. Wenn alle Teammitglieder wissen, dass die Fokuszeit stattfindet, dann können die Mitarbeitenden davor noch untereinander alle offenen Fragen klären, sodass alle für die Fokuszeit gut vorbereitet sind und alle Informationen haben, die sie benötigen.
- Vielleicht können in Ihrem Team sogar meetingfreie Tage eingeführt werden? In der Zeit können alle Teammitglieder konzentriert an Ihren Aufgaben sitzen.

✔ **Klare Regeln im Team**

Klären Sie im Team, wie mit Ablenkungen und Unterbrechungen umgegangen werden soll. Wie sehen die Prioritäten aus? Was ist wichtig genug für eine Unterbrechung? Wann darf wer unterbrochen werden? Stellen Sie gemeinsam mit Ihren Kollegen und Kolleginnen Regeln auf.

Unterbrechungen durch Familienmitglieder, wenn Sie im Homeoffice arbeiten

Sollten Sie viel im Homeoffice arbeiten und Familienmitglieder haben, die Sie gerne mal unterbrechen, können Sie auch hier ein paar Regeln aufstellen.

✔ **Klare Regeln und Kommunikation**

Klären Sie mit Ihrer Familie ganz genau, wann Sie arbeiten, welche Arbeitszeiten Sie haben und wann Sie gestört werden dürfen. Klären Sie auch untereinander, was als ein Notfall gilt. Dies kann auch schon mit kleineren Kindern geklärt werden.

✔ **Visuelle Signale**

Nutzen Sie visuelle Signale, um Ihrer Familie deutlich zu machen, dass Sie arbeiten und nicht gestört werden wollen. Wenn Sie ein Büro haben, dessen Tür Sie schließen können, dann kann die geschlossene Tür schon reichen. Oder, Sie nutzen Schilder. Wenn Sie keinen Arbeitsplatz mit schließbarer Tür haben, dann können Sie andere Zeichen nutzen, wenn Sie gerade besonders konzentriert arbeiten müssen. Hier können Sie, ähnlich wie in einem Großraumbüro, zum Beispiel auch ein Ampelsystem nutzen.

✔ **Fester Arbeitsplatz**

Einen festen Arbeitsplatz zu haben, hilft nicht nur Ihren Familienmitgliedern, um zu verstehen, dass Sie gerade arbeiten und bitte nicht unterbrochen werden sollen, sondern es hilft auch, Sie in einen Arbeitsmodus zu versetzen. Wenn Sie an Ihrem Küchentisch arbeiten, dann verbinden Sie Ihren Küchentisch auch mit Freizeit und Essen. Wenn Sie immer an einem bestimmten Platz arbeiten, dann weiß Ihr Gehirn bereits, dass an diesem Platz nur gearbeitet wird und sobald Sie sitzen, stellt sich leichter der Arbeitsmodus bei Ihnen ein.

✔ **Pausen einbauen**

Bauen Sie genug Pausen ein, besonders dann, wenn Sie Kinder zu Hause haben. Pausen sind natürlich grundsätzlich wichtig, aber diese Pausen können Sie nutzen, um Zeit mit Ihrer Familie zu verbringen und damit hoffentlich Unterbrechungen während der Arbeitszeit zu reduzieren.

✔ **Geräuschreduzierende Hilfsmittel**

Besonders dann, wenn Sie kleine Kinder zu Hause haben und Ihr Partner zum Beispiel auf die Kinder aufpasst, während Sie arbeiten, können Sie geräuschreduzierende Hilfsmittel, wie Ohrstöpsel, die Hintergrundgeräusche reduzieren, oder Noise Canceling Kopfhörer nutzen.

Ablenkungen durch Geräusche

Selbst wenn Sie grundsätzlich nicht besonders geräuschempfindlich sind, können konstante Hintergrundgeräusche Sie trotzdem ablenken und Ihre Konzentration reduzieren. Besonders, wenn Sie in einem wuseligen Großraumbüro sitzen oder Ihr Büro an einer lauten Straße liegt, sollten Sie sich überlegen, ob Sie Ihre Geräuschkulisse runterfahren können.

Eine laute Straße können Sie nicht leiser machen, ein Großraumbüro können Sie nicht weniger laut machen, aber nutzen Sie zum Beispiel Noise Canceling Kopfhörer oder Ohrstöpsel. Es gibt inzwischen Ohrstöpsel, die extra dafür entwickelt wurden, dass die Umgebungsgeräusche heruntergeschraubt werden, Sie aber trotzdem noch genug hören, um alles Wichtige mitzubekommen.

Wenn Sie kleine (laute) Kinder zu Hause haben, lohnt sich eine Investition in gute Ohrstöpsel. Unterschätzen Sie nicht, wie viel Stress konstante laute Geräusche bei Ihnen auslösen können, ohne dass Sie es unbedingt merken.

Großraumbüros: Gute Idee oder Erfindung aus der Hölle?

Großraumbüros sind Produktivitätskiller, auch wenn sie oft eigentlich für das genaue Gegenteil eingeführt werden. Die Idee ist (abgesehen vom gesparten Platz) bei den meisten Unternehmen, dass Großraumbüros die Kommunikation und den Austausch fördern sollen und damit auch kurze Dienstwege herstellen, die dann die Produktivität erhöhen.

Leider ist, laut einigen Studien, das Gegenteil oft der Fall. Die meisten Großraumbüros sind eher stressig, laut, anstrengend, machen unzufrieden und damit auch unproduktiv. Tatsächlich sind Einzel- oder sehr kleine Gemeinschaftsbüros die Büros, in denen die Menschen am produktivsten sind.

Innere Ablenkungen

Innere Ablenkungen sind die Ablenkungen, die aus Ihnen heraus entstehen. Wenn Sie es einfach nicht schaffen, sich auf eine Aufgabe zu konzentrieren, auch wenn Sie grundsätzlich die Zeit und die Ruhe für diese Aufgabe hätten. Diese Ablenkungen können unangenehme Emotionen, aber auch Sorgen, Selbstzweifel und andere Gedanken sein. Oft ist der Umgang damit dann, dass Aufgaben aufgeschoben werden und unwichtige Aufgaben, die zu dem Zeitpunkt absolut keine Priorität hätten, dann vorgezogen werden.

Wenn Sie zu genau diesem Verhalten neigen, dann finden Sie im Folgenden ein paar Tipps. Da es sich aber bei innerer Ablenkung sehr oft um eine Form von Prokrastination handelt, sollten Sie unbedingt das Kapitel 5 zum Thema Motivation und Prokrastination lesen.

Den Impuls zehn Minuten aushalten

Wenn Sie das Bedürfnis haben, Ihre Aufgabe zu unterbrechen und sich mit etwas anderem zu beschäftigen – auch wenn Sie wissen, dass das keine gute Idee ist – dann versuchen Sie, das Bedürfnis zehn Minuten auszuhalten. Egal, ob es der Griff nach dem Handy ist, oder das Bedürfnis im Internet zu surfen, anstatt Ihre Aufgabe zu erledigen. Halten Sie den Impuls zehn Minuten lang aus. Meist verschwindet er dann von allein und Sie vergessen, dass Sie diesen Impuls überhaupt hatten.

Sie trainieren damit außerdem, dass Sie diese Impulse haben dürfen, ohne dass Sie ihnen nachgehen müssen. Diese Impulse dürfen ab und zu einfach mal da sein, aber Sie müssen ihnen nicht folgen und nach ihnen handeln.

Sorgen aufschreiben und feste Zeiten zum Sorgen machen einführen

Wenn Sorgen oder Selbstzweifel Sie von Ihrer Arbeit abhalten, dann fangen Sie an, diese Sorgen aufzuschreiben. Führen Sie eine Art Sorgen-Tagebuch. Wenn Sie diese aus dem Kopf aufs Papier bringen, dann verlieren sie oft schon ihre Kraft.

Sie können sich außerdem eine feste Zeit zum Sorgen machen überlegen. Zum Beispiel 15 Minuten am Endes Ihres Arbeitstages. Dann nehmen Sie sich mal richtig Zeit, um sich Sorgen zu machen. Aber eben erst dann.

Schreiben Sie Ihre Sorgen auf und nehmen Sie sich vor, diese Sorgen zu genau der Zeit, die Sie dann dafür vorgesehen haben, erst wieder anzuschauen und sich erst dann wieder zu sorgen.

Das klingt sonderbar, aber es kann funktionieren, um Ihre Aufmerksamkeit auf Ihre Aufgaben zu fokussieren und nicht auf Ihre Sorgen.

Sie können ergänzend zu Ihrer festen Sorgenzeit auch einen feste Sorgenort einführen. Zum Beispiel nehmen Sie einen bestimmten Stuhl und stellen diesen an eine bestimmte Stelle und nur, wenn Sie dann dort sitzen, dürfen Sie sich Sorgen machen. Klingt etwas sonderbar, aber funktioniert!

Später-Liste

Wenn Sie sich gerne dadurch ablenken lassen, dass Ihnen noch viele Kleinigkeiten einfallen, die Sie erledigen wollen – die Ihnen immer wieder spontan einfallen, während Sie eigentlich guten Fokus für Ihre Aufgabe benötigen, dann erstellen Sie sich eine »Später«- oder eine »Idee«-Liste.

Auf die »Später-Liste« schreiben Sie alle Kleinigkeiten auf, die Ihnen einfallen, die Sie noch erledigen wollen oder müssen. Wenn Sie mit Ihrer Aufgabe fertig sind, können Sie sich dann um die kleinen Aufgaben kümmern.

Auf die »Idee-Liste« kommen dann alle Ideen oder Gedanken, die Ihnen sonst noch so einfallen. Zukünftige Projektideen, Umsetzungsideen oder weitere Ideen, die Sie nicht vergessen wollen.

Ablenkungen durch Soziale Medien und Smartphones

Wie am Anfang des Kapitels bereits dargestellt – das Smartphone und die sozialen Medien können uns so richtig süchtig machen. Wenn bei Ihnen das Handy auch ein Faktor ist, der Sie gerne ablenkt, folgen im nächsten Abschnitt einige Tipps, wie Sie damit besser umgehen können.

Alle Push Notifications ausschalten

Schalten Sie alle Notifications aus, die Sie nicht benötigen. Jedes Ding oder Ping wird Sie ablenken. Jedes Aufleuchten (auch wenn der Ton Ihres Handys aus ist) wird Sie ebenfalls ablenken. Jede Benachrichtigung wird Sie aus Ihrem Gedankenfluss reißen.

- ✔ Gehen Sie in Ihrem Handy in die Einstellungen.
- ✔ Wählen Sie »Benachrichtigungen«.
- ✔ Deaktivieren Sie alle Benachrichtigungen für Social Media, E-Mail und alle anderen unkritischen Apps.
- ✔ Behalten Sie nur Benachrichtigungen für wichtige Kommunikationstools bei, die Sie während der Arbeitszeit wirklich benötigen.

Stellen Sie, wenn Sie sich auf eine wichtige Aufgabe konzentrieren wollen, außerdem Ihr Telefon auf »nicht stören« oder »Flugmodus«. Zumindest dann, wenn Sie nicht telefonisch erreichbar sein oder auf Nachrichten reagieren müssen.

Bei den meisten Smartphones kann man einstellen, dass im »Nicht-stören«-Modus nur bestimmte Anrufer durchgelassen werden, oder dass Anrufer durchgelassen werden, wenn sie zweimal hintereinander anrufen. Sehr praktisch, wenn Sie im Notfall erreichbar sein sollen – zum Beispiel für Ihre Kinder – aber eben wirklich nur für bestimmte Personen und nicht jeden.

Alle unwichtigen Apps löschen

Löschen Sie alle unwichtigen Apps Ihres Smartphones. Jede App, die Sie auf dem Handy haben, kann potenziell auch von Ihnen genutzt werden. Haben Sie so wenig wie möglich Apps auf dem Handy.

Sortieren Sie außerdem Apps gerne in Unterordner ein. Zum einen hilft es, schnell die App zu finden, die Sie benötigen. Zum anderen, je mehr Klicks Sie machen müssen, um eine App zu öffnen, desto eher reduziert sich die Wahrscheinlichkeit, dass Sie diese App auch nutzen.

Weniger Farbe – weniger Handy

Stellen Sie Ihr Handy auf Schwarz-Weiß. Wenn Sie ein iPhone besitzen, können Sie dreimal die Seitentaste drücken, dann stellt sich Ihr Handy auf Schwarz-Weiß. Wenn Sie Ihr Handy kurzfristig wieder auf Farbe einstellen wollen, dann drücken Sie einfach dreimal auf die rechte Seitentaste.

Die Studienlage dazu ist noch dünn, aber es gibt erste Vermutungen, dass durch die fehlende Farbe weniger Dopamin ausgeschüttet wird, also der Sogfaktor des Smartphones reduziert wird. Schöne bunte Videos oder Bilder auf TikTok oder Instagram anzuschauen, macht eben weniger Spaß, wenn alles nur noch in Schwarz-Weiß dargestellt wird. Vermutlich reduziert sich oft dadurch die Nutzungszeit am Handy.

Vielleicht probieren Sie mal ein paar Tage aus, Ihr Handy auf Schwarz-Weiß zu stellen und schauen mal, was passiert.

Legen Sie Ihr Handy so weit weg wie möglich

Smartphones üben auf uns so einen starken mentalen Sog aus, dass sie, selbst wenn sie ausgeschaltet sind, unsere mentalen Kapazitäten reduzieren können. Selbst wenn Ihr Smartphone ausgeschaltet auf Ihrem Schreibtisch liegt, es also keinerlei Nachrichten anzeigen oder Geräusche machen kann, lenkt es Sie trotzdem von Ihrer Arbeit ab, wie unter anderem eine Studie aus dem Jahr 2021 von Chu, Quaisar und Jalil gezeigt hat.

Was Sie dagegen tun können: Legen Sie Ihr Handy so weit weg wie möglich. Möglichst so, dass Sie es nicht mehr sehen können. Im Idealfall haben Sie einen festen Aufbewahrungsort, der so weit weg wie möglich von Ihrem Arbeitsplatz ist.

Dies funktioniert natürlich nur, wenn Sie in der Zeit nicht via Telefon für andere Menschen erreichbar sein müssen. Wenn Sie Ihr Handy für die Arbeit benötigen, können Sie zumindest für einen kürzeren Zeitraum – für die Aufgaben, über die sie intensiv nachdenken müssen – Ihr Handy in einen anderen Raum legen.

Eine Studie der Universität Texas fand heraus, dass die mentale Kapazität der Teilnehmenden signifikant höher war, wenn sich ihre Handys in einem anderen Raum befanden, im Vergleich zu den Teilnehmenden, deren Handys sich auf ihren Schreibtischen befanden. Selbst wenn das Handy in der Tasche war, also außer Sichtweite, war der Sog noch stark.

Den Impuls zehn Minuten aushalten

Wie im Abschnitt über internale Ablenkungen beschrieben, gilt auch für das Smartphone, den Impuls danach zu greifen, für zehn Minuten auszuhalten. Vermutlich verschwindet er dann schnell wieder beziehungsweise Sie lernen, dass Sie ihm nicht nachgeben müssen.

Newsfeed reduzieren und Webseiten blockieren

Sortieren Sie Ihren Newsfeed aus. Je mehr Informationen Sie potenziell auf Ihrem Newsfeed haben, desto länger könnten Sie sich auch damit beschäftigen. Desto länger bleiben Sie auf Ihrem Newsfeed hängen und desto mehr Klickmöglichkeiten gibt es, um noch mehr in die Tiefen des Internets zu tauchen. (Haben Sie das schon mal erlebt, Sie wollten eigentlich nur kurz etwas nachgucken und auf einmal ist es zwei Stunden später und Sie sind in eine YouTube-Dokumentation zu einem skurrilen Thema vertieft?)

- ✔ Entfolgen Sie Kanälen, die Sie nicht mehr wirklich interessieren.
- ✔ Stellen Sie Kanäle auf stumm, wenn Sie nicht entfolgen wollen, aber Sie trotzdem nicht jeden Tag neue Informationen bekommen wollen.
- ✔ Installieren Sie Browser-Extensions. So können Sie zum Beispiel für Facebook eine Extension installieren, die dafür sorgt, dass Ihre Timeline leer bleibt. So werden Sie nicht in Versuchung gebracht, lange zu surfen, wenn Sie zum Beispiel nur eine Gruppe oder eine Nachricht checken wollen. Für YouTube können Sie einstellen, dass Ihnen keine Videos mehr vorgeschlagen werden, sodass Sie nicht versucht sind, ein Video nach dem anderen zu gucken. Sie können bei YouTube auch die Funktion ausstellen, dass Videos automatisch abgespielt werden.
- ✔ Sie können außerdem durch Browser-Extensions (oder in Ihren Einstellungen auch direkt auf Ihrem Handy) bestimmte Webseiten sperren. Wenn Sie zum Beispiel dazu neigen, sich durch das Surfen auf Webseiten von der Arbeit abzulenken, können Sie diese sperren – auch nur auf eine bestimmte Zeit.
- ✔ Wenn Sie sich Artikel speichern wollen, um diese später zu lesen (weil Sie sich ja jetzt eigentlich auf Ihre Arbeit konzentrieren sollten), können Sie die Pocket Browser Extension installieren, um dort diese Artikel abzuspeichern und dann später in Ruhe zu lesen.

Fokus stärken

In diesem Abschnitt sprechen wir ergänzend zum Thema, wie Sie Ablenkungen reduzieren können, noch darüber, wie Sie generell Ihren Fokus stärken können. Grundsätzlich fokussieren Sie sich am besten darauf, wie Sie Ablenkungen reduzieren können, aber ergänzend dazu können Sie die Methoden aus diesem Abschnitt anwenden.

Multitasking vermeiden

Wenn Sie den ersten Abschnitt in diesem Kapitel gelesen haben, dann wird dieser Punkt Sie nicht überraschen. Vermeiden Sie Multitasking beziehungsweise betreiben Sie das Gegenteil davon: Das wäre dann Monotasking oder Singletasking.

In der Theorie ist es ganz einfach, tatsächlich nur eine Aufgabe zu erledigen, in der Praxis manchmal schwieriger. Daher, ein Tipp: Arbeiten Sie mit einem Timer. Stellen Sie sich zum Beispiel einen Timer auf 5, 10 oder 15 Minuten und arbeiten in der Zeit nur an dieser Aufgabe.

Wenn Sie grundsätzlich schnell auf E-Mails oder Chatnachrichten antworten müssen, dann können Sie den Timer trotzdem nutzen, um Ihre Aufgaben abzuarbeiten. Also in der Zeit mal kurz die E-Mails oder den Chat ausschalten. Selbst wenn Sie diese nur für zehn Minuten ausstellen.

Wenn Sie das Gefühl haben, dass Sie aber konstant erreichbar sein müssen, weil sonst Chaos ausbricht, dann machen Sie sich mal folgenden Gedanken: Wenn Sie in einem Meeting sitzen, das eine Stunde dauert – sind Sie dann auch konstant erreichbar, trotz allem? Hoffentlich nicht. Ist nach Ihrem Meeting dann die Welt untergegangen? Hoffentlich ebenso nicht.

Wenn Sie also 15 Minuten Ihren Chat und Ihr Handy ausstellen, wird vermutlich genau eines passieren: gar nichts.

Die Pomodoro-Technik kann auch helfen, Multitasking zu vermeiden. Sie finden dazu mehr Informationen in Kapitel 5.

Kalender-Blocking ist eine weitere Methode, um Fokus zu stärken. Die Erklärung dazu finden Sie in Kapitel 2.

Batching

Batching bedeutet, dass Sie gleiche Aufgaben nacheinander abarbeiten. Wenn Sie ständig zwischen Aufgaben wechseln, die von der Art und Weise unterschiedlich sind, müssen Sie ständig Ihren Fokus verändern.

Wenn Sie von der grafischen Konzeption einer Präsentation zum Schreiben eines Lehrtextes wechseln, dann ist das für Ihr Gehirn erst mal Arbeit, weil Sie den Modus ändern. Wenn Sie von Ihrer Finanzbuchhaltung zum konzeptionellen Arbeiten wechseln, dann ist das auch für Ihr Gehirn erst mal Arbeit.

Batching, vom englischen »Stapeln« bedeutet, dass Sie ähnliche Aufgaben nacheinander erledigen, also stapeln. Dabei gibt es zwei Wege, wie Sie vorgehen können:

- ✔ **Inhaltliches Batching**

  Inhaltliches Batching wäre, wenn Sie Ihre Aufgaben nach Inhalten sortieren. Also zum Beispiel alle Aufgaben, die zu einem Projekt gehören, zuerst abarbeiten, dann die Aufgaben, die zum zweiten Projekt gehören.

- ✔ **Aufgabenform Batching**

  Aufgabenform Batching wäre, wenn Sie Ihre Aufgaben nach Typ der Aufgabe sortieren. Zum Beispiel alle Aufgaben, in denen Sie Texte schreiben müssen, nacheinander und danach alle Aufgaben, in denen Sie etwas Mathematisches erledigen müssen.

Reizreduzierung

Aufgrund der Tatsache, dass wir konstant mit Informationen überflutet werden, ist es sinnvoll, ab und zu einen digitalen Detox beziehungsweise Information Overload zu vermeiden.

Wie Sie grundsätzlich den konstanten Input vom Smartphone reduzieren können, haben Sie bereits vorne im Kapitel gelesen, aber was Sie ergänzen könnten, ist ab und zu ein paar Minuten am Tag, an denen Sie so wenig Reizen wie möglich ausgesetzt sind.

Machen Sie einen Reiz-Detox! Verbringen Sie Zeit in einer Umgebung, in der Sie so wenig Reizen wie möglich ausgesetzt sind.

- ✔ Waldspaziergänge sind eine super Idee dazu. (Allerdings kommen Sie dann bitte nicht auf die Idee, währenddessen einen Podcast oder Ähnliches zu hören!)
- ✔ Sie können aber auch einfach 5–10 Minuten am Tag in einem leisen, dunklen Raum verbringen. Sie machen in der Zeit dann einfach gar nichts. Also wirklich gar nichts. Sondern hängen einfach nur Ihren Gedanken nach.
- ✔ Starren Sie regelmäßig nur aus dem Fenster und lassen Ihre Gedanken baumeln.

Meditation

Regelmäßige Meditation kann helfen, grundsätzlich Ihren Fokus und Ihre Fähigkeit konzentriert zu arbeiten, zu stärken.

Gegensätzlich zu manchen Vorurteilen zu Meditation geht es bei der Meditation nicht darum, dass Sie an nichts mehr denken. Dazu ist Ihr Gehirn eher nicht gemacht, aber es geht darum, dass Sie Ihren Fokus auf einen bestimmten Punkt lenken. Normalerweise ist das bei der Meditation die Atmung. Während der Meditation zu üben, den Fokus zu lenken, kann Ihnen dann auch im Arbeitsalltag helfen, Ihre Aufmerksamkeit besser zu fokussieren.

So gehen Sie vor:

1. Setzen Sie sich an einen ruhigen Ort und schließen Sie die Augen.
2. Atmen Sie tief durch die Nase ein und aus.
3. Konzentrieren Sie sich auf Ihren Atem. Zählen Sie Ihren Atem, bis Sie bei 10 angekommen sind. Dann fangen Sie von vorne an.
4. Wenn Gedanken aufkommen, nehmen Sie diese einfach nur wahr und bringen Sie Ihre Aufmerksamkeit sanft zurück zum Atem.
5. Üben Sie dies täglich für 5–10 Minuten.

Es gibt außerdem viele Meditations-Apps oder geführte Meditationen online bei Spotify oder YouTube, die Sie dafür nutzen können.

Wenn Sie keine Lust auf Meditation haben, können Sie Ihren Fokus auch anders trainieren.

- ✔ Suchen Sie sich einen beliebigen Gegenstand, Stift, Taschenrechner, Ihren Tesafilmroller, eine Schere oder Ähnliches.
- ✔ Konzentrieren Sie sich 1–2 Minuten nur auf diesen Gegenstand.

- ✔ Beobachten Sie dabei die Form, Farbe und Textur des Gegenstandes.
- ✔ Wann immer Ihre Gedanken abschweifen, bringen Sie Ihre Aufmerksamkeit wieder zurück zu diesem Gegenstand.
- ✔ Wiederholen Sie diese Übung regelmäßig und versuchen Sie sich in der Zeit zu steigern.

Kurze Worte zu ADHS

Für Menschen mit ADHS (Aufmerksamkeitsdefizit- /Hyperaktivitätsstörung) kann die Fokussierung oft besonders herausfordernd sein. ADHS zeichnet sich durch Schwierigkeiten mit Aufmerksamkeit, Impulsivität und Hyperaktivität aus.

Wenn Sie davon betroffen sind, dann funktionieren nicht unbedingt alle der Übungen auch für Sie. Probieren Sie da einfach aus. Ein paar Dinge sind für Menschen mit ADHS besonders wichtig:

- ✔ Sorgen Sie für eine möglichst reizarme Umgebung. Reduzieren Sie alles, was Sie ablenken könnte.
- ✔ Unterteilen Sie Ihre Aufgaben in möglichst viele kleine Schritte.
- ✔ Nutzen Sie zum Beispiel Fidget-Spielzeug, um Ihre überschüssige Energie abzubauen.

Teil II
Energie und Motivation hochhalten

IN DIESEM TEIL ...

Im zweiten Teil des Buches geht es um Energie und Motivation. Denn Sie können Ihre Aufgaben noch so gut planen und organisieren, wenn Ihnen die Motivation oder die Energie fehlt, diese tatsächlich auch abzuarbeiten, haben Sie wenig Vorteile davon, dass Sie Ihre Aufgaben und Ihre Zeit perfekt geplant haben.

Beim Thema Energiemanagement geht es darum, wie Sie Ihre Energie grundsätzlich möglichst hochhalten können, wie Sie mit Energieräubern umgehen und wie der natürliche Schlaf-Wach-Rhythmus aussieht.

Das Thema Motivation ist wohl eines der wichtigsten Themen in diesem Buch. Warum machen Sie eigentlich, was Sie machen? Warum fallen Ihnen manche Aufgaben so schwer und wie können Sie es schaffen, auch endlich die unangenehmen Aufgaben zu erledigen, anstatt diese immer wieder aufzuschieben?

IN DIESEM KAPITEL

Warum Energiemanagement wichtig ist

Schlaf-Wach-Rhythmus

Pausen und Schlaf

Intro- und Extroversion

Kapitel 4
Energiemanagement

Um produktiv zu sein, brauchen Sie nicht nur einen Plan, was Sie genau zu erledigen haben, und die Zeit, um diese Dinge zu erledigen, sondern außerdem Energie, um die Aufgaben tatsächlich abarbeiten zu können.

Dieses Kapitel beschäftigt sich damit, warum Energiemanagement so wichtig ist, wie Sie Ihren natürlichen Schlaf-Wach Kreislauf für sich nutzen können, um Ihre Energie optimal einzusetzen und wie Sie Ihre Energie nicht nur wieder aufladen können, sondern auch über den Tag möglichst hochhalten. Dabei ist das Ziel nicht, Ihre Energie konstant höher zu bringen, damit Sie produktiver werden, sondern das Ziel ist, Ihre Energie zu wertschätzen und auf sich achtzugeben, damit Sie mit Ihrer Energie gut haushalten können und nicht ausbrennen.

Warum Energiemanagement noch wichtiger ist als Zeitmanagement

Viele Menschen machen den Fehler und fokussieren sich nur auf ihr Zeitmanagement. Dabei ist Energiemanagement noch viel wichtiger!

Stellen Sie sich mal vor, dass Sie Ihren Arbeitstag komplett durchgeplant haben, Ihre Aufgaben und Termine abgearbeitet haben. Vielleicht haben Sie durch Ihre perfekte Zeitplanung sogar Zeit gewonnen und freuen sich jetzt, dass Sie diese Zeit für sich nutzen können. Das Problem könnte nun aber sein, dass Sie keine Energieplanung gemacht haben. Sie haben jetzt zwar mehr Freizeit, sind aber in dieser freien Zeit viel zu erschöpft, um das zu machen, was Sie sich vorgenommen haben, Ihre Hobbys zum Beispiel.

Es könnte auch passieren, dass Sie Ihre Aufgaben planen, die dann zeitlich alle in einen Tag passen, diese Aufgaben aber so viel Energie und Gehirnschmalz brauchen, dass sie nicht zu schaffen sind, weil Sie spätestens nach zwei Drittel des Tages viel zu erschöpft sind und sich nicht mehr konzentrieren können.

Sie können also Ihre Zeitplanung so genial machen, wie Sie wollen, wenn Sie aber Ihre Energie nicht mit einplanen, kann das für Probleme sorgen.

Warum ist Energiemanagement so wichtig? Aus drei Gründen:

1. **Unterschiedliche Aufgaben verlangen unterschiedlich viel Energie.**

   Aufgaben, bei denen Sie sich besonders fokussieren müssen, zum Beispiel wenn Sie sich tief in eine Materie einarbeiten müssen, verlangen mehr Energie als einfache Fleißaufgaben, die nur abgearbeitet werden müssen, ohne dass Sie besonders darüber nachdenken müssen.

   Dies ist allerdings auch abhängig davon welcher Typ Mensch Sie sind. Für manche Menschen sind besonders diese Fleißaufgaben anstrengend – meistens weil sie daraus nicht besonders viel Energie ziehen können, da Sie dahinter wenig Sinn sehen.

Wenn Sie Glück haben, haben Sie in Ihrem Job sogar Aufgaben, die nicht nur Energie rauben, sondern vielleicht sogar Energie geben.

2. **Ihre Energie wird nicht jeden Tag gleich sein.**

   Ihre Energie ist auch von der Tagesform abhängig. Ihr »Bestes geben« wird an verschiedenen Tagen unterschiedlich aussehen. Das kann von vielen Faktoren abhängig sein. Zum Beispiel,

   - wie Ihr Gesundheitszustand ist,
   - wie viel und gut Sie geschlafen haben,
   - wie anstrengend Ihre vorherigen Tage waren und
   - für Frauen zum Beispiel auch, in welcher Zyklusphase Sie sich befinden.

Hundert Prozent zu geben, sieht nicht jeden Tag gleich aus! Das anzuerkennen ist wichtig, um sich nicht zu sehr unter Druck zu setzen und mit sich selbst nachsichtig umzugehen.

3. **Ihre Energie schwankt über den Tag verteilt.**

   Sie haben über den Tag verteilt nicht immer gleich viel Energie. Bestimmt fällt Ihnen da als Erstes das berühmt berüchtigte Nachmittagstief ein.

Wenn Sie wissen, wann Sie zu welcher Tageszeit am leistungsfähigsten sind, können Sie dementsprechend Ihre Aufgaben planen.

Energieräuber und Energiegeber identifizieren

Was Ihnen Energie gibt und was Ihnen Energie nimmt, ist natürlich sehr individuell und persönlich. Was einer Person wahnsinnig viel Energie gibt, ist für eine andere Person anstrengend und nimmt ihr viel Energie. Die eine Person blüht auf, wenn Sie einen Vortrag vor anderen Menschen halten muss, die andere Person ist danach völlig erschöpft.

Grundsätzlich nehmen uns die Dinge Energie,

- ✔ die uns nerven,
- ✔ die uns keine Freude bereiten,
- ✔ die für uns schwierig sind,
- ✔ die uns langweilen.

Manchmal sind es auch Menschen, die Ihnen viel Energie entziehen. Zum Beispiel:

- ✔ Menschen, die Sie nur mit ihren eigenen Problemen belasten, aber beratungsresistent sind.
- ✔ Menschen, die grundsätzlich alles doof finden und Sie mit ihrer schlechten Laune anstecken.
- ✔ Menschen, die Sie gar nicht richtig sehen oder Ihnen, zum Beispiel im Job, keine Anerkennung geben.
- ✔ Menschen, bei denen Sie sich immer wieder missverstanden fühlen.
- ✔ Menschen, die Sie, aus welchen Gründen auch immer, nicht mögen – wenn Sie zum Beispiel sehr unterschiedliche Lebenseinstellungen haben –, mit denen Sie aber gezwungen sind Zeit zu verbringen, weil Sie zum Beispiel Kollegen sind.

Vielleicht ist es in Ihrem Beruf so, dass Sie sich konstant kontrollieren, regulieren und anpassen müssen. Bis zu einem gewissen Grad müssen wir das alle. Sie sind vermutlich im Job doch ein wenig eine andere Person als zu Hause mit Ihrer Familie auf dem Sofa. Sie lassen vielleicht bestimmte Kommentare oder Witze. Sie gehen anders mit Ihren Kollegen um und Sie gehen dann noch mal anders mit Kunden um. Je nachdem, mit wem Sie interagieren, verhalten Sie sich unterschiedlich. Das ist völlig normal so, bedeutet aber auch, dass Sie sich eben in verschiedenen Situationen mehr regulieren müssen – bedeutet, Sie können sich nicht einfach so verhalten, wie Sie das gerne wollen. Wenn Sie allein zu Hause auf Ihrem Sofa liegen, sieht das anders aus.

Das macht Kundenservice oft so wahnsinnig anstrengend. Wenn Sie einen schlechten Tag haben, wird von Ihnen trotzdem erwartet, dass Sie nett und freundlich und lächelnd auf die Kunden zugehen. Selbst wenn Kunden Sie schlecht behandeln oder unhöflich sind, müssen Sie freundlich bleiben. Weil Sie sich nicht so verhalten, wie Sie sich eigentlich fühlen, raubt Ihnen das besonders viel Energie.

Dies gilt aber natürlich nicht nur für Kunden, sondern kann auch für Kollegen oder Vorgesetzte gelten. Je mehr Sie das Gefühl haben, Sie müssen auf Ihr Verhalten achten, desto mehr Energie entzieht Ihnen das. Wenn Sie das Gefühl haben, dass Sie bestimmte Themen nicht ansprechen dürfen oder zeigen dürfen, dann ist das anstrengend.

Während Sie bei Menschen, bei denen Sie nicht groß darüber nachdenken müssen, wie Sie sich zu verhalten haben, deutlich weniger Energie aufbringen müssen.

Und es gibt in Ihrem Umfeld sicher auch Menschen, die Ihnen Energie geben. Menschen, mit denen Sie sich gut verstehen, die Sie gerne haben, bei denen Sie das Gefühl haben, Sie können so sein, wie Sie wollen. Ihre Familie, gute Freunde, Ihr Partner oder Ihre Partnerin.

Wann Ihnen Menschen Energie geben, ist auch abhängig von Ihrer Persönlichkeit. Genau genommen abhängig davon, ob Sie eher introvertiert oder extrovertiert sind. Mehr Informationen dazu, finden Sie später in diesem Kapitel.

Aber auch Aufgaben können Ihnen Energie geben:

- ✔ Aufgaben, die Ihnen gut von der Hand gehen
- ✔ Aufgaben, die Ihnen das gute Gefühl geben, sie effizient und entspannt zu erledigen
- ✔ Aufgaben, die Ihnen Spaß machen
- ✔ Aufgaben, die Sie in einen Flowzustand kommen lassen. Den Zustand, dass wir komplett in einer Aufgabe versinken und gar nicht mehr merken, wie die Zeit vergeht.
- ✔ Aufgaben, bei denen Sie das Gefühl haben, dass Sie einen tieferen Sinn ergeben, zum Beispiel weil Sie anderen Menschen helfen können
- ✔ Aufgaben, bei denen Sie direktes positives Feedback bekommen – zum Beispiel Kunden, bei denen Sie direkt merken, dass sie von Ihrer Arbeit und Leistung begeistert sind

Um Ihre Energie schützen zu können, ist es wichtig zu wissen, was genau Ihnen Energie gibt und was Energie entzieht. Dies sollte einer der ersten Schritte für Sie sein: herausfinden, wer oder was Ihre Energieräuber und Ihre Energiegeber sind.

Sobald Sie bestimmte Muster identifiziert haben, können Sie dann überlegen, was das für Sie bedeutet.

- ✔ Können Sie eine für Sie energieraubende Tätigkeit reduzieren?
- ✔ Gibt es eine Möglichkeit, dass Sie bestimmte Aufgaben an einen Kollegen abgeben?
- ✔ Können Sie auch den Kontakt zu einer Person, die Ihnen Energie entzieht, reduzieren?
- ✔ Gibt es Tätigkeiten, die Sie besser zu einer anderen Zeit erledigen?
- ✔ Können Sie sich nach einer energieraubenden Tätigkeit gezielt mit einer kraftspendenden Tätigkeit »belohnen«, die Ihren Energiespeicher wieder auffüllt?
- ✔ Wann würden Ihnen gezielte Pausen guttun?

Identifizieren Sie Ihre Energieräuber und Energiegeber

Um Ihre persönlichen Energieräuber zu identifizieren, führen Sie für ein paar Tage, idealerweise ein bis zwei Wochen, ein detailliertes Protokoll über Ihre Tätigkeiten und wie Sie sich dabei fühlen. Notieren Sie circa jede Stunde, was Sie tun und wie Ihr Energieniveau dabei aussieht.

Erstellen Sie sich eine Tabelle mit folgenden Kategorien:

1. Zeit: Tragen Sie hier die Uhrzeit Ihrer Aktivitäten ein.
2. Aktivität: Hier tragen Sie Ihre Tätigkeiten oder Ereignisse des Tages ein.
3. Personen: Hier tragen Sie ein, mit welcher Person Sie Zeit verbracht haben.
4. Energie: Auf einer Skala von 1–10 bewerten Sie, wie hoch Ihre Energie währenddessen war.
5. Emotionen: Hier tragen Sie ein, wie Sie sich während der Aktivität oder des Ereignisses gefühlt haben (traurig, glücklich, frustriert …).

Zeit	Aktivität	Personen	Energie	Emotionen
9:00 Uhr	Meeting zum neuen Projekt	Kollegin XY	3	Frustration
15:00 Uhr	Projektbericht Erstellung	-	8	Zufrieden
…	…	…	…	…

Nach ein bis zwei Wochen analysieren Sie Ihre Einträge und versuchen Muster zu erkennen.

1. Welche Tätigkeiten haben eine besonders niedrige Energieskala? Gibt es Tätigkeiten, die immer wieder eine niedrige Bewertung bekommen?
2. Welchen Personen ordnen Sie eine niedrige Energieskala oder negative Emotion zu?
3. Welche Tätigkeiten oder Erlebnisse lösen bei Ihnen negative Emotionen aus?
4. Gibt es bestimmte Zeiten, zu denen Sie sich immer energielos fühlen?

Diese Übung soll Ihnen deutlich machen, welche Tätigkeiten oder auch welche Personen bei Ihnen negative Emotionen oder eine niedrige Energieskala auslösen.

Gleichzeitig können Sie sich auch fragen, ob Sie die Tätigkeiten, die Ihnen Energie geben, erhöhen können.

Vielleicht haben Sie festgestellt, dass Sie immer hohe Energie bei einer Arbeitsaufgabe haben, die Sie aber normalerweise wenig machen? Schauen Sie, ob und wie Sie mehr von diesen Aufgaben in Ihren Arbeitsalltag integrieren können beziehungsweise diese gegen die Energieräuberaufgaben eintauschen können. Gleiches gilt auch für die Menschen, die Ihnen Energie geben. Können Sie mit diesen Menschen noch mehr Zeit einplanen?

Der natürliche Schlaf-Wach-Rhythmus

Unser natürlicher Schlaf-Wach-Rhythmus, oder auch der zirkadiane Rhythmus, ist der 24-Stunden-Rhythmus, der die Schlaf- und Wachphasen steuert. Er beeinflusst nicht nur, wann Sie müde oder wach werden, sondern auch Ihre Energie und Konzentration über den Tag hinweg. Der Rhythmus wird besonders durch zwei Hormone gesteuert:

- ✔ **Melatonin**

  Melatonin ist das sogenannte Schlafhormon. Es wird ausgeschüttet, wenn Sie abends schlafen gehen, und sorgt dafür, dass Sie müde werden.

- ✔ **Cortisol**

  Dies ist ein Hormon, das Ihnen Energie gibt. Es ist dementsprechend abends niedriger, damit Sie nicht wachgehalten werden, und morgens hoch, damit Sie aus dem Bett kommen.

Der Schlaf-Wach-Rhythmus wird aber auch durch externe Faktoren beeinflusst. Wenn Sie auf diese Faktoren achten, können Sie damit Ihren Rhythmus fördern.

Ein regelmäßiger Schlaf-Wach-Rhythmus

- ✔ unterstützt die körperliche Gesundheit,
- ✔ verbessert die mentale Gesundheit,
- ✔ hilft, Stress zu reduzieren,
- ✔ trägt dazu bei, die Stimmung zu stabilisieren und
- ✔ verbessert die Schlafqualität.

All diese Faktoren haben auch einen Einfluss darauf, wie produktiv Sie sind.

Externe Faktoren, die den Schlaf-Wach-Rhythmus beeinflussen, sind:

1. **Licht**

Gönnen Sie sich morgens Licht.

Natürliches Tageslicht hemmt die Produktion von Melatonin. Das heißt, das Hormon, das Sie müde macht, wird weniger produziert. Sie werden also im Umkehrschluss wach. Wenn Sie morgens direkt Tageslicht tanken, hilft es Ihnen wacher zu werden. Dafür reichen schon 10–15 Minuten. Öffnen Sie morgens ein Fenster und halten Sie Ihr Gesicht ein paar Minuten ins Licht.

Wenn Sie Einfluss auf den Ort Ihrer Arbeit beziehungsweise Ihres Schreibtisches haben, sorgen Sie dafür, dass Sie nahe an einer natürlichen Lichtquelle arbeiten. Stellen Sie Ihren Schreibtisch möglichst in Nähe eines Fensters. Alternativ besorgen Sie sich eine Tageslichtlampe. Auch ein Tageslichtwecker kann hilfreich sein, um morgens besser aus dem Bett zu kommen.

Sie kennen bestimmt die Tage im Winter, wenn Sie im Dunkeln zur Arbeit fahren und es bereits wieder dunkel ist, wenn Sie Ihr Büro verlassen. Um wirkliches Tageslicht zu tanken, nutzen Sie unbedingt Ihre Mittagspause und gehen Sie raus. Selbst an Tagen, an deinen keine Sonne scheint, an denen es bewölkt und düster ist, sollten Sie rausgehen!

Besonders an solchen Wintertagen kann eine Tageslichtlampe hilfreich sein, um Ihren natürlichen Zyklus zu unterstützen. Besonders, wenn Sie im Dunkeln aufstehen müssen, ist ein Tageslichtwecker eine gute Idee.

Vermeiden Sie Licht am Abend

Um besser einschlafen zu können, vermeiden Sie starkes Licht am Abend. Besonders das künstliche blaue Licht von Bildschirmen hemmt die Ausschüttung von Melatonin, was wiederrum dafür sorgen kann, dass es für Sie schwieriger ist einzuschlafen.

Viele Bildschirme besitzen einen Filter, der diesen Effekt verringert. Prüfen Sie, ob das auch für Ihr Gerät gilt. Ergänzend zu den eingebauten Filtern, gibt es auch Blaulichtbrillen, die speziell dieses Licht rausfiltern. Wenn Sie zum Beispiel noch abends am Computer sitzen müssen, wäre so eine Brille eine Möglichkeit, wie Sie das blaue Licht vermeiden können.

Noch aus einem anderen Grund kann es für Sie schwieriger sein einzuschlafen, wenn Sie den Abend vor dem Computer, Fernseher oder am Handy verbracht haben: Sie sind durch die Reizüberflutung aufgekratzt und kommen deshalb nicht zur Ruhe, nicht durch das Licht per se. Dies gilt besonders, wenn Sie Inhalte, wie zum Beispiel Kurzform-Videocontent konsumieren, wie Reels auf Instagram oder TikToks. Diese schnellen Inhalte muss Ihr Gehirn erst mal verarbeiten können.

2. **Ernährung**

Sorgen Sie dafür, dass Sie abends nicht zu spät und zu viel essen.

Natürlich hat Ernährung ebenfalls einen Einfluss auf unseren zirkadianen Rhythmus. Sie kennen sicherlich das Phänomen, dass Ihre Schlafqualität leidet, wenn Sie abends kurz vorm Schlafengehen noch sehr viel gegessen haben. Der Magen ist dann einfach noch zu voll und Sie sind eher mit der Verdauung statt mit der Erholung beschäftigt. Sorgen Sie also dafür, dass Sie nicht zu spät beziehungsweise zu nah am Schlafengehen viel essen oder zumindest nichts, was schwer im Magen liegt.

Achten Sie auf Ihren Koffeinkonsum.

Koffein zu spät am Tag kann Sie abends noch lange wachhalten. Die Halbwertszeit von Koffein, die Zeit, die der Körper benötigt, um die Menge des aufgenommenen Koffeins um die Hälfte zu reduzieren, kann von verschiedenen Faktoren abhängig sein und liegt zwischen drei bis sieben Stunden. Das bedeutet, wenn Sie um 22:00 Uhr schlafen gehen und um 16:00 Uhr noch einen Kaffee getrunken haben, könnte es sein, dass Sie noch immer relativ viel Koffein im System haben. Versuchen Sie also nicht zu spät noch Kaffee zu trinken, sodass Sie abends besser einschlafen können.

Die verschiedenen Phasen des Schlaf-Wach-Rhythmus

Der Schlaf-Wach-Rhythmus sorgt nicht nur dafür, dass Sie morgens wach werden und abends wieder einschlafen, sondern hat auch einen Einfluss darauf, wie Ihre Energie über den Tag verteilt aussieht. Dabei durchlaufen Menschen grundsätzlich über den Tag verteilt drei Phasen: die Fokusphase, das Nachmittagstief und die Kreativphase (siehe Abbildung 4.1). Gefolgt natürlich von einer Phase mit sehr wenig Energie, in der Sie im Idealfall schlafen sollten.

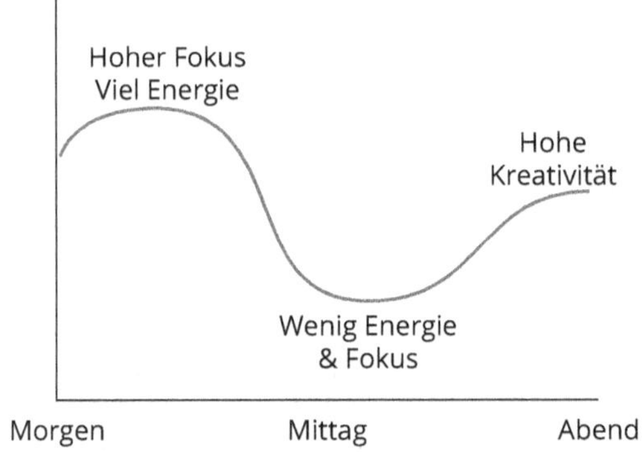

Abbildung 4.1: Der Schlaf-Wach-Rhythmus

Ungefähr zwei Drittel aller Menschen durchleben so Ihren Tagesablauf. Wenn Sie sich in diesem Tagesablauf so gar nicht wiederfinden können, gehören Sie vielleicht zu den Nachteulen. Bei ungefähr einem Drittel aller Menschen sind die Phasen einmal umgedreht. Das bedeutet, sie fangen mit der Kreativphase an und sind erst spät am Tag richtig fokussiert.

Die Fokusphase

Morgens ist Ihre Energie normalerweise am höchsten. Nicht direkt nachdem Sie aufgestanden sind, aber so circa ein bis zwei Stunden danach. In den Stunden am Vormittag können die meisten Menschen sich besonders gut fokussieren. Versuchen Sie deshalb in den ersten Arbeitsstunden

- ✔ die schwierigen Aufgaben,
- ✔ die Aufgaben, die viel Gehirnschmalz benötigen, und
- ✔ die Aufgaben, die besonders wichtig sind,

zu erledigen.

Auch wichtige Entscheidungen sollten Sie am besten vormittags treffen!

Natürlich können Sie in dieser Zeit auch alle anderen Aufgaben erledigen, aber versuchen Sie diese Zeit besonders für die komplizierteren Aufgaben zu nutzen, für besonders wichtige Entscheidungen oder Projekte, die Sie Ihren Zielen näher bringen.

Decision Fatique (Entscheidungsmüdigkeit)

Decision Fatique (Entscheidungsmüdigkeit) beschreibt das Phänomen, dass die Qualität von Entscheidungen sinkt, wenn eine Person besonders viele Entscheidungen treffen muss. Je mehr Entscheidungen, desto schlechter werden sie. Das bedeutet, Ihre Entscheidungen werden weniger durchdacht oder rational sein. Oder aber, Sie haben grundsätzlich Probleme überhaupt eine Entscheidung zu treffen beziehungsweise es fällt Ihnen schwer. Sie könnten sich überfordert fühlen.

Das bedeutet für Sie: Wirklich wichtige Entscheidungen sollten Sie morgens treffen, wenn Sie noch keine Entscheidungsmüdigkeit haben.

Wenn Sie beruflich wirklich viele Entscheidungen treffen müssen, könnten Sie überlegen, ob Sie Ihre täglichen Entscheidungen, die nicht unbedingt wichtig sind, reduzieren können.

Mark Zuckerberg zum Beispiel trägt immer das gleiche Outfit, weil selbst die morgendliche Entscheidung über das Outfit eine Entscheidung mehr bedeutet, die getroffen werden muss. Auch Angela Merkel hat immer die gleiche Art von Anzügen getragen, wenn auch die Farbe gewechselt hat.

Beispielsweise könnten Sie es wie Mark Zuckerberg machen und immer ein ähnliches Outfit zum Büro anziehen oder es am Abend davor schon bereitlegen. Oder immer Ähnliches zu Mittag essen. Jede Entscheidung, die Sie nicht treffen müssen, gibt Ihnen mehr Kapazität für die wirklich wichtigen Entscheidungen.

Das Nachmittagstief

Gegen Mitte des Tages erleben die meisten Menschen das Phänomen des Nachmittagstiefs. Sie werden müde und die Konzentrationsfähigkeit sinkt. Ungefähr sieben Stunden nach dem Aufstehen ist unser tiefstes Tief. Dieses Nachmittagstief ist grundsätzlich normal, allerdings kann es auch verstärkt werden, wenn Sie zum Beispiel ein sehr schweres Mittagessen hatten oder ein Mittagessen mit viel Zucker, das Ihren Blutzucker erst stark in die Höhe treibt und dann wieder absinken lässt. Aber ein gewisser Abfall an Energie ist nachmittags völlig normal. Sollten Sie aber nachmittags kaum noch die Augen offen halten können, dann kann es auch an Lifestylefaktoren, wie zum Beispiel der Ernährung, liegen, dass das Tief noch mal verstärkt wird.

Wenn Sie die Freiheit haben, sollten Sie zu dieser Zeit Aufgaben einplanen,

- ✔ die Ihnen wirklich leicht fallen,
- ✔ die wenig Aufmerksamkeit und Konzentration benötigen,
- ✔ bei denen Sie wenig nachdenken müssen wie Fleißaufgaben, einfache E-Mails beantworten, Papiere sortieren,
- ✔ bei denen Sie sich nicht selbst motivieren müssen, diese zu erledigen.

Für viele Menschen funktionieren Meetings am Nachmittag besonders gut, weil die Anwesenheit anderer Menschen sie aus ihrem Nachmittagsloch herausholt. Das ist allerdings aber auch abhängig von der Wichtigkeit und den Inhalten des Meetings. Ein besonders wichtiges Thema sollten Sie nicht an einem Meeting am Nachmittag einplanen, wenn dies auch am Vormittag möglich wäre.

Wenn Ihr Job es zulässt und Sie die Freiheit haben über Ihre Zeit und Ihren Arbeitsort selbst bestimmen zu können – weil Sie zum Beispiel Homeoffice und Gleitzeit haben, oder studieren oder selbstständig sind –, dann nutzen Sie das für Ihr Nachmittagstief unbedingt aus. Sie können das Nachmittagstief prima für Sport oder für Haushaltsaufgaben nutzen, oder sogar für einen Nachmittagsschlaf. Die Zeit, die Sie dann nicht arbeiten, können Sie einfach hinten wieder dranhängen.

Ein Spaziergang, frische Luft und Licht können helfen, Sie etwas aus dem Nachmittagstief zu holen. Auch ein gesunder Snack – Vorsicht bei zu viel Zucker! – oder ein Kaffee können hilfreich sein (aber nur, wenn Sie wissen, dass der Kaffee Sie abends nicht mehr wachhalten wird).

Sollten Sie Ihre Fokusaufgaben am Vormittag nicht geschafft haben, dann versuchen Sie diese nicht unbedingt in den frühen Nachmittag zu verlegen – die Energie wird Ihnen wahrscheinlich fehlen. Legen Sie diese lieber in den späteren Nachmittag und Abend – dann steigt Ihre Energie wieder.

Natürlich sind die Phasen bei jedem Menschen etwas anders. Menschen sind nun mal unterschiedlich und wie genau Ihr Rhythmus aussieht, ist von vielen Dingen abhängig, wie zum Beispiel Ihrem Alter, aber auch in welcher Art von Job und in welchen Lebensumständen Sie sich befinden.

Außerdem lassen nicht alle Jobs oder alle Lebensumstände zu, dass Sie so arbeiten, wie es für Sie am besten passt. Dazu sind wir in vielen Situationen dann doch leider zu oft fremdbestimmt. Das kann durch die vorgegebenen Arbeitszeiten Ihres Arbeitgebers sein, das kann aber auch sein, dass Sie private Verpflichtungen haben, nach denen Sie sich richten müssen, wie zum Beispiel kleine Kinder.

Nichtsdestotrotz lohnt es sich, die eigene Energie und deren Verlauf mal genauer anzuschauen und dann zu überlegen, wie Sie eventuell Ihren Tagesablauf oder Ihren Arbeitsrhythmus verändern können.

Wenn Sie die Übung zur Identifikation Ihrer Energieräuber schon gemacht haben, verfügen Sie vielleicht sogar schon über einen groben Überblick über Ihren Energieverlauf.

Trotzdem kann es sehr sinnvoll sein, mal über 1–2 Wochen Ihren täglichen Energieverlauf zu tracken, um einen besseren Einblick in Ihren Rhythmus zu bekommen.

- ✔ Schreiben Sie sich auf, zu welchen Zeiten Sie schlafen gehen und aufstehen. Auch zu welchen Zeiten Sie arbeiten.
- ✔ Versuchen Sie so genau wie möglich aufzuschreiben, wie Ihr Energielevel über den Tag verteilt verläuft. Zum Beispiel, indem Sie zu jeder vollen Stunde bewerten, wie hoch Ihr Energielevel auf einer Skala zwischen 1 und 10 ist.
- ✔ Dokumentieren Sie, welche Faktoren zu dem Zeitpunkt auch eine Rolle gespielt haben könnten. Wann haben Sie was gegessen?
  - Wann haben Sie Kaffee getrunken?
  - Haben Sie sich bewegt beziehungsweise Sport gemacht?
  - Waren Sie an der frischen Luft oder hatten zumindest natürliches Tageslicht?
  - Wie haben Sie in der Nacht vorher geschlafen?

Nach 1–2 Wochen können Sie hoffentlich ein genaueres Muster erkennen, wie Ihre Energie über die Tage verteilt aussieht und wann Sie Schwankungen erleben. Sobald Sie das dann genauer wissen, können Sie entsprechend Ihre Tage besser planen.

Die Kreativphase

Sobald Sie das Nachmittagstief überwunden haben, landen Sie normalerweise in der Kreativphase. Gegen späten Nachmittag oder auch gegen frühen Abend steigt Ihre Konzentration wieder, sobald Sie aus dem Tal des Nachmittagstiefs wieder herausgekommen sind.

Ihr Fokus wird wahrscheinlich nicht mehr so hoch sein wie am Morgen, aber dafür sind Sie kreativer. Der späte Nachmittag und der Abend eignen sich daher weniger für Aufgaben, die sehr viel Konzentration benötigen, aber für Aufgaben, die Kreativität erfordern.

Ideenfindung für kreative Projekte, grafische Aufgaben oder Texte schreiben – je nach Inhalten des Textes natürlich – eignen sich besonders für den Nachmittag.

Da Sie nun die drei Phasen kennen, können Sie dieses Wissen nutzen, um Ihre Tage zu planen.

Stellen Sie sich folgende Fragen:

1. Wann fühlen Sie sich am konzentriertesten? Wann haben Sie die meiste Energie?
2. Welche Aufgaben und Tätigkeiten erfordern Ihre höchste Konzentration und mentale Anstrengung?
3. Wann bemerken Sie, dass Ihre Energie und Konzentration abfällt?
4. Welche Aufgaben benötigen bei Ihnen wenig mentale Energie und können während dieser Zeit erledigt werden?
5. Was sind Routineaufgaben, die Sie im Zweifel immer erledigen können, auch wenn Ihre Energie niedrig ist?
6. Wann fühlen Sie sich am kreativsten und offen für neue Ideen?
7. Welche Aufgaben profitieren vom kreativen Denken und Problemlösung?

Pausen

Pausen sind sehr offensichtlich wichtig, für gesunde Produktivität und um Ihre Energie hochzuhalten. Kein Mensch ist dafür gemacht, acht Stunden am Tag durchzuarbeiten und dabei konstant fokussiert und produktiv zu sein. Wir brauchen Pausen. Vermutlich machen Sie, wie die meisten Menschen, auch grundsätzlich zu wenig Pausen.

So besser nicht: Fehler bei Pausen

Um Pausen richtig zu machen, sollten Sie im Prinzip die drei Dringe vermeiden, die die meisten Menschen beim Thema Pausen falsch machen.

1. **Zu wenige Pausen**

   Die Mittagspause ist für viele Menschen vielleicht noch selbstverständlich, aber kleinere Pausen zwischendurch werden oft vernachlässigt. Das müssen keine 30 bis 60 Minuten Pausen sein, sondern oft reichen auch nur ein paar Minuten. Ein paar Minuten, in denen Sie sich ganz kurz nicht mit Ihrer Arbeit beschäftigen.

2. **Pausen zu spät machen**

   Vielleicht haben Sie manchmal das Gefühl, dass sie noch ein bisschen weiterarbeiten könnten. Auch wenn Sie schon eine ganze Weile an Ihren Aufgaben sitzen. Sie können noch ein wenig mit Ihrer Pause warten. Erst wenn Sie das Gefühl haben, dass Sie wirklich nicht mehr können, machen Sie eine Pause. Vermutlich zu spät und Sie werden eine längere Pause brauchen, um Ihre Energie wieder aufzuladen. Machen Sie präventiv Pause, auch wenn Sie das Gefühl haben, dass Sie noch nicht unbedingt eine Pause benötigen.

Stellen Sie sich Ihre Energie wie eine Tankanzeige beim Auto vor. Sie sollten die Pause nicht erst dann machen, wenn die Tankanzeige bereits im roten Bereich ist, sondern idealerweise bereits dann, wenn die Anzeige im gelben Bereich ist.

Ebenso würden Sie Ihr Handy vermutlich auch nicht erst ans Ladekabel stecken, wenn es nur noch 3 Prozent Akku hat, sondern wahrscheinlich schon sehr viel früher, bei 10 oder sogar 20 Prozent – besonders dann, wenn Sie wissen, dass Sie noch etwas vorhaben (also mit einem vollen Akku das Haus verlassen wollen, zum Beispiel). Genauso sollten Sie sich auch betrachten – früher aufladen!

3. **Keine richtige Pause machen**

   Auch was Sie in der Pause machen, ist wichtig. Denn bei Pausen geht es nicht nur um Nahrungsaufnahme, sondern auch um Erholung. Wenn Sie keine richtige Pause machen, sondern Ihr Essen zum Beispiel vor Ihrem Computer einnehmen, dann zählt das nicht als Pause. Wenn Sie in der Pause mit Ihren Kollegen über Arbeitsthemen brainstormen, dann zählt das nicht als Pause. Wenn Sie selbst über Arbeitsprobleme nachdenken und während Sie Ihr Mittagessen zu sich nehmen, über neuen Ideen tüfteln, dann gilt das nicht als Pause. Sie können natürlich Ihr Gehirn nicht einfach abschalten und oft denkt unser Gehirn weiter über Arbeitsthemen nach, auch wenn Sie das vielleicht gar nicht wollen. Aber versuchen Sie wenigstens, sich mit etwas anderem als der Arbeit zu beschäftigen.

Pausen richtig machen

Um Pausen richtig zu machen, sollten Sie ein paar Dinge beachten:

1. **Machen Sie mehr als nur eine kurze Mittagpause.**

   Das heißt nun nicht, dass Sie zwei bis drei Stunden Ihres Arbeitstages mit Pausen verbringen sollten – dann würde sich wahrscheinlich auch Ihr Arbeitgeber bald beschweren. Aber wenn Sie während Ihres Arbeitstages nur 30 Minuten Mittagspause machen, wird das wahrscheinlich zu wenig sein. Versuchen Sie viele kleinere Pausen einzubauen. Nehmen Sie sich immer mal wieder hier und da ein paar Minuten für eine kurze Pause, die nicht aufwendig sein muss. Es reicht auch, wenn Sie sich einfach nur zwei Minuten nehmen, um einmal kurz tief durchzuatmen.

2. **Entspannen Sie zwischendurch Ihre Augen.**

   Schauen Sie kurz ein paar Minuten aus dem Fenster. Ab und zu mal in die Ferne zu gucken, ist auch für unseren Augen super, wenn Sie ansonsten den ganzen Tag auf einen Bildschirm starren.

3. **Bauen Sie statt Pausen entspanntere Aufgaben ein.**

   Wenn Sie sich keine Zeit nehmen können für Pausen, dann versuchen Sie zwischen anstrengenden Aufgaben, die viel Fokus benötigen, kleine Fleiß- oder Aufräumarbeiten zu erledigen. Sie haben gerade lange an einem wichtigen Problem gesessen und Ihr Kopf raucht jetzt? Anstatt nun direkt weiterzumachen, räumen Sie vielleicht erst mal kurz Ihren Schreibtisch auf oder Ihre Ablage, anstatt sich zu zwingen, direkt in die nächste Fokusaufgabe zu springen. Oder Sie beantworten schnell ein paar einfache E-Mails. Wenn Sie im Homeoffice sind, nutzen Sie kurz die Zeit und stellen eine Maschine Wäsche an.

4. **Ihre Pausen sollten Ihnen heilig sein.**

   Pausen oder manchmal auch freie Tage sind oft das Erste, was hintenüberfällt, wenn Sie viel zu tun haben. Oft ist unsere erste Tendenz, wenn die To-do-Liste besonders lang ist, die Pausen sausen zu lassen. Das mag zwar in der Zeitplanung logisch sein, aber nicht, wenn es um Energiemanagement geht.

   Auch wenn Sie meinen, ohne Pause mehr Zeit zur Verfügung zu haben, reduziert sich Ihre Energie und es könnte sogar passieren, dass Sie im Endeffekt weniger Zeit für die Aufgabe gebraucht hätten, wenn Sie eine Pause gemacht hätten. Denn wenn Ihre Energie niedrig ist, dann benötigen Sie wahrscheinlich längere Zeit, um die Aufgabe zu erledigen oder Sie machen mehr Fehler, die ausgeglichen werden müssen, was im Endeffekt auch wieder Zeit benötigt. Die fehlende Pause kostet uns dann nicht nur Energie, sondern tatsächlich auch Zeit.

   Pausen sollten für Sie also heilig sein. Sie müssen die Wichtigkeit von Pausen anerkennen. Nicht nur für Ihre Gesundheit natürlich, sondern auch, damit Ihre Produktivität hoch bleiben kann. Meiner Meinung nach sollte Gesundheit hier das wichtigste Argument sein, aber wenn Sie zu der Sorte Mensch gehören, die einen großen Teil Ihrer Identität auch aus Ihrer Arbeit zieht, dann hilft es Ihnen vielleicht zu wissen, wie wichtig Pausen für Produktivität sind, und es fällt Ihnen dann hoffentlich leichter, sich auch an diese zu halten.

5. **Planen Sie Ihre Pausen proaktiv ein.**

   Kalkulieren Sie, wenn Sie Ihre Tagesplanung machen, Ihre Pausen gleich mit ein! Sicherheitshalber sogar mehr Zeit, als Sie für nötig halten. Die Wahrscheinlichkeit, dass Sie dann doch mal etwas länger mit einer Aufgabe beschäftigt sind und die Pause dadurch verkürzt wird, ist groß.

   Wenn Sie studieren oder selbstständig sind, dann sollten Sie nicht nur Ihre Pausen proaktiv einplanen, sondern auch Ihre freien Tage und Urlaube. Im Angestelltenverhältnis sind, abhängig natürlich vom Job, die freien Tage, wie zum Beispiel das Wochenende, meist klar definiert und vorgegeben. Da Studierende oder Selbstständige immer arbeiten können, opfern sie oft ihre Wochenenden oder freien Tage. Planen Sie diese deshalb ebenfalls proaktiv, damit sich die Wahrscheinlichkeit erhöht, dass sie tatsächlich auch frei bleiben.

Ein Phänomen, das ich oft bei Kundinnen im Einzelcoaching beobachte, ist ein schlechtes Gewissen, wenn sie anfangen mehr Pausen in Ihren Arbeitsalltag einzubauen. Ein schlechtes Gewissen, weil sie nach ihren Arbeitstagen auf einmal nicht mehr völlig erschöpft nach Hause kommen. Anstatt sich darüber zu freuen, dass sie abends nach ihren Arbeitstagen noch Energie haben, bekommen sie ein schlechtes Gewissen, weil sie ihre Erschöpfung als »Beweis« dafür sehen, dass sie hart gearbeitet haben. Da sie nun nicht mehr stark erschöpft sind, haben sie auf einmal das Gefühl, dass sie nicht produktiv genug waren.

Wenn Sie rational über all die Aufgaben, die Sie den Tag über hinweg erledigt haben, nachdenken, merken Sie, dass Sie nicht weniger produktiv als vorher waren. Im Idealfall sogar noch produktiver. Auf jeden Fall aber weniger erschöpft.

6. **Achten Sie darauf, wie Sie Ihre Pausen verbringen.**

   Wie oben bereits erwähnt, sollten Sie Ihre Pause auch »richtig« machen. Nehmen Sie regelmäßig Ihr Mittagessen vor Ihrem Bildschirm ein? Erwischt? Das gilt nicht als Pause. Auch ein Gespräch über Arbeitsthemen mit Ihren Kolleginnen oder Kollegen zählt nicht so richtig als Pause, denn Sie denken in der Pausenzeit dann noch immer weiter über Arbeitsthemen nach.

Wenn Sie viel Zeit am Bildschirm verbringen, dann versuchen Sie bitte in der Pausenzeit Bildschirme zu vermeiden. Ihre erste Tendenz mag sein, in der Pause nach Ihrem Handy zu greifen und Social Media zu checken, doch versuchen Sie auch den Handybildschirm zu vermeiden. Zum einen ist das besser für Ihre Augen – die freuen sich, wenn sie ab und zu mal in die Ferne gucken können. Zum anderen sind die Reize durch Bildschirm und Social Media oft anstrengend und Sie sollten versuchen, in der Pause so viele Reize wie möglich zu reduzieren.

   Versuchen Sie in der Pause etwas zu tun, das nichts mit Ihrem Job zu tun hat. Ihr Kopf sollte über irgendetwas anderes nachdenken als Ihre Arbeitsaufgaben. Mein Vorschlag, wie wäre es, ein Buch zu lesen oder ein Hörbuch anzuhören?

7. **Machen Sie bewegte Pausen**

   Bauen Sie etwas Bewegung ein. Gehen Sie spazieren, machen Sie kurze Erledigungen. Auch wenn Sie nur ein paar Minuten Pause machen statt Ihre lange Mittagspause. Stehen Sie einmal kurz auf und strecken Sie sich. Gehen Sie einmal in die Küche und holen sich neue Getränke. Laufen Sie einmal in Ihrem Büro die Treppen rauf und runter. Besonders wenn Sie Schreibtischtäter sind und viel am Computer sitzen, ist es wichtig, dass Sie regelmäßig aufstehen und sich bewegen.

8. **Nutzen Sie die Möglichkeiten des Homeoffice**

   Sollten Sie im Homeoffice arbeiten, dann nutzen Sie unbedingt die Vorteile des Homeoffice. Sie können einen Mittagsschlaf machen oder kurz Ihre Küche aufräumen, etwas Yoga praktizieren oder Gitarre spielen. Kleine Haushaltstätigkeiten im Homeoffice erledigen – wie kurz eine Ladung Wäsche von der Waschmaschine in den Trockner werfen, sind ideal, um sich einmal komplett aus den Arbeitsthemen herauszuholen und etwas Bewegung einzubauen. Außerdem haben Sie den riesigen Vorteil, dass Sie nicht nach Feierabend noch sehr viel Haushalt erledigen müssen. Ein doppelter Gewinn also!

Pausen ohne schlechtes Gewissen!

Bitte haben Sie kein schlechtes Gewissen, wenn Sie im Homeoffice während Ihres Arbeitstages Pause machen. Haben Sie schon mal ein schlechtes Gewissen gehabt, weil Sie während Ihrer Arbeitszeit im Homeoffice in Ihrer Küche standen und sich zum Beispiel einen Kaffee gemacht haben – weil es sich irgendwie wie Privatzeit während der Arbeitszeit anfühlt? Keine Sorge – das geht vielen Menschen so. Aber machen Sie sich klar, dass dieses schlechte Gewissen unbegründet ist, denn wären Sie im Büro, würden Sie sicherlich auch zwischendurch in die Büroküche gehen und sich einen Kaffee machen. Vielleicht würden Sie sogar noch länger Zeit dort verbringen, weil Sie sich noch mit einem Kollegen verquatschen.

Hier finden Sie ein paar Ideen für Ihre Arbeitspausen:

- ✔ Ein kurzer Spaziergang im Freiem
- ✔ Leichte Dehnübungen oder Yoga
- ✔ Meditationsübungen
- ✔ Schreibtisch-Fitnessübungen (auf YouTube finden Sie viele Anleitungen)
- ✔ Progressive Muskelentspannung
- ✔ Atemübungen oder tiefe Atemzüge
- ✔ Ein kurzer Mittagschlaf (oder zumindest einmal kurz lang machen und die Augen schließen)
- ✔ Ein Buch lesen
- ✔ Sodoku oder Kreuzworträtsel
- ✔ Malen oder Zeichnen
- ✔ Podcast oder Hörbücher hören
- ✔ Tagebuch schreiben
- ✔ Handarbeiten, zum Beispiel Stricken oder Häkeln
- ✔ Musik machen
- ✔ Plausch mit Kolleginnen oder Kollegen
- ✔ Telefonat mit Familie oder Freundinnen
- ✔ Kurze persönliche Erledigungen, zum Beispiel Paket wegbringen

Insight

Der Vorteil von Pausen ist nicht nur, dass Sie Ihre Energie wieder aufladen, sondern in manchen Situationen ist eine Pause oft das Produktivste, was Sie machen können. Wenn Sie bereits eine Weile über einer Aufgabe sitzen, bei der Sie nicht weiterkommen – eine Idee, die Ihnen nicht kommen will oder ein Problem, das sich nicht lösen lässt, dann ist das Produktivste, nicht mit Druck zu versuchen auf eine Lösung oder Idee zu kommen, sondern das Produktivste wäre eine Pause.

Machen Sie kurz etwas, das nichts mit Ihrer Arbeitsaufgabe zu tun hat. Stehen Sie einmal kurz auf, holen Sie sich einen Kaffee oder räumen Sie kurz die Küche auf. Hauptsache Sie entfernen sich kurz gedanklich von Ihrem Problem.

Wenn Sie dann zurück zu Ihrer Aufgabe kommen, kann es sein, dass Sie auf einmal einen Gedankenblitz haben, die zündende Idee oder endlich die Lösung für Ihr Problem.

Dieses Phänomen nennt sich in der Psychologie *Insight*. Die Vermutung ist, dass die Informationen über das Problem oder die Aufgabe, während wir mit einer anderen Sache beschäftigt sind, im Gehirn trotzdem weiterverarbeitet werden. Sobald Sie sich dann wieder aktiv mit dem Thema beschäftigen, kann es passieren, dass Sie auf einmal die zündende Idee haben. Wenn Sie also merken, dass Sie bei einer Aufgabe überhaupt nicht weiterkommen, sollten Sie kurz etwas anderes machen, anstatt zu versuchen mit Druck auf eine Idee zu kommen.

Schlaf

Dass Schlaf wichtig für Energie ist, sollte keine Überraschung sein. Da Schlaf aber zum einen besonders bedeutend für die physische und mentale Gesundheit ist und zum anderen trotzdem sehr oft vernachlässigt wird, ist er in diesem Kapitel ein Thema.

Sie wissen wahrscheinlich, wie wichtig ausreichender und guter Schlaf ist, trotzdem ist Schlaf oft das Erste, das aus dem Fenster fliegt, wenn Sie zu viel zu tun haben. Vielleicht hatten Sie auch schon mal den Gedanken, dass Sie einfach später ins Bett gehen oder früher aufstehen, damit Sie Ihre gesamten Aufgaben schaffen können. Für viele Menschen ist dies der erste Impuls, dabei ist genau in diesen stressigen Phasen Schlaf besonders wichtig.

Schlaf ist ein sehr umfangreiches Thema, daher gibt es in diesem Kapitel nur die Highlights, und gleichzeitig ist Schlaf dann doch überraschend wenig erforscht – zumindest, wenn Sie sich klarmachen, welch riesigen Anteil Schlaf in unserem Leben hat und welche Bedeutung Schlaf für unser Leben und unsere Gesundheit zukommt.

Da ich den Impuls kenne, Schlaf für anderes zu opfern »Ach, mit 6 Stunden Schlaf funktioniere ich doch auch ganz okay!«, hier nochmal in aller Deutlichkeit: Tun Sie es nicht! Schlaf ist wahnsinnig wichtig, sowohl für Ihre physische als auch Ihre psychische Gesundheit. Schlaf sollte eine hohe Priorität haben!

Die Kosten von Schlafmangel

Negative Konsequenzen von Schlafmangel gibt es viele. Sicherlich kennen Sie dieses Gefühl, wenn Sie schlecht oder viel zu wenig geschlafen haben. Das Denken funktioniert nicht so gut. Ihre Emotionskontrolle wahrscheinlich auch nicht und Ihre Zündschnur ist vermutlich kürzer als an anderen Tagen. Alles ist einfach ein bisschen anstrengender und Ihre Laune vermutlich ein bisschen schlechter als an anderen Tagen.

Einerseits können wir durchaus eine Weile mit schlechtem Schlaf oder Schlafmangel auskommen – sonst hätten alle Eltern von kleinen Kindern ein Problem. Andererseits, so hart das jetzt klingt, ist Schlafentzug nicht umsonst eine Foltermethode.

Eine riesige Anzahl von Krankheiten korrelieren mit Schlafmangel. Wenn Sie keinen guten Grund haben – zum Beispiel Babys, die Sie versorgen müssen –, um auf Schlaf und Schlafqualität zu verzichten, sollten Sie dies auch nicht tun.

Hier muss natürlich noch gesagt werden, dass sich nicht alle Menschen aussuchen können, auf Schlaf zu verzichten. Zum einen gibt es viele Menschen, die zum Beispiel in Schichtarbeit arbeiten und daher die Nacht durcharbeiten.

Zum anderen gibt es leider auch Menschen, die an Schlafstörungen und Insomnie leiden. Sollten Sie zu den Menschen gehören, die trotz aller Tipps und Tricks immer Probleme mit dem Schlafen haben, dann suchen Sie sich bitte professionelle Unterstützung und lassen sich untersuchen. Gleiches gilt auch, wenn Sie zwar schlafen können, aber nie das Gefühl haben, erholt zu sein. Wenn Sie sich zum Beispiel nach dem Aufwachen gerädert fühlen, oder 10–12 Stunden Schlaf benötigen, um überhaupt in den Tag zu starten. In diesem Fall könnte es sein, dass Sie zum Beispiel nachts nicht genug Luft bekommen. Auch dies lassen Sie bitte sicherheitshalber von einem Arzt oder einer Ärztin abklären. Denn mit Schlafapnoe ist nicht zu spaßen.

Hier nur ein paar Auswirkungen, die mit Schlafmangel in Verbindung gebracht werden:

- ✔ Mehr negative Emotionen und Probleme bei der Emotionskontrolle
- ✔ Erhöhtes Risiko für Diabetes, Krebs und Herz-Kreislauf-Krankheiten
- ✔ Übergewicht
- ✔ Falten
- ✔ Depressionen und Angststörungen
- ✔ Kognitive Einschränkungen

Wie Sie an dem Punkt »Kognitive Einschränkungen« sehen können, hat Schlafmangel nicht nur einen Einfluss auf Ihre physische und psychische Gesundheit, sondern auch Auswirkungen auf unsere Produktivität.

Wenn Sie nicht genug geschlafen haben, hat das Folgen:

- ✔ Sie können einfach nicht mehr so gut denken.

- ✔ Konzentration wird für Sie schwieriger.
- ✔ Sie arbeiten vermutlich langsamer.
- ✔ Sie machen mehr Fehler.
- ✔ Sie kommen nicht mehr so schnell auf Lösungen und neue Ideen.
- ✔ Die Kreativität lässt nach.
- ✔ Das langsamere Arbeiten und die Fehler kosten Sie auch noch Zeit.

Zu wenig Schlaf ist also aus vielen Gründen einfach keine gute Idee.

Qualität über Quantität

Wie viel Schlaf wir benötigen, ist überraschenderweise noch recht umstritten. Wahrscheinlich haben Sie von sieben bis neun Stunden als Standardempfehlung gehört. Es gibt aber auch viele Forschende, die sagen, dass es keine pauschale Empfehlung geben kann, sondern dass die Menge an Schlaf, die Menschen benötigen, sehr individuell ist. Außerdem wurde ein großer Teil der Forschung an Männern durchgeführt, sodass unklar ist, ob die Zahlen auch auf Frauen übertragbar sind. Erste Studien zeigen, dass Frauen 20 bis 60 Minuten mehr Schlaf pro Nacht benötigen.

Grundsätzlich können wir aber davon ausgehen, dass die meisten Menschen vermutlich eher zu wenig als zu viel schlafen.

Vermutlich sollten Sie eher mehr schlafen als weniger.

Verzichten Sie aufs Snoozen!

Stellen Sie Ihren Wecker auch morgens aus, damit Sie noch mal zehn Minuten schlafen können, nur um dann zehn Minuten später wieder geweckt zu werden und diesen Prozess direkt erneut zu starten? Sie mögen vielleicht das Gefühl haben, dass Sie die extra zehn Minuten noch unbedingt benötigen, aber vermutlich wird das Snoozen Sie noch müder machen und Ihren Schlaf-Wach-Rhythmus durcheinanderbringen.

Die Schlafforschung ist sich inzwischen ziemlich sicher, dass Snoozen nicht besonders gesund ist. Man geht davon aus, dass es die Hormone Cortisol und Melatonin durcheinanderwürfelt und dadurch unseren Schlaf-Wach-Rhythmus durcheinanderbringt. Das bedeutet, unser Körper ist verwirrt, wo wir uns im Rhythmus befinden und welche entsprechenden Hormone dann produziert werden sollen, sodass die Müdigkeit, ausgelöst durchs Snoozen, sich noch bis weit in den Nachmittag ziehen kann. Die extra zehn Minuten Schlaf werden Ihnen nicht nur nichts bringen, sondern Ihnen vermutlich sogar schaden. Sie aber auf jeden Fall noch müder machen.

Aber nicht nur die Menge an Schlaf, auch die Qualität des Schlafes ist wichtig. Lieber weniger Schlaf, dafür mit guter Qualität, als viel Schlaf mit schlechter Qualität.

Mit Schlafqualität ist gemeint, wie tief Sie schlafen, wie schnell Sie einschlafen und wie gut Sie durchschlafen.

Tipps für besseren Schlaf

Tipps, wie Sie Ihren Schlaf verbessern können, gibt es viele. Aber Menschen sind unterschiedlich, daher werden vermutlich nicht alle Tipps auch bei Ihnen funktionieren. Probieren Sie mal aus, was für Sie funktioniert.

✔ **Dunkles Schlafzimmer**

Achten Sie darauf, dass Ihr Schlafzimmer dunkel genug ist. Verdunklungsvorhänge oder Schlafmasken können helfen, wenn Sie in einer hellen Stadt wohnen. Versuchen Sie auch, Lichter, die zum Beispiel durch elektronische Geräte entstehen, zu vermeiden.

✔ **Leises Schlafzimmer**

Ihr Schlafzimmer sollte möglichst leise sein. Weiße Rauschmaschinen können bei Umgebungsgeräuschen oder schnarchenden Menschen helfen, um die Geräusche auszublenden. Dafür gibt es separate Maschinen, wenn Sie kein Smartphone im Schlafzimmer liegen haben wollen. Allerdings bieten auch viele Apps die Möglichkeit, weißes Rauschen, oder auch so etwas wie Regengeräusche oder Meeresrauschen, abzuspielen.

✔ **Kühles Schlafzimmer**

Ihr Schlafzimmer sollte nicht zu warm oder zu kalt sein. Die Temperatur sollte bei circa 16 bis18 Grad liegen.

✔ **Gewichtsdecken**

Gewichtsdecken sind sehr schwere Bettdecken (meist zwischen 5 und 10 Kilogramm) und wurden ursprünglich für Menschen mit psychischen Problemen designt, weil sie eine Umarmung simulieren sollen. So sollen sie zum Beispiel Menschen mit Depressionen und Angststörungen helfen oder Menschen mit ADHS. Sie helfen allerdings auch vielen Menschen, die unruhig schlafen oder Schlafstörungen haben.

✔ **Kein Alkohol**

Verzichten Sie auf Alkohol vor dem Schlafengehen. Wenn Sie jetzt sagen, dass Sie immer so gut einschlafen können nach dem Glas Wein oder dem Bier – ja, Alkohol hilft tatsächlich beim Einschlafen. Das Problem ist aber, dass Alkohol massiv die Schlafqualität reduziert. Da sollten Sie vermutlich lieber etwas länger zum Einschlafen brauchen. Außerdem kann das regelmäßige Glas Wein am Abend – »damit Sie besser schlafen können« – sehr schnell problematisch werden.

- ✔ **In ein gutes Bett und eine passende Matratze investieren**

  Unterschätzen Sie nicht, welchen Einfluss ein gutes Bett und eine gute Matratze auf Ihre Schlafqualität haben.

Tipps bei Einschlafproblemen

Sie würden ja gerne mehr schlafen, aber Sie brauchen abends wirklich lange, um überhaupt einzuschlafen? Vielleicht liegen Sie sogar ein bis zwei Stunden wach, bis der Schlaf Sie überkommt. Im Folgenden finden Sie dazu ein paar Tipps.

- ✔ Verzichten Sie vor dem Schlafengehen auf Bildschirme – Computer, TV und Handy.
- ✔ Gehen Sie zu regelmäßigen Zeiten ins Bett, damit Ihr Körper sich daran gewöhnen kann, wann Schlafenszeit ist. Das gilt auch für das Wochenende. Wenn Sie am Wochenende gerne mal ein paar Stunden später ins Bett gehen als sonst und dementsprechend auch später aufstehen, dann ist das für Ihren Körper wie ein Mini-Jetlag, den er überwinden muss.
- ✔ Verzichten Sie auf späte Mittagsschläfchen oder späten Kaffee.
- ✔ Versuchen Sie Atemübungen oder Meditationen.
- ✔ Praktizieren Sie leichtes Yoga vor dem Schlafengehen.
- ✔ Duschen oder baden Sie warm vor dem Schlafengehen. Dies kann Stress und Muskelverspannungen reduzieren. Die dadurch entstehende Entspannung kann Ihnen helfen leichter einzuschlafen. Aber, achten Sie darauf, dies nicht direkt vor dem Schlafengehen zu machen. Am besten 1–2 Stunden davor.
- ✔ Greifen Sie auf entspannende Hörbücher oder Podcasts zurück. Das können zum Beispiel Hörbücher sein, die Sie bereits gut kennen (Sie also nicht mehr aufgeregt mitfiebern müssen), oder auch Kinderhörbücher funktionieren für viele Menschen gut (weil diese ebenfalls nicht besonders aufregend sind). Zusätzlich gibt es online sehr viele Podcasts, die extra fürs Einschlafen designt sind. Meine persönliche Empfehlung »einschlafen podcast« von Toby Baier.
- ✔ Probieren Sie beruhigende Playlisten, zum Beispiel mit White Noise, Brown Noise oder Regengeräuschen.
- ✔ Haben Sie etwas zu schreiben neben Ihrem Bett, um Ihre Gedanken zu notieren, falls diese Sie wachhalten.
- ✔ Entfernen Sie Uhren aus Ihrem Blickfeld. Das ständige Überprüfen der Zeit kann bei Ihnen Stress auslösen. Sie rechnen sich vermutlich aus, wie viele Stunden Schlaf Sie noch bekommen, würden Sie jetzt einschlafen und wie müde Sie dann am nächsten Tag wären. Dies kann das Einschlafen noch weiter erschweren. Wenn Sie dazu neigen, dann probieren Sie doch mal, Uhren aus Ihrem Blickfeld zu entfernen.

- Stehen Sie wieder auf. Das mag nicht intuitiv klingen, aber wenn Sie wieder aufstehen, wenn Sie nicht schlafen können, signalisieren Sie Ihrem Körper, dass das Bett nur zum Schlafen gedacht ist. Stehen Sie auf, gehen für ein paar Minuten in einen anderen Raum und machen etwas, das Sie nicht unbedingt wieder stark wach macht (kein TV gucken, vielleicht ein paar Seiten in Ihrem Buch lesen) und dann probieren Sie es noch mal. Sollten Sie dann nicht innerhalb von 15 bis 20 Minuten einschlafen, wiederholen Sie den Vorgang. So lange, bis Sie dann endlich einschlafen. Auf Dauer signalisieren Sie damit Ihrem Körper und Kopf, dass sie zu schlafen haben, wenn Sie im Bett liegen.

Es kann natürlich auch körperliche Ursachen geben, warum Sie Probleme beim Einschlafen haben, die Sie durch eine Ärztin oder einen Arzt abklären sollten.

Revenge Bed Time Procrastination

Kennen Sie das Phänomen, dass Sie eigentlich wissen, dass Sie dringend schlafen sollten, aber das Schlafengehen aufschieben? Vermutlich immer dann, wenn Sie gerade eine sehr stressige Phase haben oder wenig Kontrolle über Ihre Zeit. Sie wissen, dass es Ihnen helfen würde, endlich schlafen zu gehen, aber Sie können sich trotzdem nicht dazu überwinden. Vermutlich scrollen Sie noch ewig auf Ihrem Handy oder schauen Fernsehen.

Dies nennt sich *Revenge Bed Time Procrastination*. Grob übersetzt »Aufschieben der Schlafenszeit aus Rache« und beschreibt den Effekt, dass wir länger wachbleiben, als wir sollten, und uns weigern ins Bett zu gehen, weil wir noch die freie Zeit ausnutzen wollen. Es ist ein Weg, um wieder Kontrolle über unsere Zeit zu bekommen, als »Rache« dafür, dass wir tagsüber keine Kontrolle über unsere Zeit hatten. Revenge Bed Time Procrastination findet sich oft bei beschäftigten Eltern oder überarbeiteten Arbeitnehmern.

Intro- und Extroversion

Ein wichtiger Aspekt, der oft vergessen wird, wenn es um das Thema Energie geht, sind Intro- und Extroversion. (Auch oft Extraversion genannt – es geht beides!) Introversion und Extroversion sind die beiden Extreme einer Charaktereigenschaft.

Wir sind dabei nicht entweder oder, sondern es handelt sich dabei um eine Normalverteilung und die meisten Menschen fallen eher in den mittleren Bereich zwischen Intro- und Extroversion, wie Abbildung 4.2 zeigt. Viele andere Menschen fallen aber auch in die äußeren Bereiche und sind stark ausgeprägt introvertiert oder stark extrovertiert.

Introvertierte Menschen werden oft mit schüchtern und extrovertierte mit nicht schüchtern gleichgesetzt. Dies ist aber nicht unbedingt der Fall. Stattdessen beschreiben Intro- und Extroversion, wie Menschen Energie gewinnen.

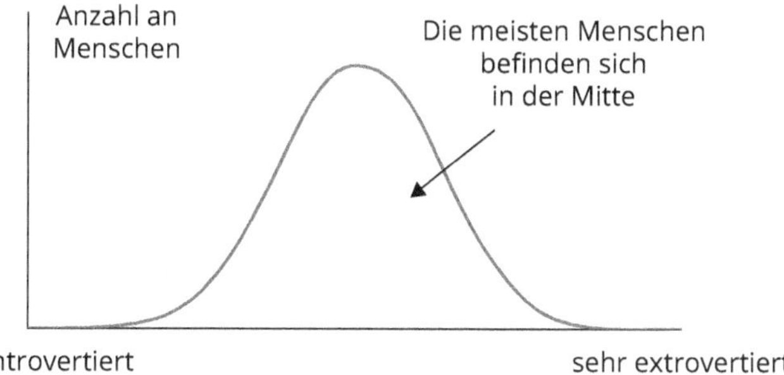

Abbildung 4.2: Intro- oder extrovertiert?

Vereinfacht gesagt, gewinnen extrovertierte Menschen dadurch Energie, dass Sie Zeit mit anderen Menschen verbringen, und introvertierte Menschen dadurch, dass sie Zeit allein verbringen.

Intro- oder extrovertiert? Das ist hier die Frage!

Die meisten Menschen können wahrscheinlich recht gut einschätzen, ob sie eher introvertiert oder extrovertiert sind.

Wenn Sie das Gefühl kennen, dass Sie sich, bevor Sie überhaupt auf der Party angekommen sind, schon wieder auf den Moment freuen, wenn Sie endlich nach Hause gehen können und Ihre Ruhe haben, dann fallen Sie sehr wahrscheinlich in die introvertierte Kategorie. Wenn Sie den Moment kennen, unter Menschen zu sein und von einem auf den anderen Augenblick genug zu haben, keine Energie mehr zu haben für diese Menschen und nach Hause zu müssen, dann sind Sie wahrscheinlich introvertiert. Und wenn Sie das Gefühl kennen, dass Ihnen Menschen zu treffen in einem Moment viel zu viel ist, egal wie sehr Sie diese Menschen vielleicht mögen, dann sind Sie vermutlich ebenfalls introvertiert.

Wenn Sie all diese Gedanken nicht wirklich nachvollziehen können (oder nur in absoluten Ausnahmefällen kennen), dann sind Sie wahrscheinlich eher extrovertiert.

Sie merken, die Autorin ist selbst introvertiert. Denn das fällt ihr sehr viel leichter zu beschreiben.

Es gibt online viele Charaktertests, um herauszufinden, wo Sie sich im Spektrum zwischen intro- und extrovertiert befinden, denn die meisten Menschen fallen eher in den mittleren Bereich. Intro- und Extroversion sind Teil des Big-Five-Persönlichkeitsmodells. Googlen Sie nach dem Big-Five-Persönlichkeitsmodell, um einen wissenschaftlich anerkannten Test zu finden. Online gibt es einige kostenlose Tests, die Sie machen können.

Extroversion: Energie aus der Zeit mit anderen ziehen

Menschen, die sehr extrovertiert sind, gewinnen ihre Energie daraus, dass sie Zeit mit anderen Menschen verbringen. Zu viel Zeit allein ist für sie anstrengend.

Extrovertierte

- ✔ haben nicht nur Spaß daran, Zeit mit anderen Menschen zu verbringen, sondern brauchen dies. Am liebsten nicht nur Zeit mit einer anderen Person, sondern direkt mit einer ganzen Gruppe von Menschen.
- ✔ haben generell auch eher das Bedürfnis nach mehr Stimulation und mehr Reizen. Das heißt, sie mögen zum Beispiel laute Musik oder große Menschenansammlungen und Partys.
- ✔ stehen recht gerne im Mittelpunkt, oder haben damit zumindest kein großes Problem.
- ✔ arbeiten lieber in Teams anstatt allein, sprechen auch gerne über Ideen oder lösen Probleme gemeinsam.

Je nach Job, kommen die meisten Extrovertierten mit der normalen Arbeitswelt besser klar als die Introvertierten. Viele Introvertierte würden wahrscheinlich unterschreiben, dass die moderne Arbeitswelt eher für extrovertierte Menschen ausgelegt ist und damit für Introvertierte eher anstrengend. Oft ist die Arbeitswelt sehr kommunikativ, es finden viele Meetings und Telefonate statt, Kundenkontakte, und es wird erwartet, dass man in Teams zusammenarbeitet. Besonders die Erfindung des Großraumbüros ist für Introvertierte gar keine gute Idee, sondern eher ein Albtraum.

Für Extrovertierte ist das normalerweise kein Problem. Denn Menschen entziehen ihnen nicht so viel Energie wie den Introvertierten, geben ihnen im Idealfall sogar Energie. Wenn Sie also als extrovertierter Mensch auch noch großartige Kollegen haben, die Sie gerne mögen, dann ist das ein Idealzustand für Sie.

Doch auch als extrovertierter Mensch können Sie auf die ein oder andere Sache achten, um Ihre Energie hochzuhalten. Wenn Sie einen Tag lang kaum Meetings oder Kontakt zu anderen Menschen hatten, weil Sie zum Beispiel nur über PowerPoint und Excel gesessen haben, dann ist es für Sie wichtig, Ihre soziale Batterie wieder aufzuladen.

Das bedeutet, dass Sie zum Beispiel dafür sorgen können, in der Mittagspause Zeit mit Ihren Kollegen oder Kolleginnen zu verbringen und zum Beispiel ein gemeinsames Mittagessen organisieren. Oder, dass Sie bewusst nach Feierabend noch Zeit mit Freunden verbringen oder ein After-Work-Event organisieren.

Ein paar Tipps für Extrovertierte, um Energie hochzuhalten:

- ✔ Engagieren Sie sich in Projekten, die Teamwork benötigen.
- ✔ Organisieren Sie gemeinsame Events, After-Work-Drinks oder gemeinsame Kaffee- und Mittagspausen.
- ✔ Seien Sie aktiv in Ihren Pausen – bewegen Sie sich, hören Sie laute Musik.
- ✔ Übernehmen Sie Präsentationen oder die Moderation von Meetings.

Ein Wort an die Extrovertierten: Für Sie mag es eine prima Idee sein, nach Ihrem Arbeitstag noch Zeit mit Ihren Kollegen bei einem Bier zu verbringen. Aber bitte vergessen Sie nicht, dass das für Ihre introvertierten Kollegen anders aussieht. Für diese kann die Idee nach einem langen Tag auch noch den Abend unter Menschen zu verbringen, eine unangenehme Vorstellung sein. Selbst dann, wenn sie ihre Kollegen sehr schätzen. Bitte beachten Sie das, wenn Sie Einladungen aussprechen und akzeptieren Sie, wenn jemand die Einladung ablehnt. Das ist oft nicht persönlich gemeint und für viele Introvertierte ist es nicht einfach, eine Einladung abzusagen.

Introversion: mehr Zeit für sich brauchen

Introvertierte Menschen ziehen ihre Energie daraus, Zeit allein zu verbringen.

Introvertierte

- ✔ brauchen auch soziale Kontakte, aber deutlich weniger als extrovertierte Menschen.
- ✔ verbringen ihre Zeit lieber mit wenigen ausgewählten Menschen und lieber nur mit einer Person anstatt mit einer großen Gruppe.
- ✔ sind oft ruhiger und zurückhaltender. Sie sprechen nicht alles direkt aus, was sie denken, sondern denken manchmal mehr über ihre Antworten nach. Auch wenn Schüchternheit nicht dasselbe ist wie Introversion, so korrelieren die beiden Konzepte jedoch, sodass viele introvertierte Menschen auch schüchtern sind.
- ✔ empfinden viele Reize, wie laute Musik oder Partys, eher als anstrengend. Sie erleben auf Veranstaltungen mit vielen Meschen oft von einem Moment auf den anderen das Gefühl, nun »ausgebrannt« zu sein und direkt nach Hause zu müssen. Ihre soziale Batterie ist dann leer. Sie müssen erst mal wieder Zeit allein verbringen, um ihre Batterie aufzuladen.
- ✔ arbeiten lieber allein und lösen ihre Probleme oft selbst.
- ✔ mögen es nicht im Mittelpunkt zu stehen.

Für viele Introvertierte sind die normalen Arbeitsumgebungen und Jobs eher anstrengend. Großraumbüros sind für sie häufig eine Erfindung aus der Hölle. Homeoffice für viele ein Segen.

Jobs, die zu einem großen Teil aus Teamwork, Meetings, geteilten Büros oder Kundenkontakt bestehen, sowie aus Telefonanrufen und vielen E-Mails, sind für Introvertierte anstrengend. Die soziale Batterie wird über den Arbeitstag hinweg aufgebraucht und in extremen Fällen sind sie oft nach Feierabend sehr viel erschöpfter, als ein extrovertierter Mensch im gleichen Job wäre.

Wenn Sie als introvertierter Mensch den ganzen Tag in Meetings verbringen, ist es für Sie wahrscheinlich keine gute Idee, auch in der Mittagspause mit Ihren Kollegen oder Kolleginnen zusammen zu sein. Oder wenn Sie Ihren Feierabend mit Ihren Freunden und

Freundinnen verbringen. Egal, wie sehr Sie Ihre Freunde mögen – nach so einem Tag wäre das für Sie vermutlich zu anstrengend.

Ihre Energie sollten Sie allerdings nicht nur über einen Tag lang betrachten. Sondern auch in größeren Spannen. Angenommen, Sie hatten eine ganze Woche, in der Sie nur unterwegs waren und jeden Tag Präsentationen oder Meetings hatten. Dann wäre es für Sie eine gute Idee, am Wochenende ein paar freie Tage mit weniger sozialen Kontakten einzubauen.

Für viele introvertierte Menschen geht es nicht nur um die sozialen Kontakte, die Energie ziehen, sondern auch generell um zu viele Reize, zum Beispiel laute Geräusche. Sie sind schnell überreizt und brauchen daher nicht nur eher Zeit ohne soziale Kontakte, sondern auch Momente der Ruhe ohne Input und laute Geräusche. Spaziergänge in der Natur oder Bücher lesen sind daher gute Möglichkeiten für Introvertierte, ihre Energie wieder aufzuladen.

Ein paar Tipps für Introvertierte, um Energie hochzuhalten:

- ✔ Nutzen Sie die Möglichkeit, Homeoffice zu machen, wenn diese für Sie besteht.
- ✔ Nutzen Sie Noise-Canceling-Kopfhörer oder Ohrstöpsel, die den Geräuschpegel senken, Sie aber trotzdem noch Ihre Umgebung mitbekommen.
- ✔ Buchen Sie sich kleine Meetingräume für Konzentrationsaufgaben.
- ✔ Nutzen Sie auch an Teamtagen, wenn Sie nur unter Menschen sein müssen, kurze Momente, um sich zurückzuziehen.
- ✔ Verbringen Sie Ihre Pausen allein, im Idealfall in der Natur.
- ✔ Verbringen Sie Ihre Pausen mit einem guten Buch.
- ✔ Nutzen Sie Atemübungen oder Meditationen.

Sowohl für Intro- als auch als Extrovertierte verstärken sich die Tendenzen oft, wenn sie gerade eine stressige Phase haben. Eine introvertierte Person benötigt noch mehr Zeit für sich selbst, wenn sie gerade eine stressige Phase durchmacht, und eine extrovertierte Person benötigt noch mehr soziale Kontakte. Wenn Sie sich gerade in einer stressigen Phase befinden, dann achten Sie noch mal besonders darauf, dass Sie Ihre jeweiligen Tendenzen als intro- oder extrovertierter Mensch erfüllen.

Ein Wort an die Introvertierten: Stehen Sie für sich selbst ein und lassen Sie sich bitte kein schlechtes Gewissen einreden. Die Welt wird oft von den Extrovertierten dominiert und viele Dinge in unserem Alltag, besonders in vielen Jobs, sind für Introvertierte nicht ideal. Nur weil Ihnen das vielleicht signalisiert wird, sind Sie nicht falsch. Im Gegenteil. Fünfzig Prozent aller Menschen fallen eher in die Kategorie der Introvertierten. Nur hat die Introversion eben an sich, dass Introvertierte sich zurückziehen und wir sie gar nicht so sehr mitbekommen. Als selbst sehr introvertierte Person, habe ich oft genug erlebt, dass viele Extrovertierte nicht unbedingt Verständnis für das Bedürfnis von Introvertierten haben beziehungsweise das Verlangen nach Ruhe und alleine zu sein, nicht nachvollziehen können. Dass man eben nicht Lust auf die große Party hat. Oder keine Energie mehr nach der Arbeit, noch etwas trinken zu gehen. Oder Überraschungsbesuche überhaupt gar keine gute Idee sind – man muss sich schließlich mental auf das Unter-Menschen-Sein vorbereiten können. Lassen Sie sich kein schlechtes Gewissen einreden, wenn Sie mal nicht bereit sind für eine Verabredung oder ein Treffen. Sie sind völlig normal und Ihre Bedürfnisse absolut valide!

Notfalltipps für den Arbeitsalltag

Egal wie sehr Sie auf Ihre Energie achten, es wird immer mal wieder Tage geben, in denen Sie einfach nicht genug Energie für Ihre Aufgaben haben, oder Tage, an denen Ihre To-do-Liste sehr lang ist oder Ihr Tag einfach sehr stressig. Für genau diese Tage finden Sie im Folgenden einige Notfalltipps, die Sie anwenden können, um Stress abzubauen und Ihre Energie aufzuladen.

Bewegung: Stress ab- und Energie aufbauen

Bewegung ist die beste Art und Weise, um Stress abzubauen. Unsere biologische Stressreaktion ist ursprünglich dafür designt, um einen Angreifer abzuwehren oder vor dem Angreifer so schnell wie möglich wegzulaufen. Aus diesem Grund heißt die Stressreaktion auch Kampf-oder-Flucht-Reaktion. Auch wenn es Ihnen relativ wenig bringt vor Ihrer Steuererklärung wegzurennen oder zu versuchen Sie zu bekämpfen, hat sich jedoch die körperliche Reaktion über die letzten Jahrhunderte nicht weiterentwickelt. Ihr Körper stellt Ihnen besonders viel Energie bereit, sodass Sie wegrennen oder kämpfen könnten, selbst dann, wenn Sie nur Ihre Steuerbelege sortieren.

Wenn Sie nun aber nur vor Ihrem Computer sitzen und an Ihrer Steuererklärung arbeiten, werden die Stresshormone, die Ihnen ganz viel Energie geben, nicht aufgebraucht. Sie bewegen sich schließlich vor Ihrem Computer nicht so viel, wie Sie sich beim Wegrennen oder bei einem Kampf bewegen würden. Details zu den Vorgängen in Ihrem Körper bei Stress, finden Sie – wenn Sie es noch nicht gelesen haben – in Kapitel 1.

Um Ihre Stresshormone abzubauen, müssen Sie also genau das machen: sich bewegen! Wenn Sie sich bewegen, werden nicht nur die Stresshormone wieder in Einklang gebracht, sondern Bewegung hat noch mehr Vorteile:

✔ **Bewegung hilft gegen Muskelverspannungen**

Besonders wenn Sie den ganzen Tag am Schreibtisch verbringen, ist Bewegung eine gute Methode, um Muskelverspannungen vorzubeugen oder sie wieder loszuwerden. Oft merken Sie vielleicht gar nicht, dass Sie total verkrampft vor dem Computer sitzen, zum Beispiel Ihre Schultern konstant hochziehen.

✔ **Bewegung steigert die Stimmung**

Bei Bewegungen werden Endorphine freigesetzt, die sogenannten »Glückshormone«. Endorphine können Ihre Stimmung steigern. Außerdem werden bei Bewegung Ihre Stresshormone wieder in Balance gebracht und reduziert.

- ✔ **Bewegung fördert die mentale Leistungsfähigkeit**
  Bewegung fördert die Durchblutung und erhöht damit auch die Sauerstoffzufuhr zum Gehirn. Sie können also nach etwas Bewegung besser denken und Ihre geistige Leistungsfähigkeit steigt wieder. Häufig kommt bei körperlicher Bewegung auch im Kopf etwas in Bewegung.

Bei Bewegung geht es nicht darum, dass Sie einen bestimmten Sport oder überhaupt Sport machen müssen. Suchen Sie sich etwas, was Ihnen Spaß macht oder was sich besonders leicht im Alltag einbauen lässt. Natürlich können Sie auch auf »echten« Sport zurückgreifen, aber hier folgen ein paar weitere Ideen:

- ✔ Nutzen Sie Stehschreibtische.
- ✔ Halten Sie Besprechungen bei einem Spaziergang ab. Telefonieren funktioniert auch wunderbar, wenn Sie spazieren gehen. Brainstorming geht hier besonders gut.
- ✔ Fahren Sie mit dem Fahrrad zur Arbeit oder gehen zu Fuß.
- ✔ Steigen Sie eine Haltestelle Ihres Arbeitsweges früher aus und laufen den Rest.
- ✔ Laufen Sie ein paar Mal Treppen rauf und runter.
- ✔ Machen Sie eine kurze Tanzpause mit lauter Musik
- ✔ Nutzen Sie ein Laufband mit einem Stehschreibtisch.

Atemtechniken: mal kurz Energie tanken

Atemtechniken sind simple Methoden, um kurz während der Arbeitszeit die Energie wieder aufzubauen. Im Folgenden finden Sie mehrere Techniken. Probieren Sie gerne einfach verschiedene aus und schauen, was für Sie am besten funktioniert. Wenn Sie ein oder zwei Techniken gefunden haben, die Ihnen gefallen und guttun, dann merken Sie sich diese, um im Notfall darauf zurückgreifen zu können.

1. **4-7-8-Atmung**
   - Atmen Sie durch die Nase ein und zählen Sie bis 4.
   - Halten Sie Ihren Atem an and zählen Sie bis 7.
   - Atmen Sie durch den Mund aus und zählen bis 8.
   - Wiederholen Sie diesen Ablauf einige Male nacheinander.
2. **Bauchatmung**
   - Legen Sie Ihre Hand auf Ihren Bauch und atmen Sie tief ein und gegen die Hand auf Ihrem Bauch.
   - Atmen Sie durch den Mund wieder aus.
   - Wiederholen Sie diesen Ablauf einige Male.

3. **Wechselatmung**

    - Halten Sie Ihr rechtes Nasenloch mit Ihrem Daumen zu und atmen Sie durch das linke Nasenloch ein.
    - Halten Sie nun zusätzlich Ihr linkes Nasenloch mit Ihrem Ringfinger zu und halten Ihren Atem an.
    - Lösen Sie nun Ihren Daumen vom rechten Nasenloch und atmen aus.
    - Nun atmen Sie durch das rechte Nasenloch ein. Dies verschließen Sie dann wieder mit Ihrem Daumen und atmen durch das linke Nasenloch aus.
    - Diesen Ablauf wiederholen Sie einige Male.

4. **Physiologischer Seufzer**

    - Atmen Sie tief durch die Nase ein.
    - Halten Sie kurz Ihren Atem an.
    - Bevor Sie ausatmen, atmen Sie noch ein weiteres Mal kurz durch die Nase ein.
    - Atmen Sie durch den Mund wieder aus.
    - Wiederholen Sie diesen Ablauf einige Male.

Physiologischer Seufzer

Der physiologischer Seufzer, der hier beschrieben wurde, bezeichnet die doppelte Einatmung und das lange Ausatmen. Oft machen wir dies automatisch, zum Beispiel beim Einschlafen, um uns zu beruhigen. Besonders gut sieht man dies aber bei kleinen Kindern, die sich nach dem Weinen wieder beruhigen. Dieses typische Schluchzen, zweimal einatmen und wieder ausatmen, machen Kinder automatisch, um ihr System wieder zur Ruhe zu bringen. Diesen Effekt können Sie als Erwachsene auch super dafür nutzen, indem Sie diese Atmung ganz bewusst durchführen.

5. **Doppelatmung**

    - Atmen Sie kurz durch die Nase ein, halten ganz kurz und atmen dann nochmals tief durch die Nase ein.
    - Dann atmen Sie kurz durch den Mund aus, halten ganz kurz und atmen dann lange durch den Mund aus.
    - Wiederholen Sie diesen Ablauf einige Male.

Body-Scan: einmal durch den ganzen Körper

Body-Scan ist eine Form von Meditation, bei der Sie in einer geleiteten Meditation Stück für Stück durch alle Ihre Körperteile geleitet werden und in jedes Körperteil reinfühlen. Sie finden im Internet dazu sehr viele angeleitete Meditationen, die Sie ausprobieren können. Googlen Sie dazu einfach nach »Body-Scan-Meditation«. Auch die gängigen Meditations-Apps bieten oft eine Body-Scan-Meditation an. Die Länge der Meditation variiert oft zwischen fünf und 45 Minuten. Wenn Sie noch nie meditiert haben, fangen Sie lieber mit einer kürzeren Meditation an und steigern sich dann langsam auf längere Meditationen.

Die Body-Scan-Meditation ist besonders gut für Sie, wenn Sie viel Zeit vor Ihrem Schreibtisch verbringen. Viele Menschen verlieren über den Tag oft die gefühlte Verbindung zu Ihrem Körper und merken zum Beispiel gar nicht, dass Sie den ganzen Tag in einer sonderbaren Haltung gesessen haben, oder, dass Sie Verspannungen haben. Der Body-Scan soll diese Verbindung wieder herstellen und gleichzeitig ist es eine sehr leicht durchzuführende Meditation für Anfänger.

Der Body-Scan kann auf unterschiedliche Menschen eine unterschiedliche Wirkung haben:

- **Er kann Sie wach machen und Ihnen Energie spenden.**

  Bei sehr vielen Menschen sorgt die Body-Scan-Meditation dafür, dass Sie wieder Energie aufbauen, körperlich entspannt und mental wacher werden. Wenn Sie zu diesen Menschen gehören, dann können Sie die Meditation perfekt nutzen, wenn Sie beispielsweise nach Feierabend erschöpft sind und wieder etwas Energie aufbauen wollen. Ebenso nützlich ist eine kurze Fünf-Minuten-Meditation während des Arbeitstages.

- **Er kann entspannend auf Sie wirken und Sie müde machen.**

  Bei anderen Menschen sorgt die Meditation eher dafür, dass Sie sich zwar ebenfalls entspannen, aber dadurch müde werden. Am besten testen Sie diese Meditation einmal in Ruhe für sich, bevor Sie sie im Zweifel während der Arbeitszeit anwenden. Sollten Sie zu den Menschen gehören, die durch den Body-Scan eher müde werden, dann könnten Sie die Meditation super nutzen, wenn Sie Probleme haben einzuschlafen.

Eine Kurzform des Body-Scans, die Sie sehr leicht während des Arbeitstages ausführen können, ist der 1-Minuten-Körpercheck. Dabei fühlen Sie einmal in Ihren Körper und schauen, ob Sie irgendwo etwas anspannen. Oft merken wir zum Beispiel gar nicht, dass wir die Stirn runzeln, die Schultern hochziehen oder den Kiefer anspannen. Gehen Sie kurz Stück für Stück durch Ihren Körper und prüfen Sie, ob Sie irgendwo etwas entspannen müssen. Dort lassen Sie dann bewusst locker. Das wiederholen Sie regelmäßig über Ihren Arbeitstag hinweg. Sie können sich zum Beispiel eine regelmäßige Erinnerung im Handy stellen oder kleben sich einen Post-it® an Ihren Bildschirm mit einer Erinnerung.

Gesunder Lebensstil

Ganz wichtig für eine gesunde Produktivität ist ein grundsätzlich gesunder Lebensstil. Wenn Sie den ganzen Tag nur am Schreibtisch sitzen, sich kaum bewegen und Ihre Ernährung aus Tiefkühlpizza und Energiedrinks besteht, werden Sie wahrscheinlich nicht besonders viel Energie haben. Zumindest nicht auf Dauer.

Daher hier noch der Hinweis, dass natürlich, zusätzlich zu genug Schlaf und Bewegung, eine gesunde Ernährung wichtig ist. Eine Ernährung, die aus frischen, ausgewogenen Lebensmitteln besteht.

Auch ein Vitaminmangel kann zu einer Reduzierung von Energie führen. Besonders Vitamin B12 oder Vitamin D – was in Deutschland ein relativ oft vorkommender Mangel ist. Nehmen Sie bitte nicht auf gut Glück irgendwelche Vitaminpräparate ein, sondern lassen Sie regelmäßig durch ein Blutbild untersuchen, ob Mängel vorliegen.

Grundsätzlich sollten Sie sich einfach wie eine Zimmerpflanze behandeln. Wenn eine Ihrer Zimmerpflanzen ihren Kopf hängen lässt, dann werden Sie sich wahrscheinlich fragen, ob die Pflanze genug Licht und Wasser bekommen hat. Genau das sollten Sie auch bei sich selbst tun.

- ✔ Haben Sie genug getrunken?
- ✔ Haben Sie sich genug bewegt?
- ✔ Haben Sie genug gegessen?
- ✔ Waren Sie genug an der frischen Luft?
- ✔ Hatten Sie genug Tageslicht?
- ✔ Haben Sie genug Zeit mit lieben Menschen verbracht?
- ✔ Hatten Sie genug Zeit für sich?
- ✔ Haben Sie genug Pausen gemacht?

IN DIESEM KAPITEL

Was Motivation wirklich ist

Prokrastination und ihre Gründe

Prokrastination überwinden

Einfach anfangen

Kapitel 5
Motivation und Prokrastination

Motivation und Prokrastination – die Dinge erledigen oder die Dinge aufschieben. Dieses Kapitel beschäftigt sich mit Motivation, dem inneren Antrieb, der uns dazu bewegt Dinge zu erledigen und an Zielen zu arbeiten, und Prokrastination, wenn die Motivation versagt und wir die Dinge lieber aufschieben.

Wenn Sie wissen, was Motivation wirklich ist, welche Formen von Motivation es gibt und wie Sie entsteht, können Sie leichter verstehen, warum Sie manchmal Schwierigkeiten haben Dinge zu erledigen oder an Zielen zu arbeiten und warum es Ihnen in manchen Situationen wiederrum gar nicht schwerfällt.

Gleiches gilt für Prokrastination. Wenn Sie verstehen, warum Sie bestimmte Aufgaben immer wieder aufschieben, können Sie leichter daran arbeiten Ihrer Prokrastination ein Ende zu setzen und sich endlich auch an die unliebsamen Aufgaben setzen, die nun mal zum Leben dazu gehören. In diesem Kapitel finden Sie viele praktische Tipps, die Ihnen helfen werden, endlich in die Umsetzung zu kommen.

Motivation, Motive und Volition

Um zu verstehen, wie Motivation funktioniert, müssen Sie zunächst den Unterschied zwischen Motivation, Motiven und Handlungen verstehen.

- ✔ **Motive**

  Motive sind die Gründe für Ihre Handlungen. Die Bedürfnisse oder die Beweggründe, die Ihr Verhalten beeinflussen. Sie erklären, *warum* eine Person eine bestimmte Handlung ausführt. Motive sind meist sehr stabil und wirken langfristig. Beispiele für Motive wären das Bedürfnis nach Sicherheit, Anerkennung oder Leistung. Hier gibt es unterschiedliche Modelle, die die Grundbedürfnisse von Menschen beschreiben. Abgesehen von menschlichen Grundbedürfnissen, wie Hunger oder Durst, wird oft davon ausgegangen, dass Menschen ein Leistungsbedürfnis, Zugehörigkeitsbedürfnis oder Machtbedürfnis haben. Dies sind nicht die einzigen Bedürfnisse, aber die am meisten erforschten. Wie stark diese Bedürfnisse jeweils ausgeprägt sind, ist bei allen Menschen unterschiedlich.

✔ **Motivation**

Motivation resultiert aus Ihren Motiven und beschreibt Ihre *Handlungsbereitschaft.* Die Motivation erklärt zum Beispiel, warum Sie eine bestimmte Einsatzbereitschaft zeigen oder warum Sie bestimmte Handlungen über einen bestimmten Zeitraum durchführen. Motivation ist eine sehr instabile Eigenschaft und kann dementsprechend stark schwanken.

✔ **Volition**

Volition ist dann das Endresultat und die *Umsetzung der Handlungsbereitschaft* in tatsächliche Handlungen. Ihre Motive haben zu Motivation geführt, also zur Bereitschaft zu handeln, und diese Bereitschaft wurde in eine wirkliche Handlung umgesetzt.

So sieht es dann in der Praxis aus: Angenommen Sie trainieren für einen Marathon, dann erklären Ihre Motive, **warum** Sie ausgerechnet für einen Marathon trainieren. In diesem Fall könnte es zum Beispiel ein Leistungsmotiv sein. Motivation wiederrum erklärt, **dass** Sie tatsächlich trainieren und auch wie hart und wie viel. Volition ist dann die tatsächliche Umsetzung, dass Sie sich wirklich morgens aus dem Bett quälen und anfangen zu laufen.

Warum ist dies wichtig zu verstehen? Weil in allen drei Bereichen »Fehler« passieren können, die dafür sorgen, dass am Ende keine Handlung stattfindet.

✔ **Motive**

Wenn Sie eine Aufgabe erledigen müssen, die nicht Ihren Motiven entspricht, dann wird es wahrscheinlich schwierig für Sie Motivation aufzubauen und Handlungen durchzuführen. Wenn Sie zum Beispiel ein hohes Leistungsmotiv haben, aber jeden Tag für Sie langweilige und banale Aufgaben erledigen müssen, ist es kein Wunder, dass es Sie viel Aufwand, Energie und Stress kostet, diese abzuarbeiten.

✔ **Motivation**

Auch wenn Ihre Motive zu Ihren Aufgaben passen, gibt es Gründe, warum Ihre Motivation niedrig ist. Diese können vielfältig sein. Emotionale Faktoren, wie Stress oder Angst können Motivation beeinflussen. Aber auch mangelnde Selbstwirksamkeit – das Gefühl, der Aufgabe nicht gewachsen zu sein, sowie Überforderung und fehlende Klarheit. Wenn Sie sich nicht zutrauen eine Aufgabe zu erledigen oder ein Ziel zu erreichen, dann wird Ihnen, auch wenn passende Motive vorhanden sind, die Motivation fehlen. Wenn Sie zum Beispiel überzeugt sind, dass der Aufwand für einen Marathon zu trainieren viel zu groß ist, dann werden Sie nicht trainieren.

✔ **Volition**

Bei der tatsächlichen Umsetzung von Handlungen kann es daran scheitern, dass Ressourcen nicht vorhanden oder die Ziele unerreichbar hoch gesteckt sind. Fehlende

Ressourcen könnten zum Beispiel fehlende Zeit oder auch fehlendes Wissen sein. Wenn Sie für einen Marathon trainieren wollen und gleichzeitig kleine Kinder versorgen müssen und niemanden haben, der in der Trainingszeit auf Ihre Kinder aufpasst, dann können Sie noch so motiviert sein – die Volition wird schwierig.

Finden Sie heraus, woran die Umsetzung oder Zielerreichung scheitert

Da Sie nun den Unterschied zwischen Motiv, Motivation und Volition kennen, können Sie dieses Wissen nutzen, um zu überprüfen, wo fehlende Motivation, fehlende Motive oder fehlende Ressourcen (Volition) die Ursachen dafür sind, dass die Umsetzung oder das Erreichen von Zielen nicht gelingt. Dies gilt auch für die Bereiche, zum Beispiel in Ihrem Job, in denen Sie Probleme bei der Umsetzung von Aufgaben haben oder unzufrieden sind.

- ✔ **Erfüllen diese Ziele oder Aufgaben wirklich Ihre Motive?**

  Fragen Sie sich, **warum** Sie dieses Ziel erreichen wollen.

- ✔ **Gibt es etwas, das Ihre Motivation reduziert?**

  Haben Sie vielleicht eigentlich den Gedanken, dass dieses Ziel für Sie unerreichbar ist? Fühlen Sie sich der Aufgabe eigentlich gar nicht gewachsen?

- ✔ **Haben Sie alle Ressourcen, die Sie benötigen?**

  Wissen Sie, was genau zu tun ist? Haben Sie genug Zeit? Haben Sie genug Unterstützung?

Um es nochmals am Beispiel des Marathontrainings zu verdeutlichen:

1. **Warum wollen Sie den Marathon laufen?** Gefällt Ihnen die Herausforderung? Geht es Ihnen um die Leistung? Wollen Sie sich etwas damit beweisen? Oder wollen Sie den Marathon nur laufen, weil einige Menschen aus Ihrem Umfeld trainieren und Sie das Gefühl haben, Sie müssten nun auch?
2. **Was könnte Ihre Motivation reduzieren?** Sind Sie bereit so viel Zeit zu opfern und zum Beispiel andere Hobbys zurückzuschrauben? Fühlen Sie sich von der Länge der Strecke bereits überfordert?
3. **Haben Sie alle Ressourcen?** Wissen Sie, wie Sie trainieren müssen? Haben Sie die entsprechende Ausrüstung? Haben Sie Unterstützung, zum Beispiel einen Partner, der sich während der Trainingszeit um die Kinder kümmert?

Zusammengefasst: Motive allein reichen nicht unbedingt aus, um zu einem Verhalten zu führen, denn ohne Motivation führen Motive nicht unbedingt zu einem Verhalten.

Allerdings bedeutet auch Motivation nicht unbedingt, dass eine Handlung stattfindet.

- ✔ Wenn Ihnen das passende Motiv fehlt, werden Sie nicht anfangen für einen Marathon zu trainieren.
- ✔ Wenn Ihnen die Motivation fehlt, weil Sie von der riesigen Aufgabe des Marathontrainings überfordert sind, werden Sie nicht anfangen für einen Marathon zu trainieren.
- ✔ Wenn Ihnen die Ressourcen fehlen, weil Sie zum Beispiel ein kaputtes Knie haben, werden Sie ebenfalls nicht für einen Marathon trainieren.

Intrinsische versus extrinsische Motivation

Zwei weitere Konzepte, die Sie kennen sollten, sind die intrinsische und die extrinsische Motivation. Dies sind zwei verschiedene Arten von Motivation, die sich in ihren Quellen, den Motiven, und dementsprechend auch in ihren Auswirkungen unterscheiden.

Extrinsische Motivation

Die extrinsische Motivation entsteht aus äußeren Antreibern, Anreizen oder Belohnungen. Die Gründe, warum Sie etwas tun, liegen im Äußeren. Zum Beispiel darin, eine externe Belohnung zu erhalten, wie zum Bespiel Geld oder Anerkennung von anderen Menschen.

Wenn Sie Ihren Job nur machen, weil Ihre Gehaltszahlung Sie motiviert, dann sprechen wir von *extrinsischer Motivation*.

Wenn Sie den Marathon laufen, weil Sie auf die Anerkennung von anderen hoffen, dann wäre auch dies extrinsische Motivation.

Es gibt eine Reihe von Problemen bei extrinsischer Motivation:

- ✔ **Sie ist sehr von der Verfügbarkeit der äußeren Anreize abhängig.**

  Sobald diese äußeren Reize wegfallen, ist das demotivierend.

- ✔ **Extrinsische Motivation nutzt sich schnell ab.**

  An äußere Anreize gewöhnen Sie sich schnell. Wenn Sie zum Beispiel eine jährliche Bonuszahlung bekommen, ist dies vielleicht im ersten Jahr noch motivierend. Sobald Sie allerdings anfangen, diese Bonuszahlung zu erwarten, wird der Bonus Ihre Motivation nicht mehr erhöhen. Sollte der Bonus aber aus irgendeinem Grund wegfallen, wird Sie das demotivieren.

- **Extrinsische Motivation kann intrinsische Motivation kaputt machen.**

  Wenn Sie etwas aus intrinsischer Motivation machen und dann eine Belohnung dafür bekommen, kann das dazu führen, dass die intrinsische Motivation durch extrinsische Motivation ersetzt wird. Extrinsische Motivation ist nicht so effektiv und langfristig wie intrinsische Motivation, sodass Belohnungen auch dazu führen können, dass sich Ihre Motivation verändert. Das muss natürlich nicht unbedingt so sein und grundsätzlich können Belohnungen eine gute Methode sein, um Motivation zu steigern – auch wenn Sie sich selbst belohnen. Dies gilt aber besonders für Dinge, die Sie erledigen müssen und nicht bei Dingen, die Sie gerne erledigen wollen.

Extrinsische Motivation kann für kurzfristiges Verhalten sehr effektiv sein, aber auf lange Sicht gesehen, führt sie oft nicht zu hoher, anhaltender Motivation oder Zufriedenheit.

Intrinsische Motivation

Die intrinsische Motivation entsteht aus inneren Antreibern, Freude oder Interesse. Wenn Sie intrinsisch motiviert sind, handeln Sie, weil es Ihnen Spaß macht, Freude bereitet, Sie Interesse an der Aufgabe haben oder auch weil Sie einen tieferen Sinn in der Aufgabe sehen oder eine Art von Erfüllung aus der Aufgabe ziehen. Die Motivation hat nichts mit äußeren Reizen zu tun, sondern kommt von Ihnen selbst, von innen.

Wenn Sie Ihren Job machen, weil er Ihnen Freude bereitet. Oder weil Sie einen tieferen Sinn in Ihren Aufgaben sehen, dann sprechen wir von intrinsischer Motivation.

Wenn Sie den Marathon laufen, weil Sie ehrgeizig sind und Spaß an der Herausforderung haben, dann wäre auch dies intrinsische Motivation.

Vorteile von intrinsischer Motivation sind:

- Sie führt oft dazu, dass Sie sich mehr engagieren.
- Sie hilft Ihnen, länger an Aufgaben dranzubleiben.
- Sie empfinden weniger Stress bei der Durchführung der Aufgaben.
- Ihre Leistung ist oft besser.
- Das Erledigen der Aufgabe stellt Sie mehr zufrieden.
- Sie empfinden die Aufgabe selbst als belohnend.
- Sie bleiben eher langfristig motiviert.

Im Idealfall handeln Sie mehr aus der intrinsischen Motivation heraus als aus der extrinsischen. Das geht natürlich nicht in allen Lebensbereichen, aber Sie können aktiv daran arbeiten, dass Sie mehr Aufgaben und Aktivitäten, die Sie intrinsisch motivieren, in Ihr Leben integrieren.

Wie extrinsische Motivation intrinsische Motivation kaputt machen kann

Zu diesem Thema gibt es eine spannende Studie mit Kindern. Hierfür untersuchte man kleine Kinder, die gerne malten. Diese Kinder hatten Spaß am Malen, einfach aus der Freude der Sache heraus. Sie waren also sehr stark intrinsisch motiviert.

In dieser Studie hat man dann angefangen, den Kindern Belohnungen für ihre gemalten Bilder zu geben. Zum Beispiel goldene Sternsticker – typische Belohnungen in vielen Grundschulen.

Was wurde nun in der Studie gefunden? Die Kinder, die Belohnungen für ihr Verhalten bekommen haben, malten mit der Zeit immer weniger. Anders die Kinder, die keine Belohnung erhielten, diese haben munter weitergemalt.

Die Vermutung für dieses Verhalten ist, dass die Kinder durch die Belohnungen eine extrinsische Motivation erhalten haben, die die intrinsische Motivation ersetzt hat. Da extrinsische Motivation weniger nachhaltig ist als intrinsische Motivation, führte dies zur Verhaltensreduktion – konkret, dass die Kinder weniger malten.

Intrinsisch oder extrinsisch, das ist hier die Frage

Überlegen Sie einmal, bei welchen Aufgaben Sie Schwierigkeiten hatten diese umzusetzen oder bei welchen Zielen Sie Schwierigkeiten hatten am Ball zu bleiben. Was meinen Sie, waren Sie intrinsisch oder extrinsisch motiviert?

Um herauszufinden, wann Ihre intrinsische Motivation aktiv ist, können Sie sich folgende Fragen stellen:

1. Bei welchen Aufgaben oder Aktivitäten vergessen Sie die Zeit um sich herum?
2. Nach welchen Aufgaben oder Aktivitäten fühlen Sie sich hinterher zufrieden und stolz?
3. Wann waren Sie das letzte Mal bei einer Aufgabe wirklich begeistert? Was genau hat dieses Gefühl ausgelöst?
4. In welchen Bereichen Ihres Lebens oder Ihres Jobs sind Sie am engagiertesten? Was unterscheidet diese Bereiche von anderen?

Steigerung von intrinsischer Motivation

Versuchen Sie einmal die folgenden Dinge:

✔ **Flow**

Planen Sie regelmäßig Zeit für Tätigkeiten ein, die Sie in einen Flowzustand versetzen. Ein Flowzustand ist ein Zustand, bei dem Sie komplett in der Aufgabe versinken und die Zeit vergessen. Wenn Sie stundenlang an einer Aufgabe sitzen und gar nicht merken, dass Sie schon seit langer Zeit nichts mehr gegessen haben oder eigentlich schon ewig ganz dringend mal auf die Toilette müssten: Das ist ein Flow-Zustand. Wenn Sie genug von diesem Zustand in Ihrem Leben haben, dann kann das Ihren Stress reduzieren und Ihre grundsätzliche Zufriedenheit steigern.

Falls Sie das Glück haben diesen Zustand bei Arbeitsaufgaben zu erleben, schauen Sie, ob Sie mehr von diesen Aufgaben in Ihren Arbeitsalltag integrieren können. Wenn Sie dieses Gefühl nur von Hobbys (Basteln, Lesen, Puzzeln, Stricken …) kennen, dann schauen Sie, ob Sie mehr Zeit für dieses Hobbys einbauen können.

✔ **Lernen Sie etwas Neues**

Wählen Sie ein Thema, das Sie wirklich interessiert, und fangen Sie an zu lernen. Dabei sollten Sie sich keine strengen Vorgaben machen, sondern einfach nur aus Spaß an der Sache lernen. Das kann ein neues Hobby sein – vielleicht ein neues Instrument? Das kann auch das Einlesen in ein bestimmtes Thema sein, das Sie besonders interessiert.

✔ **Tagebuch schreiben**

Schreiben Sie sich auf, wann immer Sie Spaß an Aufgaben hatten, und versuchen Sie herauszufinden, warum genau. Was hat die Aufgabe so erfüllend gemacht? Identifizieren Sie so Ihre Interessen, Werte und Stärken. Diese Erkenntnisse können Sie dann nutzen, um noch mehr Aufgaben, die diesen Interessen und Stärken entsprechen, in Ihr Leben zu integrieren.

Wie Motivation wirklich entsteht

Nachdem Sie nun wissen, was Motivation wirklich ist und welche Formen von Motivation es gibt, sage ich Ihnen jetzt, dass Motivation eigentlich nur ein Mythos ist. Gut, das ist natürlich überspitzt und eigentlich nicht wirklich wahr. Aber die Art und Weise, wie Motivation manchmal im Alltag verstanden wird, ist ein Mythos.

Viele Menschen denken Motivation entsteht aus dem »Nichts« heraus und überkommt sie irgendwann und dann werden sie endlich die Aufgaben auf ihrer To-do-Liste erledigen. So funktioniert Motivation aber nicht wirklich.

Seien Sie mal ehrlich: Wann sind Sie das letzte Mal voller Freude morgens aus dem Bett gesprungen und konnten es kaum erwarten, sich an die Arbeit zu machen?

Vielleicht passiert das ab und zu, aber den wenigstens Menschen geht das wirklich regelmäßig so. Zumindest nicht die ganze Zeit. Selbst dann, wenn Sie eigentlich sehr zufrieden in Ihrem Job sind und gerne Ihre Arbeit machen, kommt es an vielen Tagen mal vor, dass Sie einfach keine Lust haben.

Und das ist auch völlig normal. Nur weil Sie nicht jeden Tag voller Motivation Ihre Arbeit starten, heißt das nicht, dass Sie im falschen Job sind. Sondern eben einfach nur, dass Sie ein Mensch sind.

(Wenn Sie Ihren Job jeden Tag mit Bauchschmerzen starten, dann sind Sie wahrscheinlich eher im falschen Job.)

Bitte glauben Sie nicht,

- ✔ dass Motivation »einfach so« entsteht und Sie auf Motivation warten müssen, um mit Aufgaben oder Zielen anzufangen.
- ✔ dass Sie, nur weil Sie mal nicht motiviert sind zu arbeiten, im falschen Job stecken oder sich die falschen Ziele gesteckt haben.
- ✔ dass nur weil Sie mal keine Lust auf bestimmte Aufgaben haben, diese Aufgaben Ihnen grundsätzlich nicht liegen.

Motivation entsteht, wenn Sie anfangen und die ersten Schritte, die ersten Aufgaben oder Teilaufgaben erledigen. Denn diese ersten Schritte verbuchen Sie als Erfolg und das ist das, was Sie wirklich motiviert. Motivation entsteht also durchs Anfangen und nicht vorher.

Leider ist genau das oft das Problem. Denn viele Menschen glauben, wenn sie VOR einer Aufgabe nicht motiviert sind, dass sie im falschen Job sind, sich die falschen Ziele gesteckt haben oder eben erst anfangen können oder sogar sollten, wenn endlich die Motivation aus dem Nichts entsteht. Und genau das wird nicht funktionieren.

Gleichzeitig ist natürlich auch »einfach anfangen« genau die Schwierigkeit, wenn Motivation noch nicht vorhanden ist, und bedeutet, Sie brauchen Selbstdisziplin und etwas Überzeugungsarbeit sich selbst gegenüber um »einfach anzufangen«.

Statt auf Motivation zu warten, um endlich anzufangen, müssen Sie anfangen, um endlich motiviert zu werden!

Prokrastination

Prokrastination ist der Fachbegriff für Aufschieberitis. Prokrastination tritt immer dann auf, wenn Sie Aufgaben aufschieben, ohne dass Sie dafür einen guten Grund haben. Außer, dass Sie keine Lust auf die Aufgabe haben. Immer dann, wenn Sie den Gedanken haben »Ach, das mache ich lieber morgen!« Auch wenn Sie eigentlich gerade die Zeit dazu hätten, diese Aufgaben zu erledigen. Oder die Aufgabe vielleicht sogar recht dringend erledigt werden müsste, aber Ihre absolute Unlust auf die Aufgabe Sie davon abhält. Es ist keine Motivation und auch keine Selbstdisziplin vorhanden, diese Aufgabe zu erledigen.

Wichtig ist hier, dass es eben keinen »guten« Grund gibt, die Aufgaben aufzuschieben. Außer, dass Ihnen die Lust und Motivation fehlen, sich an diese Aufgabe zu setzen.

Prokrastination ist das freiwillige Verschieben einer Handlung auf einen späteren Zeitpunkt, ohne dass es einen ersichtlichen Grund für das Aufschieben gibt.

Nicht jedes Aufschieben ist auch automatisch Prokrastination:

- **Es gibt gute Gründe, die Aufgabe später zu erledigen.**

  Haben Sie einen guten Grund dafür, die Aufgabe auf einen späteren Zeitpunkt zu verschieben, dann handelt es sich nicht um Prokrastination. Wenn Sie zum Beispiel aufgrund von mangelnder Zeit eine Aufgabe auf den nächsten Tag verschieben, oder wenn Ihnen wichtige Informationen fehlen, um die Aufgabe fertigzustellen.

- **Höher priorisierte Dinge haben Vorrang.**

  Wenn andere Aufgaben im Moment in der Priorisierung höher sind und eine Aufgabe daher nach hinten rutscht, ist das ebenfalls keine Prokrastination.

Um Prokrastination handelt es sich immer dann,

- wenn Sie eine Aufgabe auf einen späteren Zeitpunkt schieben, ohne dass Sie dafür einen guten Grund haben.
- wenn Sie sich nicht dazu motivieren können, diese Aufgabe endlich anzugehen, obwohl Sie aktuell die Zeit dazu hätten und Sie wissen, dass diese Aufgabe so oder so irgendwann erledigt werden muss.
- wenn das Aufschieben völlig unnötig ist und Sie vielleicht wissen, dass Ihnen das Aufschieben sogar schadet, weil Sie zum Beispiel unter Zeitdruck geraten werden.

Sicherlich gibt es auch bei Ihnen die ein oder andere Aufgabe, die Sie immer wieder aufschieben. Die Steuererklärung, einen Zahnarzttermin machen oder endlich mal den Keller aufräumen. Prokrastination ist bis zu einem gewissen Grad absolut normal und kommt bei den meisten Menschen vor.

Bei der Prokrastination schieben Sie Aufgaben von sich weg, weil Sie den unangenehmen Emotionen, die durch diese Aufgabe ausgelöst werden, aus dem Weg gehen wollen.

So kann Prokrastination aussehen

Erkennen Sie sich wieder?

- ✔ Sie schieben Aufgaben bis zur letzten Minute auf.
- ✔ Sie haben Schwierigkeiten mit wichtigen Aufgaben anzufangen.
- ✔ Sie lassen sich leicht von unwichtigen Dingen ablenken.
- ✔ Sie sagen sich oft Dinge wie »Ich habe ja noch Zeit!«
- ✔ Sie fühlen sich überfordert, wenn Sie an Ihre To-do-Liste denken.
- ✔ Sie verbringen viel Zeit mit unwichtigen Aufgaben.
- ✔ Sie haben Schwierigkeiten Prioritäten zu setzen.
- ✔ Sie fühlen sich oft schuldig, weil Sie Dinge noch nicht erledigt haben.
- ✔ Sie brauchen oft Druck von außen, um mit Aufgaben anzufangen.
- ✔ Sie neigen dazu, einfache Aufgaben vorzuziehen und dann erst die schwierigen zu erledigen.
- ✔ Sie erfinden ständig Ausreden, um mit etwas nicht anzufangen.
- ✔ Sie warten auf den »perfekten« Moment, um mit einer Aufgabe zu beginnen.
- ✔ Sie unterschätzen oft die Zeit, die Sie für eine Aufgabe benötigen.
- ✔ Sie haben Angst vor Fehlern und zögern daher mit Aufgaben anzufangen.

Prokrastination als Schutz vor unangenehmen Gefühlen

Oft wird Prokrastination mit Faulheit gleichgesetzt. Es fehlt Ihnen einfach Selbstdisziplin! Sie haben Ihre Steuererklärung immer noch nicht eingereicht, obwohl Sie das ganze Wochenende dafür Zeit hatten? Da waren Sie aber ganz schön faul!

Dabei hat Prokrastination selten Faulheit als Ursache. Der eigentliche Grund, warum Sie prokrastinieren, ist das Vermeiden von unangenehmen Emotionen.

Wenn Sie mal darüber nachdenken, wie oft schieben Sie Aufgaben auf, die Ihnen Spaß machen und auf die Sie sich freuen? Passiert vermutlich selten. Stattdessen schieben Sie meistens die unangenehmen Aufgaben auf:

- ✔ **Aufgaben, die Ihnen keinen Spaß machen**

  Wenn Aufgaben Ihnen keinen Spaß machen, weil Sie sie unangenehmen finden, sind Sie eher geneigt diese aufzuschieben. Wer geht schon gerne zum Zahnarzt? Oder wer hat schon Spaß an der Steuererklärung? Manche Aufgaben sind einfach nervig.

- ✔ **Aufgaben, die unklar sind**

  Wenn Aufgaben unklar sind, sind Sie ebenfalls eher geneigt diese aufzuschieben. Wer kennt sich zum Beispiel gut mit Steuern aus? Wenn Aufgaben unklar sind, ist es wahrscheinlich, dass Sie prokrastinieren, weil Sie nicht genau wissen, was eigentlich zu tun ist oder wie Sie anfangen sollen.

- ✔ **Aufgaben, Ihnen Angst machen**

  Wenn Aufgaben Ihnen Angst machen, sind Sie eher geneigt diese aufzuschieben. Wenn Ihnen zum Beispiel die entsprechenden Kompetenzen fehlen, egal ob Ihnen wirklich die Kompetenzen und Fähigkeiten fehlen, oder ob Sie das einfach nur von sich glauben. Hierzu gehören auch Herausforderungen, die Sie sich zwar grundsätzlich zutrauen, vor denen Sie aber trotzdem aufgeregt oder nervös sind. Wenn Sie zum Beispiel wissen, dass Sie gute Präsentationen halten können, aber nun zum ersten Mal vor über 100 Leuten sprechen müssen, dann kann es sein, dass Sie die Vorbereitung für die Präsentation aufschieben.

- ✔ **Aufgaben, die zu riesig sind**

  Wenn der Umfang der Aufgabe einfach riesig ist, kann es passieren, dass Sie diese aufschieben. Ähnlich wie bei unklaren Aufgaben, wissen Sie vielleicht gar nicht, wo Sie überhaupt anfangen sollen, und das führt zu Überforderung, auch wenn Sie in der Theorie zumindest wissen, was zu tun ist. Ein Buch schreiben zum Beispiel. In der Theorie ganz klar – aber durchaus eine riesige Aufgabe. Hierbei muss es sich aber nicht unbedingt um eine einzige Aufgabe handeln, sondern auch die generell sehr lange To-do-Liste, bestehend aus vielen kleineren Aufgaben, kann zu diesem Effekt führen.

Wissen Sie, welche Aufgaben Sie typischerweise aufschieben? Beobachten Sie sich über den Verlauf von ein bis zwei Wochen und schreiben Sie sich auf, welche Aufgaben Sie aufschieben. Eventuell zeichnet sich dann ein Muster ab und Sie können erkennen, welche Aufgaben Sie typischerweise aufschieben. Diese Erkenntnis ist der erste Schritt zur Veränderung!

Im Grund lösen aber alle diese Aufgaben bei Ihnen eins aus: unangenehme Emotionen. Unsicherheiten, Stress und Überforderung. Dies fühlt sich nicht besonders gut an und Ihr erster Impuls wird sein, dass Sie diese unangenehmen Emotionen loswerden wollen. Indem Sie den Auslöser dieser Emotionen, die unliebsame Aufgabe, von sich wegschieben, versuchen Sie genau das zu erreichen.

Stellen Sie sich einmal vor, Ihnen wurde in Ihrem Job eine neue Aufgabe übertragen. Sie haben so etwas noch nie gemacht und sind sich unsicher, ob Sie dieser Aufgabe gewachsen sind. Wenn Sie jetzt mit der Aufgabe anfangen würden, könnte es ja passieren, dass Sie tatsächlich feststellen, dieser Aufgabe nicht gewachsen zu sein. Dass Ihnen die passende Kompetenz und Erfahrung fehlen. Oder dass die Aufgabe schwierig und unangenehm wird. Solange Sie diese Aufgabe nicht angefangen haben, können Sie noch entspannt in dem Glauben leben, dass Sie die Aufgabe schon irgendwie schaffen werden. Zumindest können Sie sich das einreden und müssen eventuell noch nicht feststellen, dass Sie der Aufgabe nicht gewachsen sind.

Wenn Sie die Aufgabe auf morgen oder nächste Woche verschieben, müssen Sie die drohenden unangenehmen Emotionen, ausgelöst durch diese Aufgabe, noch nicht spüren. Stattdessen spüren Sie erst mal Erleichterung. Heute haben Sie noch Ruhe und diese unliebsame Aufgabe ist das Problem Ihres Zukunfts-Ich. Das Aufschieben löst bei Ihnen also eine positive Emotion, Erleichterung, aus.

Das bedeutet, Sie lernen, dass sich Aufschieben im ersten Moment gut anfühlt. Und wie das nun mal so ist, was sich für Sie gut anfühlt, wiederholen Sie. Sie lernen, dass Prokrastination sich gut anfühlt, also werden Sie es wiederholen. Wenn Sie dann Pech haben und Ihre Prokrastination oft genug wiederholt haben, dann hat sich das bei Ihnen so sehr eingebrannt, dass Prokrastination schließlich zu einer Gewohnheit geworden ist.

Übrigens: Menschen, die generell die Tendenz haben, mehr negative Emotionen zu fühlen, haben auch die Tendenz zu mehr Prokrastination.

Self-Handicapping

Self-Handicapping beschreibt den Effekt, sich selbst zu manipulieren, um den eigenen Selbstwert zu schützen. Bestimmt kennen Sie noch aus der Schule oder Universität die Menschen, die nach jeder Klausur erzählten, wie schlecht die Klausur lief und wie wenig sie gelernt hätten, nur um am Ende doch eine Topnote geschrieben zu haben.

Das kann eine Form von Self-Handicapping sein – selbstbeeinträchtigendes Verhalten. Diese Menschen erzählen vorher, wie wenig sie gelernt haben, damit sie, sollten sie tatsächlich eine schlechte Note bekommen, ihr Versagen, auf das wenige Lernen zurückführen können. Hätten sie die Zeit gehabt zu lernen, hätten sie natürlich eine gute Note geschrieben. Damit schützen sie ihren Selbstwert. Denn ihr Versagen hatte dann nichts mehr mit ihren eigenen Fähigkeiten zu tun, sondern lag an den Umständen. Self-Handicapping bedeutet in diesem Fall, dass sie ihren Selbstwert nach außen, anderen Menschen gegenüber, schützen. Da sie ja einen Grund genannt haben, warum sie die Klausur nicht bestanden haben – das wenige Lernen – wissen die anderen nun, dass es nicht an ihren Fähigkeiten lag. Sie schützen sich damit vor Verurteilung.

Self-Handicapping kann aber auch bedeuten, dass Sie – um bei dem Beispiel der Klausur zu bleiben – tatsächlich nicht lernen. Genau aus dem Grund, dass Sie sich dann im Falle des Versagens einreden können, dass Sie nicht versagt hätten, wenn Sie sich genug vorbereitet hätten. Dann hätte nämlich die schlechte Note nichts mit Ihren Fähigkeiten zu tun, sondern einfach nur mit der fehlenden Vorbereitung. Dies ist auch eine Form von Prokrastination. In diesem Fall versuchen Sie Ihren Selbstwert sich selbst gegenüber zu schützen. Denn damit lag Ihr Versagen ja nicht an Ihren fehlenden Kompetenzen, sondern nur an der fehlenden Vorbereitung.

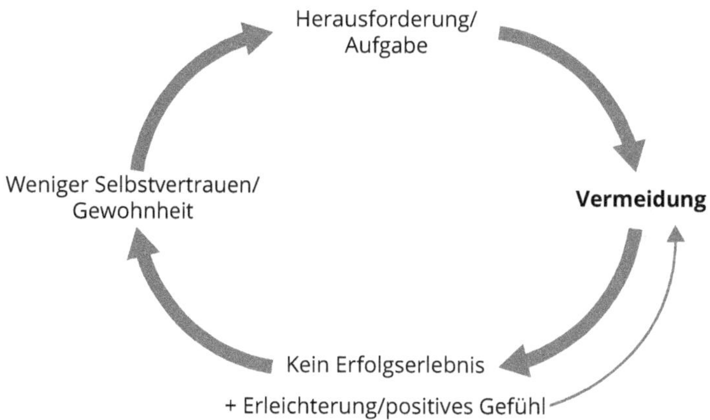

Abbildung 5.1: Der Prokrastinations-Kreislauf

Morgen sind Sie nicht motivierter

Kennen Sie auch diesen Gedanken, dass Sie zwar heute Ihre Aufgaben nicht so wie geplant geschafft haben – Sie haben zu viel aufgeschoben und rumgetrödelt – aber morgen! Morgen ist ein neuer Tag. Morgen werden Sie ganz diszipliniert an Ihren Aufgaben arbeiten und wirklich etwas schaffen. Auch die nervigen Aufgaben, die Sie schon so lange aufschieben. Sie stellen Sich dann vor, wie Sie morgen früh starten werden und ohne Ablenkung mit ganz viel Energie Ihre Aufgaben abarbeiten und dann zufrieden und erfüllt in den Feierabend gehen. Morgen werden Sie endlich die Energie haben, um diese nervigen Aufgaben mal anzugehen. Nicht nur werden Sie diese nervigen Aufgaben endlich erledigen, sondern auch all Ihre neuen guten Gewohnheiten werden endlich umgesetzt!

Heute haben Sie natürlich nicht so viel geschafft – Sie waren ja auch müde, das Wetter war schlecht und Ihre Kollegen haben Sie ständig unterbrochen. Die Umstände waren nun mal nicht ideal. Aber morgen! Morgen sieht es dann schon ganz anders aus!

Sehr wahrscheinlich wird Ihr nächster Tag aber auch nicht anders aussehen. Wir Menschen haben die Tendenz, unsere Motivation und unsere Energie für den nächsten Tag zu überschätzen. Sehr wahrscheinlich wird auch morgen wieder etwas passieren, das dafür sorgt, dass Ihnen Energie oder Motivation fehlen, um Ihre Aufgaben abzuarbeiten. Dies hat zwei Gründe.

1. **Emotionen**

   Sie haben diese Einschätzung wahrscheinlich in dem Moment gemacht, in dem Sie gerade Ihre Aufgabe auf den nächsten Tag verschoben haben. In diesem Augenblick spüren Sie Erleichterung, also eine positive Emotion. Um unsere Zukunft einzuschätzen, nutzen wir unseren aktuellen emotionalen Zustand. Da Sie sich in einem positiven emotionalen Zustand befinden, werden Sie auch Ihren zukünftigen emotionalen Zustand als positiv einschätzen. Sie überschätzen also Ihren morgigen Zustand und sehen ihn positiver, als er wahrscheinlich wird. Grundsätzlich sind wir Menschen sehr schlecht darin, unsere emotionalen Zustände für die Zukunft oder als Reaktion auf ein bestimmtes Ereignis vorauszusehen. Es kann passieren, dass Sie am nächsten Tag dann an Ihrer Aufgabe sitzen und schon die kleinste Hürde oder Herausforderung dafür sorgt, dass sie demotiviert werden. Sie sind dann nicht nur frustriert, weil die Aufgabe immer noch keinen Spaß macht, sondern auch weil Sie sich ja eigentlich vorgenommen hatten, diese Aufgabe endlich abzuarbeiten, und jetzt kommen Sie schon wieder nicht voran.

2. **Planungsfehlschluss**

   Wir Menschen sind grundsätzlich nicht besonders gut darin zu beurteilen, wie viel wir in einem bestimmten Zeitraum schaffen. Weil viele Variablen mit reinspielen, ob wir eine Aufgabe in einer bestimmten Zeit schaffen, verschätzen wir uns häufig. Wenn Sie sich für den Tag eine lange Liste mit Aufgaben vorgenommen haben und dann schnell merken, dass diese Liste überhaupt nicht realistisch ist und nicht umsetzbar sein wird, dann ist das demotivierend.

Der *Planungsfehlschluss (Planning Fallacy)* ist die Tendenz von Menschen zu unterschätzen, wie viel Zeit sie für eine Aufgabe benötigen. Dies zeigt sich im Kleinen im Arbeitsalltag, aber auch in größeren Projekten. Beispiele sind die Hamburger Elbphilharmonie oder der Berliner Flughafen.

Behalten Sie den Planungsfehlschluss bei der Planung Ihrer Aufgaben immer im Hinterkopf und kalkulieren Sie lieber mehr als weniger Zeit ein. Halbieren Sie doch einfach mal Ihre To-do-Liste. Überlegen Sie sich, was Sie sich für den Tag vornehmen wollen, und dann streichen Sie die Hälfte weg und schieben es auf den nächsten Tag. Wenig ist so demotivierend wie eine lange To-do-Liste, die sich in dem vorgenommenen Zeitraum nicht abarbeiten lässt.

Die Kosten von Prokrastination

Prokrastination hat nur im ersten Moment einen positiven Effekt. Auf Dauer ist Prokrastination eher schädlich und kann zu mehreren negativen Konsequenzen führen. Eventuell haben Sie einige davon auch schon mal erlebt.

- **Zeitdruck**

  Die Hauptkonsequenz ist der Zeitdruck. Wenn Sie Ihre Aufgabe immer und immer wieder aufschieben, kommen Sie unwiderruflich irgendwann in Zeitnot. Dies führt zu Stress.

- **Geringere Leistung**

  Menschen, die prokrastinieren, zeigen oft eine geringere Leistung. Hauptsächlich, weil sie die Aufgaben so lange aufschieben, bis sie irgendwann unter starkem Zeitdruck arbeiten müssen, sodass sie mehr Fehler machen oder nicht mehr genug Zeit haben, um einen bestimmten Qualitätsstandard zu erreichen.

- **Gesundheitliche Probleme**

  Tatsächlich haben Menschen, die viel prokrastinieren, vermehrt gesundheitliche Probleme. Das kann mit erhöhtem Stress zusammenhängen, aber auch damit, dass sie Ihr Gesundheitsverhalten aufschieben. »Ich fange morgen mit dem Sport an!« Wenn Prokrastination dazu führt, dass wir zum Beispiel Vorsorgetermine beim Arzt aufschieben, kann sie in extremen Fällen sogar wirklich gefährlich für uns sein. Solange Sie nichts von einer potenziellen Diagnose wissen, können Sie diese noch ignorieren und müssen sich nicht mit den negativen Konsequenzen, auch emotional, auseinandersetzen.

- **Vernachlässigen von Zielen**

  Besonders dann, wenn Prokrastination zu einer Gewohnheit geworden ist, kann das dazu führen, dass Sie Ihre Ziele immer weiter aufschieben. Aber das Streben nach Zielen ist für ein zufriedenes und erfülltes Leben sehr wichtig.

- **Schuldgefühle**

  Während sich Prokrastination im ersten Moment gut anfühlt, führt es auf Dauer zu negativen Emotionen, speziell zu Schuldgefühlen. Da Sie wissen, dass Sie eigentlich keinen guten Grund zum Aufschieben hatten, entstehen bei dauerhafter Prokrastination Schuldgefühle. Wenn Sie dann endlich die Aufgabe erledigt haben, ärgern Sie sich oft über sich selbst und fragen sich, warum Sie das nicht schon früher getan und stattdessen die oft kleine Aufgabe (der Anruf beim Zahnarzt!) vor sich selbst so riesig aufgebaut haben.

Der irische Schriftsteller James Joyce, bekannt für sein Werk »Ulysses«, war auch für seine Prokrastination beim Schreiben bekannt. Leider hat er ebenfalls bei seiner Gesundheit prokrastiniert. Er litt an schweren Augenproblemen. Er schob die Arztbesuche und Behandlungen immer weiter hinaus, sodass seine Augenerkrankung schließlich chronisch wurde und dadurch sein Sehvermögen stark beeinträchtigt war. Dies führte nicht nur zu mehreren drastischen Augenoperationen, sondern schränkte auch seine Arbeit stark ein. Vermutlich hätte es nicht so weit kommen müssen, hätte er früher Hilfe in Anspruch genommen.

Prokrastination überwinden

Prokrastination zu überwinden, kann aus verschiedenen Gründen wichtig sein.

- Es wird immer Aufgaben geben, die Ihnen keinen Spaß machen oder unangenehm sind, aber trotzdem erledigt werden müssen.
- Es ist wichtig, dass Sie Projekte, Aufgaben und Herausforderungen annehmen, die Sie im ersten Moment einschüchtern. Das wird Sie beruflich und persönlich weiterbringen.
- Das Streben nach Zielen sorgt für Zufriedenheit und Erfüllung.
- Die Aufgaben zu erledigen, die Sie sich noch nicht ganz zutrauen, sind besonders wichtig, um Ihr Selbstvertrauen zu stärken.

Wenn Sie Herausforderungen, die Ihnen Angst machen, oder Aufgaben, die sich unangenehm anfühlen, trotzdem erledigen, können Sie dadurch Selbstvertrauen aufbauen. Je öfter Sie dies tun, desto mehr lernen Sie, dass Sie Prokrastination überwinden können, und das Abarbeiten von unangenehmen Aufgaben wird für Sie zu einer Gewohnheit.

Wenn Sie eine neue Herausforderung – auch wenn diese Ihnen Angst macht – trotzdem annehmen und durchführen, können Sie ein Erfolgserlebnis haben, das Ihr Selbstvertrauen stärkt.

Ihr Erfolgserlebnis kann sein, dass Sie diese Herausforderung tatsächlich gut abschließen, aber auch, dass Sie es geschafft haben, Ihre Ängste zu überwinden. Das bedeutet, Herausforderungen können Ihr Selbstvertrauen stärken, auch dann, wenn Sie die Herausforderung nicht erfolgreich zu Ende bringen.

Gleichzeitig fangen Sie an, das Abarbeiten von unangenehmen Aufgaben zu einer Gewohnheit zu machen. Sie lernen über sich selbst, dass Sie es aushalten können, diese unangenehmen Aufgaben zu erledigen und damit auch Prokrastination überwinden können. Stellen Sie sich das vor wie eine Sportroutine. Wenn Sie es gewöhnt sind, Ihren Feierabend auf Ihrem Sofa zu verbringen, dann ist das natürlich Ihre automatische Verhaltensweise. Wenn Sie nun anfangen den Feierabend mit Sport zu verbringen, dann ist das erst mal neu und anstrengend. Nicht nur der Sport an sich, sondern besonders, sich dazu zu motivieren, mit dem Sport anzufangen.

So ist das auch mit Prokrastination. Wenn Sie es gewöhnt sind, die unangenehmen Aufgaben immer aufzuschieben, dann ist auch das Ihre automatische Verhaltensweise. Genauso wie eine Sportroutine aufzubauen, braucht es Energie und wird anstrengend sein. Wie beim Sport – doppelt anstrengend. Zum einen ist da der Sport an sich – und damit die unangenehme Aufgabe zu erledigen – zum anderen, sich dazu zu bewegen, diese Aufgabe überhaupt zu starten.

Aber wie beim Sport wird das Anfangen irgendwann immer leichter. Sport wird für Sie wahrscheinlich immer anstrengend bleiben, aber Sie lernen mit der Zeit, dass das Anfangen nicht so schwierig ist und Sie sich nach dem Abarbeiten dieser Aufgabe – genau wie beim Sport – vermutlich ziemlich gut fühlen.

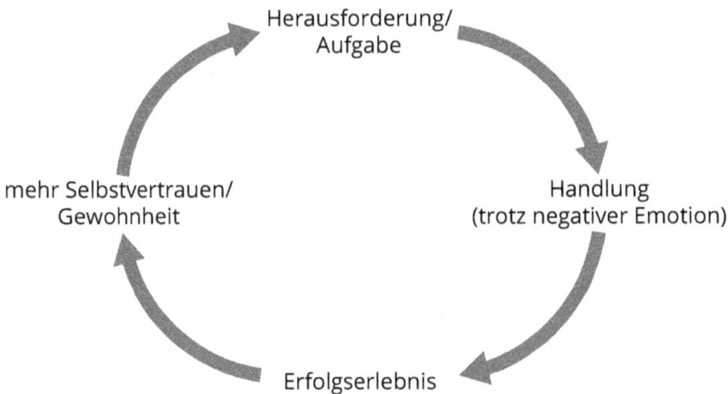

Abbildung 5.2: Kreislauf zum Durchbrechen der Prokrastination

Wichtig ist an dieser Stelle nochmals zu sagen, dass es sich bei Prokrastination um das unnötige Aufschieben von Aufgaben handelt. Wenn Sie bereits einen langen Arbeitstag hinter sich hatten, viel gearbeitet haben und nun aus Erschöpfung die Aufgaben nicht mehr schaffen, dann handelt es sich nicht um Prokrastination! Dann ruhen Sie sich bitte aus und machen eine Pause!

Negative Emotionen aushalten

Da es sich bei der Prokrastination hauptsächlich um das Vermeiden von negativen Emotionen handelt, ist es wichtig, dass Sie lernen, diese aushalten zu können. Negative Emotionen nicht fühlen zu wollen, ist etwas sehr Menschliches und oft passiert es uns automatisch, dass wir diese einfach wegschieben.

Die Möglichkeit, die Emotion zu verdrängen, ist etwas, was Sie im Laufe Ihres Lebens lernen. Diese Fähigkeit ist auch durchaus praktisch, sodass Sie sich beispielsweise davon abhalten können, mitten in einem Meeting in Tränen auszubrechen. Aber wenn Sie Ihre negativen Emotionen konstant wegschieben, ist dies nicht besonders gesund.

Der schnellste Weg eine Emotion loszuwerden, ist sie tatsächlich zu fühlen. Man schätzt, dass eine akute Emotion nur circa 60–90 Sekunden andauert. Im Englischen sagt man »to sit with it« – also mit der Emotion »sitzen« und sie einfach aushalten.

Bei Kindern sieht man noch sehr gut, dass sie noch nicht gelernt haben, ihre Emotionen wegzuschieben. Sie haben noch keine andere Möglichkeit, außer ihre Emotionen tatsächlich zu fühlen. Bei Kindern kann in einem Moment die Welt untergehen und im nächsten Moment rennen sie wieder lachend über den Spielplatz. Dadurch, dass sie die Emotionen fühlen müssen, verschwinden diese auch schnell wieder.

Wenn Sie sich dabei erwischen, dass Sie eine Aufgabe von sich wegschieben, weil sie Ihnen Angst macht, Sie überfordert oder Sie sich Sorgen machen, dass Sie ihr nicht gewachsen sind, dann versuchen Sie Ihre unangenehme Emotion auszuhalten.

Gehen Sie dabei so vor:

- ✔ Emotionen haben immer eine körperliche Komponente. Fühlen Sie in sich rein. Wo steckt Ihre Emotion? Vielleicht spüren Sie Druck auf den Schultern oder ein Kribbeln im Bauch. Vielleicht bekommen Sie schwitzige Hände. Nehmen Sie erst mal diese körperlichen Symptome, völlig ohne zu werten, wahr und versuchen Sie diese nicht zu unterdrücken.
- ✔ Konzentrieren Sie sich auf Ihren Atem und nehmen Sie einfach nur wahr, was bei Ihnen gerade passiert.
- ✔ Versuchen Sie erst dann Ihre Emotion zu benennen. Was fühlen Sie gerade? Nervosität? Angst?

Mit diesen Schritten haben Sie meist Ihre Emotion bereits »abgehandelt« und vermutlich ist der schlimmste Part schon vorbei. Das bedeutet nicht, dass sie nicht wieder kommt. Wenn Sie diese Emotion nochmals wahrnehmen, wiederholen Sie die Schritte.

Wussten Sie übrigens, das man inzwischen davon ausgeht, dass Depressionen nicht aus einer erhöhten Menge an negativen Emotionen entsteht, sondern daraus, dass Menschen immer wieder ihre Emotionen verdrängen? Sie fangen an ihre negativen Emotionen zu verdrängen, weil diese sich unangenehm anfühlen.

Das kann dann dazu führen, dass auch die positiven Emotionen weggeschoben werden, sodass am Ende einfach gar nichts mehr gefühlt wird. Weder negativ noch positiv.

Emotionen zu fühlen – auch die unangenehmen –, ist also wahnsinnig wichtig für die mentale Gesundheit!

Alternativen für negative Gedanken finden

Negative Gedanken können Sie davon abhalten, bestimmte Aufgaben anzufangen. Weil Sie sich eine Aufgabe noch nicht zutrauen, Sie glauben, dass Ihnen Fähigkeiten fehlen oder, weil Sie generell gerade so viel auf Ihrer To-do-Liste haben, dass Sie überwältigt sind und die schiere Menge der Aufgaben Sie überfordert.

Vielleicht gehen Ihnen solche Sätze durch den Kopf: »Wie soll ich das denn alles schaffen?«, »Das ist alles viel zu viel« oder »Ich habe keine Ahnung, wie ich diese Aufgabe angehen soll!«

Versuchen Sie positivere Alternativen für Ihre Gedanken zu finden. Damit ist nicht gemeint, dass Sie jeden negativen Gedanken einfach nur ins Positive drehen müssen und aus »Ich schaffe das nie!« ein »Na klar schaffe ich das!« machen sollen.

Folgende Sätze sorgen dafür, dass Sie Ihre aktuelle Überforderung nicht einfach ignorieren, aber trotzdem eine etwas positivere Denkweise annehmen:

- »In der Vergangenheit habe ich eine ähnliche Aufgabe auch geschafft, also schaffe ich es noch einmal!«
- »Es ist zwar viel auf der Liste, aber ich nehme mir jetzt einfach einen Punkt nach dem anderen vor.«
- »Ich probiere mein Bestes, mehr kann ich sowieso nicht geben!«
- »Ich bin auch nur ein Mensch. Absolut kein Wunder, dass ich gerade überfordert bin.«

Sie können sich auch überlegen, wie Sie mit einem Kind sprechen würden, wenn es überfordert ist. Vermutlich würden Sie dem Kind auch keine Sätze wie »Jetzt reiß dich doch mal zusammen« an den Kopf knallen, sondern ihm gut zureden und Mut machen. Genau so sollten Sie auch mit sich sprechen.

Je nachdem welche Gedanken, Sorgen oder Ängste gerade in Ihrem Kopf rumschwirren, passen Sie die Formulierung einfach an. Achten Sie darauf, dass sich die Formulierung nicht zu unrealistisch oder zu »weit weg« von dem anfühlt, wie Sie sich wirklich gerade fühlen.

Wenn Sie aus einem »Ich schaffe das nie!« ein »Na klar schaffe ich das!« machen, wird Ihre Reaktion vermutlich nicht sein, dass Sie auf einmal sehr positiv und mit Motivation an die Aufgaben gehen. Ihre Reaktion wird wahrscheinlich eher »So ein Quatsch!« sein. Sie können nicht einfach das Gegenteil von Ihren eigentlichen Gedanken denken, nur weil Sie das gerne möchten. Versuchen Sie Aussagen zu finden, die Ihre negative Meinung etwas abschwächen, aber nicht zu unrealistisch sind.

Zusammenhang zwischen Emotionen und Gedanken

Emotionen und Gedanken können nicht wirklich separat betrachtet werden. Denn natürlich haben sie gegenseitig einen Einfluss aufeinander.

Wenn Sie einen Gedanken haben, beeinflusst dieser Ihre Emotionen, Ihre Emotionen beeinflussen Ihr Verhalten. Ihr Verhalten passiert nicht in einem Vakuum, sodass Ihr Verhalten einen Einfluss auf Ihr Umfeld hat. Dies wiederum kann sich auf Ihre Gedanken auswirken.

Angenommen, Sie haben einen Kollegen, von dem Sie denken, dass er Sie nicht besonders mag. Das wäre erst mal Ihr Gedanke »Der mag mich nicht!« Ihre darauffolgende Emotion könnte Wut, Frustration, vielleicht auch Trauer sein. Daraufhin passen Sie eventuell Ihr Verhalten an, zum Beispiel dass Sie diesen Kollegen meiden. Oder sogar, dass Sie diesem Kollegen gegenüber unfreundlich werden. Ihr Verhalten bleibt natürlich nicht unentdeckt, sodass Ihr Kollege vermutlich auf Ihr Verhalten reagieren wird. Zum Beispiel, indem er Sie meidet oder Ihnen gegenüber sogar wirklich unhöflich wird.

Wenn Sie dann feststellen, dass Ihr Kollege Ihnen gegenüber unhöflich ist, werden Sie sich eventuell sagen »Mensch, hab ich doch gesagt. Mein Kollege mag mich nicht!« Dabei haben Sie zum großen Teil mit Ihren Gedanken, dann Ihren Emotionen und schließlich mit Ihrem Verhalten dazu beigetragen. Das nennt sich dann die selbsterfüllende Prophezeiung.

Grundsätzlich beeinflussen aber nicht nur die Gedanken unsere Emotionen, sondern auch andersrum. Sicherlich kennen Sie das, wenn Sie sowieso schon schlechte Laune haben, dann ist es leichter negative Dinge zu denken. Auch Verhalten hat einen Einfluss auf Emotionen. Wenn Sie sich endlich aufgerafft und Ihre unordentliche Wohnung aufgeräumt haben und sich dann besser fühlen, dann kennen Sie das.

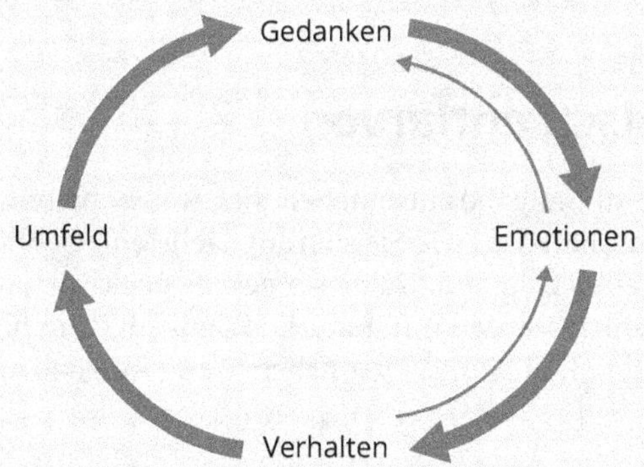

Abbildung 5.3: Zusammenhang zwischen Gedanken, Emotionen und Verhalten

Kurzer Exkurs zu Affirmationen

Vielleicht haben Sie schon mal von Affirmationen gehört. Kurze, positive Sätze über sich selbst, die Sie sich mehrmals vorsagen oder auch aufschreiben. So in etwa wie »Ich bin stark!« oder »Ich bin mutig!«

Affirmationen können funktionieren, aber nur wenn Sie sie richtig anwenden. Sich einfach so Sätze zu sagen, die Sie gerne glauben wollen, wird Ihnen wenig bringen und kann Ihnen vielleicht sogar schaden.

Stellen Sie sich mal vor, Sie sind eine Person, die sich überhaupt nicht mag. Um das zu ändern, stellen Sie sich jeden Tag vor den Spiegel und sagen sich »Ich mag mich!« fünfmal hintereinander.

Was wird wohl passieren? Ihr Gehirn wird Ihnen sagen »Sag mal, spinnst du? Du magst dich doch überhaupt nicht!« Anstatt dass Sie sich besser fühlen, werden Sie sich eher noch schlechter fühlen. Ihre Affirmationen haben also den gegenteiligen Effekt.

Wenn Sie den Aussagen Ihren Affirmation überhaupt nicht glauben, dann können Affirmationen eher einen negativen Effekt auf Sie haben. Stattdessen sollten Sie Affirmationen suchen, von denen Sie mindestens schon etwas überzeugt sind. Damit können Sie dann diese Überzeugung weiter vertiefen. Bei einer Person, die sich schon mag, kann eine solche Affirmation dafür sorgen, dass sie sich noch mehr mag.

Suchen Sie sich Affirmationen, die Ihre Entwicklung beschreiben. Zum Beispiel: »Jeden Tag lerne ich, mich noch ein bisschen mehr zu mögen!«

Wenn es um Prokrastination geht, können es solche Sätze sein: »Jeden Tag lerne ich, auch die unangenehmen Aufgaben zu erledigen!« »Mit jedem Tag werde ich ein bisschen besser im Abarbeiten!«

Ihre Vorhersagen als falsch entlarven

Weil Sie in dem Moment, in dem Sie eine Aufgabe aufschieben, sich wahrscheinlich erst mal gut fühlen, erleichtert, basiert Ihre Einschätzung, wie Sie sich am nächsten Tag oder nächste Woche fühlen, auf Ihrem aktuellen Gefühlszustand. Da dieser gerade positiv ist, überschätzen Sie wie gut Sie sich in Zukunft fühlen werden und natürlich denken Sie dann, dass Sie morgen endlich die Motivation und gute Laune und Lust haben, diese Aufgabe endlich anzugehen.

Morgen wird es Ihnen aber sehr wahrscheinlich ganz genauso gehen wie heute. Die Aufgabe wird nicht plötzlich attraktiver sein, nur weil der nächste Tag oder die nächste Woche ist. Sehr wahrscheinlich wird die Hürde sogar noch schwieriger zu überwinden sein, weil die Aufgabe, je länger Sie sie bereits aufgeschoben haben, immer größer und unangenehmer erscheint. Die Hürde wächst mit jedem Aufschieben.

- **Machen Sie sich also bewusst, dass Sie sich morgen noch weniger danach fühlen, diese Aufgabe zu erledigen.**

  Machen Sie sich klar, dass Sie morgen wahrscheinlich nicht nur den Druck der Aufgabe spüren werden, sondern vermutlich auch ein schlechtes Gewissen oder Genervtheit, weil Sie die Aufgabe gestern immer noch nicht erledigt haben.

- **Stellen Sie sich die Erleichterung vor, die Sie spüren werden, wenn die Aufgabe erledigt ist oder Sie mit ihr zumindest etwas vorangekommen sind.**

  Bestimmt haben Sie in der Vergangenheit Aufgaben gehabt, bei denen Sie sich hinterher gefragt haben, warum Sie eigentlich so lange gebraucht haben, sie zu erledigen, und haben die Erleichterung verspürt, als sie endlich abgearbeitet waren. Versuchen Sie genau dieses Gefühl abzurufen. In der Hoffnung, dass es Sie motiviert endlich anzufangen. Dies funktioniert besonders gut bei sehr kleinen, kurzen Aufgaben, die zwar nicht schwierig, aber nervig sind.

Wissen, dass die Motivation erst nach dem Anfangen kommt

Sehr selten erscheint Motivation einfach aus dem Nichts heraus. Damit die Motivation tatsächlich auftaucht, müssten Sie anfangen. Wenn Sie »einfach anfangen«, merken Sie meistens, dass die Aufgabe gar nicht so schwierig ist, wie Sie vielleicht vermutet haben. Außerdem sind Sie dann oft schon im »Schwung« und machen dann einfach weiter. Oder, Sie verbuchen die ersten abgeschlossenen Schritte bei einer Aufgabe als kleine Erfolge und diese Erfolge sind das, was uns tatsächlich motiviert.

Vielleicht kennen Sie dieses Phänomen vom Sport. Die größte Hürde beim Sport ist das Anfangen. Morgens die Laufkleidung anzuziehen und tatsächlich aus dem Haus zu gehen. Sobald Sie aber einmal angefangen haben und im Laufen sind, ist es plötzlich gar nicht mehr so schwierig. Nach dem Sport sind Sie wahrscheinlich froh, dass Sie ihn gemacht haben. Genau dieses Phänomen erleben Sie auch bei Ihren unliebsamen Aufgaben.

Machen Sie sich genau dieses Phänomen zunutze.

- Machen Sie sich klar, dass die Motivation zwar im Moment noch nicht da ist, aber eventuell nach dem Anfangen der Aufgabe auftaucht. Das verringert für Sie die Hürde anzufangen.
- Konzentrieren Sie sich auf das erleichternde Gefühl, das Sie haben werden, wenn die Aufgabe endlich abgeschlossen ist.
- Stellen Sie sich den Stolz vor, den Sie fühlen werden, wenn die Aufgabe erledigt ist. Wenn Sie dieses Gefühl bereits von vergangenen Aufgaben kennen, versuchen Sie es abzurufen.

Nichtsdestotrotz ist bei der Prokrastination genau das Anfangen das Problem. Hier beißt sich die Katze in den Schwanz. Wenn die Motivation meist erst auftaucht, wenn Sie mit einer Aufgabe bereits begonnen haben, ist die Lösung »einfach anfangen« – was nun mal genau die Herausforderung bei Prokrastination ist.

Tricks zum »einfach anfangen«

Im Folgenden finden Sie daher einige kleine Tricks, wie Sie »einfach anfangen«.

Zehn-Minuten-Methode

Eine Methode zum »einfach anfangen«, ist die Zehn-Minuten-Methode. Nehmen Sie sich vor, einfach nur zehn Minuten an der Aufgabe zu arbeiten. Wenn Sie nach zehn Minuten immer noch keine Lust auf die Aufgabe haben, dürfen Sie aufhören. Dazu können Sie sich auch einen Timer stellen.

Probieren Sie es einfach mal aus:

- ✔ In diesen zehn Minuten haben Sie manche Aufgaben eventuell schon erledigt.
- ✔ Sie stellen fest, dass die Aufgabe gar nicht so schwierig ist und Sie machen weiter.
- ✔ Selbst wenn Sie nach zehn Minuten aufhören, haben Sie immerhin schon zehn Minuten mehr als gar nichts geschafft.

Sollten Ihnen zehn Minuten noch zu viel vorkommen, dann können Sie auch mit weniger Minuten arbeiten.

Wichtig ist bei dieser Übung, dass Sie nach zehn Minuten auch wirklich aufhören, wenn Sie immer noch keine Lust auf die Aufgabe haben. Ansonsten wird die Methode in der Zukunft nicht mehr funktionieren und Sie können sich selbst nicht mehr »austricksen«.

Die Zehn-Minuten-Methode funktioniert auch herrlich für den Haushalt. Bevor Sie abends schlafen gehen, nehmen Sie sich nur zehn Minuten vor, um noch etwas klar Schiff im Haushalt zu schaffen. Stellen Sie sich am besten auch hier einen Timer. Nur zehn Minuten jeden Abend können einen riesigen Unterschied machen und verhindern, zum Beispiel am Wochenende, einen riesigen Berg von Haushalt vor sich zu haben.

So klein wie möglich anfangen

Fangen Sie so klein wie möglich an. Ein Grund, warum wir Aufgaben nicht erledigen, ist oft, dass sie uns zu riesig vorkommen und wir dadurch überfordert sind. Deswegen ist es wichtig, die Aufgaben so klein wie möglich herunterzubrechen und dann nicht mehr vor einer riesigen Aufgabe zu stehen, sondern nur noch vor einer kleinen Teilaufgabe.

- ✔ **Brechen Sie Ihre Aufgaben auf so kleine Unterpunkte wie möglich runter.**

  Das Buch »Gesunde Produktivität für Dummies« zu schreiben, wäre zum Beispiel eine Aufgabe, die viel zu riesig ist. Natürlich ist das überfordernd. Selbst das »Kapitel

5 über Motivation und Prokrastination ist noch viel zu groß. Der »Abschnitt über *So klein wie möglich anfangen*« hört sich dagegen direkt viel machbarer an. Die Aufgaben dürfen gerne so klein sein, dass es Ihnen fast unangenehm ist sie als To-dos auf Ihre Liste aufzunehmen.

✔ **Wenn Sie eine größere Aufgabe für den Tag beenden, schreiben Sie sich auf, was der nächste kleine Schritt ist, mit dem Sie wieder in die Aufgabe starten.**

Anstatt »Projektbericht weiterschreiben« als Aufgabe wäre Ihr To-do »Projektbericht Abschnitt 3.4 überarbeiten«. Sobald Sie dann wieder in der größeren Aufgabe, dem Projektbericht, drin sind, wird es Ihnen leichter fallen, auch an anderen Bereichen des Berichtes zu arbeiten.

So klein wie möglich anfangen funktioniert nicht nur für Arbeitsaufgaben, sondern natürlich auch für andere Lebensbereiche. Ihre Wohnung ist chaotisch und Sie müssten dringend mal wieder aufräumen, aber Sie wissen gar nicht, wo Sie anfangen sollen? Nehmen Sie sich als Erstes nur vor, die Arbeitsplatte in der Küche aufzuräumen. Hauptsache Sie kommen in den Schwung.

Sie sollten eigentlich mal wieder eine Runde joggen? Sie müssten Ihre Sportkleidung anziehen, Ihre Laufschuhe binden, dann das Haus verlassen und Kilometer um Kilometer laufen. Das kommt Ihnen schon zu viel vor? Dann konzentrieren Sie sich zunächst auf den ersten Schritt: die Sportkleidung anziehen. Noch auf nichts, was danach kommt. Anstatt an die 5 Kilometer zu denken, die Sie laufen müssten, konzentrieren Sie sich nur auf die ersten 200 Meter.

Kalender-Blocking

Vielleicht kennen Sie das auch; Sie haben eine lange To-do-Liste und eigentlich hätten Sie auch genug Zeit, die Aufgaben zu erledigen. Sie fangen mit der ersten Aufgabe an und merken dann aber, dass Sie eigentlich mehr Lust auf eine andere Aufgabe hätten, also wechseln Sie. Die zweite Aufgabe halten Sie aber auch nicht lange durch und Sie wechseln zur nächsten. So geht das Ihren ganzen Arbeitstag und am Ende des Tages haben Sie irgendwie nicht wirklich etwas geschafft.

Anstatt nur aufzuschreiben, was Sie zu erledigen haben, sollten Sie auch aufschreiben, **wann** Sie die Aufgabe erledigen. Damit ist nicht nur der Wochentag gemeint, sondern auch die genaue Zeit.

Kundenpräsentation über das neue Produkt erstellen: Montag, 27. März, 10:00 – 12:00 Uhr.

Im Idealfall tragen Sie sich die Aufgaben als Termin in Ihren Kalender ein, damit Sie ganz genau wissen, was Sie wann an Ihrem Arbeitstag erledigen müssen. Kennzeichnen Sie Ihre Aufgabentermine als »nicht beschäftigt«, falls Ihre Kolleginnen Ihnen Termine einstellen wollen.

Achten Sie darauf, genug Zeit für Pausen und unvorhergesehene Aufgaben und Termine freizulassen. Je nachdem wie schnell sich Ihre Aufgaben und Ihr Arbeitsumfeld ändern, sollten Sie nur zwischen 60 und 80 Prozent Ihrer Zeit mit Terminen und Aufgaben fest verplanen.

Diese Methode hat mehrere Vorteile:

✔ **Weniger Aufschieben**

Sie sind weniger geneigt Ihre Aufgaben aufzuschieben, wenn diese fest eingeplant sind.

✔ **Weniger benötigte mentale Kapazität**

Sie müssen nicht darüber nachdenken, wann Sie welche Aufgabe erledigen.

✔ **Bessere Planbarkeit**

Sie bekommen immer mehr ein Gefühl dafür, wie viel Zeit die verschiedenen Aufgaben wirklich benötigen, sodass Sie immer realistischere Pläne erstellen können. Sie haben außerdem einen besseren Überblick darüber, wie viel Zeit Sie generell für andere, weitere Aufgaben zur Verfügung haben.

✔ **Weniger Zeitaufwand**

Die Aufgaben benötigen auch nur so viel Zeit, wie für sie zur Verfügung stellen. Das ist das *Parkinson'sche Gesetz*. Eine Aufgabe zieht sich so lange hin wie die Zeit, die dafür zur Verfügung steht. Bestimmt kennen Sie diesen Effekt. Ein Meeting, das für eine Stunde angesetzt ist, benötigt auch eine Stunde. Wäre das Meeting für 30 Minuten angesetzt, hätten auch diese 30 Minuten gereicht.

Pomodoro-Technik

Die Pomodoro-Methode ist eine simple, aber effektive Zeitmanagementtechnik, die Ihnen helfen soll anzufangen. Die Grundidee ist, dass Sie in Zeitintervallen von 25 Minuten arbeiten. Das ist das Pomodoro. Sie arbeiten 25 Minuten, dann machen Sie 5 Minuten Pause. Das wiederholen Sie viermal, dann machen Sie eine längere Pause.

Sie können hier mit einem Timer auf dem Handy arbeiten, eine klassische Küchenuhr nutzen oder einfach auf die Zeit achten.

Inzwischen gibt es auch eine riesige Auswahl an Apps oder Browser Extensions, die zum Teil nicht nur die Zeit nehmen, sondern zum Beispiel auch bestimmte Webseiten oder Apps während der Arbeitsintervalle sperren.

Meine persönliche Empfehlung: Die App »Forest«. Mit jedem Intervall pflanzen Sie einen kleinen digitalen Baum, sodass Sie am Endes Ihres Arbeitstages einen kleinen digitalen Wald gepflanzt haben. Sollten Sie die App allerdings während eines Intervalls verlassen, zum Beispiel weil Sie Ihre Social Media Apps checken wollen, stirbt Ihr wachsender Baum und Ihr Wald wird durch tote Bäume verunstaltet.

Ein Teil der Einnahmen durch die App wird übrigens dafür genutzt, um echte Bäume zu pflanzen.

Die Pomodoro-Methode funktioniert besonders gut, weil Sie ja wissen, dass Sie nur 25 Minuten an der Aufgabe arbeiten müssen. Dann dürfen Sie schon wieder Pause machen. Das reduziert die Hürde anzufangen. Es reduziert außerdem die Möglichkeit, sich selbst abzulenken. Wenn Sie wissen, dass Sie in 25 Minuten wieder Ihre E-Mails checken dürfen, sind Sie eher geneigt, sich diese 25 Minuten tatsächlich auch zu konzentrieren und sich nicht selbst durch andere Dinge zu unterbrechen.

Wenn Ihnen die 25 Minuten noch zu lange vorkommen, bei besonders nervigen Aufgaben wird das eventuell der Fall sein, dann können Sie natürlich das Intervall auch reduzieren, zum Beispiel auf 20 oder 15 Minuten.

Angeblich heißt die Methode Pomodoro (italienisch für Tomate), weil der Erfinder Francesco Cirillo für die Technik eine Küchenuhr in Form einer Tomate nutzte, um die Zeitintervalle zu messen.

Hürden reduzieren

Je mehr Schritte Sie machen müssen, um mit einer Aufgabe beginnen zu können, desto eher sind Sie geneigt, es nicht zu tun. Je einfacher es für Sie ist anzufangen, desto eher werden Sie auch anfangen.

Wenn Sie sich vornehmen, morgens laufen zu gehen, sollte Ihre Sportkleidung bereitliegen. Wenn Sie erst in den Tiefen Ihres Kleiderschrankes suchen oder überlegen müssen, wo überhaupt Ihre Laufschuhe sind, ist die Wahrscheinlichkeit hoch, dass Sie eben nicht laufen gehen werden.

Gleiches gilt für Arbeitsaufgaben. Wenn Sie bei unliebsamen Aufgaben erst lange nach dem richtigen Material suchen und mehrere Programme starten müssen, die Unterlagen in den Tiefen Ihrer Dokumentenordner versteckt sind, dann wächst die Wahrscheinlichkeit, dass die Hürde anzufangen zu groß ist.

Versuchen Sie also es sich so einfach wie möglich zu machen und die Schritte, die Sie gehen müssen, um überhaupt anzufangen, zu reduzieren.

Sie können zum Beispiel, wenn Sie sich die unliebsame Aufgabe für den nächsten Tag vornehmen, bereits den Tag vorher schon mal alle wichtigen Unterlagen dafür zusammensuchen. Sorgen Sie dafür, dass alles vorbereitet ist und Sie sofort in die Aufgabe starten können.

Setzen Sie auch die Tätigkeit, die Unterlagen für die Aufgabe zusammenzusuchen, auf Ihre To-do-Liste. Dann haben Sie bereits das erste kleine Erfolgserlebnis, wenn Sie dies abhaken.

Den Effekt mit den Hürden können Sie auch nutzen, um unliebsame Gewohnheiten zu reduzieren. Erhöhen Sie die Hürden für die Dinge, die Sie nicht unbedingt machen wollen, die aber zu einer Gewohnheit geworden sind. Sie surfen zu viel auf Social Media Apps während der Arbeit und lassen Sich dadurch ablenken? Dann verstecken Sie die Apps in Unterordnern oder geben ihnen Sperrzeiten. Jeder Klick mehr, den Sie machen müssen, um die Apps aufzurufen, reduziert die Wahrscheinlichkeit, dass Sie dies auch tun.

Schlechte erste Entwürfe

Bestimmt kennen Sie das »Blank-Page-Syndrom«. Die Angst vor der leeren Seite. Sie müssen zum Beispiel einen Text schreiben und haben eine leere Seite in Word offen. Fast bedrohlich blinkt der Cursor Sie an und Sie haben keine Ahnung, wie Sie anfangen. Der Druck des ersten Satzes ist zu groß. Denn vermutlich haben Sie den Anspruch an sich selbst, dass Sie direkt einen perfekten Text schreiben müssen und das fängt beim ersten Satz an. Das blockiert Sie innerlich und Sie wissen nicht, wie Sie überhaupt beginnen sollen.

Nehmen Sie sich vor, einen schlechten ersten Entwurf zu schreiben. Es ist meist einfacher einen schlechten ersten Entwurf zu überarbeiten und anzupassen, als aus dem Nichts einen fertigen »perfekten« Text zu schreiben. Natürlich sollten Sie den Text nicht absichtlich falsch oder wirklich schlecht schreiben, aber machen Sie sich klar, dass dieser erste Entwurf wahrscheinlich nicht gut werden wird. Das nimmt den Druck raus. Hinterher anpassen und überarbeiten können Sie immer noch. Hauptsache, Sie haben angefangen.

Dies gilt natürlich nicht nur für Texte, sondern kann auf viele andere Aufgaben übertragen werden.

Done is better than perfect, heißt hier die Devise. Erledigt ist besser als perfekt.

Ein weiterer Tipp, um das »Blank-Page-Syndrom« zu überwinden: Fangen Sie einfach in der Mitte einer Aufgabe oder eines Textes an, zum Beispiel in einem Bereich, der Sie am wenigstens Aufwand und Überwindung kostet.

Pflaster abreißen

Betrachten Sie Ihre Aufgabe wie ein Pflaster. Je langsamer Sie das Pflaster abreißen, desto schmerzhafter ist es. Beim Abziehen von Pflastern gilt, einmal kräftig. Augen zu und durch.

Genau so sollten Sie Ihre Aufgaben betrachten. Dies gilt besonders für Aufgaben, die schnell zu erledigen sind, Sie aber trotzdem nerven. Zum Beispiel endlich beim Zahnarzt anrufen und einen neuen Termin vereinbaren. Je schneller Sie diesen Anruf erledigen, desto weniger wird diese Aufgabe schmerzen, weil Sie Ihnen sonst immer weiter im Nacken hängt.

Fangen Sie an, unliebsame kleine Aufgaben wie Pflaster zu betrachten, die schnell abgezogen werden müssen.

Mit Belohnungen arbeiten

Arbeiten Sie mit Belohnungen oder sorgen Sie dafür, dass während der Bearbeitung der Aufgabe zumindest Ihr Umfeld sich gut anfühlt. Wenn die Aufgabe es hergibt, dann machen Sie es sich während der Bearbeitung bereits gemütlich. Sorgen Sie dafür, dass Sie zum Beispiel Snacks zur Verfügung haben oder genug zu trinken. Hören Sie zum Beispiel gute Musik, während Sie die Belege für Ihre Steuererklärung sortieren, oder einen spannenden Podcast, während Sie Ihre Wohnung putzen.

Im Idealfall haben Sie eine Belohnung, die es nur gibt, wenn Sie die speziellen Aufgaben erledigen. Sie haben einen Podcast, den Sie sehr gerne hören? Gut, dann dürfen Sie den ab sofort nur noch hören, wenn Sie den wöchentlichen Wohnungsputz erledigen. Sie fangen dann an, den Wohnungsputz nicht mehr mit der Lästigkeit der Aufgabe zu verbinden, sondern mit dem Spaß am Hören Ihres Podcasts.

Wenn die Aufgabe es nicht hergibt, dass Sie es sich währenddessen gemütlich machen, dann belohnen Sie sich hinterher. Wir feiern oft nur die großen Meilensteine im Leben, wie den Studienabschluss, eine Beförderung oder einen Projektabschluss. Aber auch die kleinen Dinge sollten belohnt werden, besonders dann, wenn es für Sie eine Herausforderung war. Sie haben eine gute Präsentation gehalten, die Ihnen bevorstand? Dann belohnen Sie sich doch mit einem Besuch bei Ihrem Lieblingsrestaurant.

Belohnungen müssen nicht immer in Form von Feiern, Geschenken oder Ähnlichem stattfinden. Manchmal reicht es auch schon, wenn Sie für sich selbst anerkennen, dass Sie etwas überwunden haben und sich selbst symbolisch auf die Schulter klopfen. Sie haben endlich Ihren Schweinehund besiegt und waren mal wieder beim Sport? Dann geben Sie sich selbst Anerkennung und seien Sie durchaus mal stolz.

»Wenn-dann«-Pläne

Überlegen Sie sich einen Plan, was Sie machen, wenn Sie eine Aufgabe wirklich nicht machen wollen und egal, was Sie versuchen, sich nicht dazu überwinden können, diese Aufgabe anzufangen. Egal, wie sehr Sie lernen mit Prokrastination umzugehen, auch diese Situationen wird es geben.

Für diese Fälle sollten Sie »Wenn-dann«-Pläne erstellen. **Wenn** Sie sich nicht zu der Aufgabe überwinden könnten, **dann** erledigen Sie wenigstens einen winzig kleinen Anteil der Aufgabe oder überlegen sich eine Alternative, um trotzdem noch produktiv zu sein.

Sie haben keine Lust, sich an die Präsentation für den Kunden zu setzen? Dann erstellen Sie zumindest schon mal Titelfolie und Agenda.

Sie haben keine Lust Joggen zu gehen, weil es regnet? Dann machen Sie wenigstens zehn Minuten Yoga.

Sie haben keine Lust, den Bericht zu schreiben? Dann schreiben Sie zumindest schon mal das Inhaltsverzeichnis.

Sie haben keine Kreativität, um neue Ideen zu entwickeln? Dann beantworten Sie zumindest schon mal ein paar E-Mails.

Sie haben keine Lust, sich an Ihre Steuererklärung zu setzen? Dann suchen Sie zumindest schon mal die benötigten Belege zusammen.

Sie haben keine Lust, den Quartalsbericht zu schreiben? Dann sammeln Sie zumindest erst mal die relevanten Daten in einer Tabelle.

Verzeihen Sie sich Ihre Prokrastination

Prokrastination ist absolut menschlich und wird immer mal wieder im Leben vorkommen. Solange Sie noch nicht das Gefühl haben, dass Prokrastination Ihr Leben eingenommen und wirklich negative Konsequenzen für Ihre Karriere oder Ihr Privatleben hat, hält sich Ihre Prokrastination wahrscheinlich noch in einem »normalen« Rahmen.

Wichtig ist hier, dass Sie sich Ihre eigene Prokrastination verzeihen. Verurteilen Sie sich nicht dafür, dass Sie prokrastiniert haben. Die Forschung zeigt, dass die Wahrscheinlich sinkt, dass wir in Zukunft noch mal aufschieben, wenn wir mit uns sanft umgehen und uns das Aufschieben verzeihen, anstatt uns dafür auch noch selbst zu verurteilen.

Sollten Sie allerdings das Gefühl haben, dass Prokrastination Ihr Leben negativ beeinträchtigt und Sie trotz aller Tipps und Tricks nicht aus dem Prokrastinations-Kreislauf entkommen können, dann suchen Sie sich bitte professionelle Hilfe. Denn Prokrastination kann durchaus auch ein Symptom von physischen oder psychischen Krankheiten sein.

Teil III
Mit inneren Faktoren umgehen

IN DIESEM TEIL ...

Im dritten Teil des Buches geht es um die inneren Faktoren, die Ihre Produktivität und Ihr Stresslevel beeinflussen. Denn oft sind es Ihre eigenen Ansprüche, die dafür sorgen, dass Sie gestresst sind. Oft sind das Faktoren wie Perfektionismus oder der Drang, es allen anderen immer recht machen zu müssen. Damit umzugehen, lernen Sie im dritten Teil des Buches.

Sie lernen außerdem, wie Sie sich gesunde Gewohnheiten aufbauen können oder die nicht so guten Gewohnheiten wieder abbauen können. Dies ist besonders wichtig, wenn Sie nach der Lektüre dieses Buches auch in die Umsetzung kommen wollen.

IN DIESEM KAPITEL

Woran Sie erkennen, dass Sie People Pleaser sind

Gründe, warum Sie zum People Pleaser geworden sind

Den People Pleaser ablegen

Kapitel 6
Den People Pleaser ablegen

Dieses Kapitel beschäftigt sich mit People Pleasing – dem Verlangen und der Gewohnheit, es anderen immer recht machen zu müssen.

People Pleaser haben Schwierigkeiten »Nein« zu sagen und Grenzen zu setzen. Sie übernehmen Aufgaben, obwohl sie eigentlich schon viel zu belastet sind, und stellen ihre eigenen Bedürfnisse in den Hintergrund. People Pleaser sind diejenigen, die Überstunden machen, Arbeiten übernehmen, die eigentlich gar nicht ihre sind, und diejenigen, die für ihre Kollegen oder Kolleginnen den Geburtstagskuchen organisieren.

In diesem Kapitel geht es um die Ursachen von People Pleasing sowie die Wichtigkeit von Grenzen, das Wort »Nein« und praktische Tipps und Tricks, wie Sie dies umsetzen können.

Woran Sie erkennen, dass Sie People Pleaser sind

Die meisten Menschen sind sich vermutlich bewusst, ob sie People Pleaser sind oder nicht.

People Pleaser sind die Menschen,

- ✔ die anderen keinen Gefallen abschlagen können,
- ✔ die nicht »Nein« sagen können,
- ✔ die sich mit ihrer Meinung zurückhalten, weil sie jemanden nicht gefallen könnte,
- ✔ die nicht gut Kritik üben können, aus Angst jemanden zu verletzen,
- ✔ die auf die Frage »Kannst du mal eben …« immer mit »Na klar« antworten,

- ✔ die Aufgaben lieber eben schnell selbst machen oder Fehler lieber kurz selbst ausgleichen, anstatt ihren Kolleginnen oder Kollegen negatives Feedback zu geben,
- ✔ die es immer allen anderen recht machen müssen.

Sind Sie ein People Pleaser?

Wenn Sie diesen Sätzen zustimmen, dann sind Sie sehr wahrscheinlich ein People Pleaser:

- ✔ Sie fühlen sich verantwortlich dafür, dass es den Menschen um Sie herum gut geht.
- ✔ Es ist wichtig für Sie, von anderen akzeptiert zu werden.
- ✔ Sie versuchen oft herauszufinden, was andere von Ihnen erwarten, um sich dann danach zu richten.
- ✔ Es ist Ihnen wichtig, von anderen zu erfahren, ob Sie Ihre Sache gut gemacht haben.
- ✔ Sie stellen Ihre Wünsche und Bedürfnisse zugunsten anderer Personen zurück.
- ✔ Es ist Ihnen unangenehm, andere Leute zu kritisieren oder ihnen Feedback zu geben.
- ✔ Anstatt andere auf Fehler hinzuweisen, bügeln Sie diese lieber selbst eben aus.
- ✔ Sie können schlecht »Nein« sagen und übernehmen Aufgaben, auch wenn Ihre To-do-Liste eigentlich schon viel zu lang ist.

Dies sind die meist eher offensichtlichen Symptome, aber es gibt auch ein paar kleinere, eher versteckte re Symptome. Zum Beispiel:

- ✔ Vereinbaren Sie Treffen oder Partys, auch wenn Sie die Menschen, die dort sein werden, eigentlich nicht mögen?
- ✔ Fühlen Sie sich oft unerwünscht, auch wenn es, rational betrachtet, dafür eigentlich keinen Grund gibt?
- ✔ Denken Sie oft darüber nach, ob Sie sich richtig verhalten oder die richtigen Dinge gesagt haben?
- ✔ Wissen Sie oft gar nicht so genau, was Sie wollen? Das kann bei größeren Lebensentscheidungen der Fall sein, aber auch wenn es um die Entscheidung des Abendessens geht. Besonders dann, wenn Sie nicht die einzige Person sind, die von dieser Entscheidung betroffen ist. Sie lassen dann lieber die andere Person entscheiden, was es zum Abendessen gibt.

Hinter People Pleasing liegt die grundlegende Angst, von anderen Menschen abgelehnt zu werden. Der Selbstwert von People Pleasern ist abhängig davon, ob andere Menschen sie akzeptieren und mögen. Sie sind nur etwas wert, wenn sie dem Wohlbefinden anderer Menschen dienen und wenn sie von anderen Menschen gemocht werden. Aus diesem Grunde versuchen sie alles, um anderen Menschen bloß keine Gelegenheit zu geben, sie nicht zu mögen oder auch nur irgendetwas schlechtes über sie zu denken.

In der Steinzeit war die Akzeptanz von anderen Menschen und die Aufnahme in der Gruppe lebenswichtig. Überleben war als Einzelperson ohne soziale Unterstützung kaum möglich. Aus diesem Grund ist Ablehnung für Menschen so schmerzhaft. Weil das in der Steinzeit den sicheren Tod bedeutet hätte. Das kann tatsächliche Ablehnung sein (Beziehungstrennungen sind daher auch so schmerzhaft), aber es kann auch nur die vorgestellte – potenzielle, zukünftige – Ablehnung sein.

Wenn Sie das Gefühl haben, dass andere Menschen Sie nicht mögen könnten, löst das bei Ihnen eine Urangst aus und Ihr Überlebensinstinkt sagt Ihnen, dass Sie in Gefahr schweben und bitte alles dafür tun sollten, dass Sie wieder in der Gruppe aufgenommen werden beziehungsweise dass die andere Person Sie wieder mag. Aus diesem Grund ist People Pleasing auch nicht so einfach loszuwerden.

Sie sind kein People Pleaser, nur weil Sie für einen Menschen, der in Not ist, Unterstützung anbieten. Nur weil Sie Ihren Kollegen unter die Arme greifen, wenn gerade der Laden brennt, sind Sie ebenfalls kein People Pleaser. Das gilt auch, wenn Sie einen guten Freund unterstützen, der gerade eine schwere Zeit durchmacht, oder Sie anderen Menschen gerne eine Freude machen.

Aber Sie sind ein People Pleaser, wenn Sie das Gefühl haben, Sie müssten diese Dinge machen. Wenn Sie sich anderen Menschen gegenüber so verhalten, weil Sie den sozialen Druck spüren es zu tun und Sie es sich nicht erlauben können »Nein« zu sagen, dann sind Sie ein People Pleaser.

Immer dann, wenn Sie eigentlich »Nein« sagen wollen, aber trotzdem »Ja« sagen, sind Sie ein People Pleaser.

Sobald Sie anfangen, konstant Ihre eigenen Bedürfnisse, Ihre Ziele und Prioritäten zurückzustellen – für die Bedürfnisse anderer–, sind Sie ein People Pleaser.

Das mag über eine kurze Zeit mal nötig sein, aber hier kommt es auf den Kontext und die Dauer an.

- ✔ Sie zerreißen sich täglich, über Monate hinweg, im Job, um Aufgaben zu erledigen, die eigentlich Ihre Kollegen erledigen sollten: People Pleaser.
- ✔ Sie übernehmen ein paar Tage Extra-Aufgaben, weil Ihre Kollegin überlastet ist und Unterstützung benötigt: kein People Pleaser.

People Pleasing heißt, es anderen Menschen immer recht machen zu müssen, aus Angst ansonsten nicht (mehr) gemocht zu werden. People Pleaser sind oft der Überzeugung, dass sie nur etwas wert sind, wenn sie von anderen akzeptiert und gemocht werden und sie dem Wohlbefinden von anderen Personen dienen können.

Wenn ich einen Stressmanagement-Workshop gebe, kann ich manchmal direkt auf Anhieb erkennen, wer die People Pleaser sind. Denn oft bringen Teammitglieder Kekse, Süßigkeiten oder sogar selbst gebackenen Kuchen für das Team mit, auch wenn sie nicht die Organisatoren des Workshops sind. Wenn wir dann im Verlauf des Workshops einen Test dazu machen, welche inneren Antreiber die Teammitglieder haben, stellen sich die Kuchenmitbringer meistens als die People Pleaser heraus. Genau das sind auch die Menschen, die mich als Trainerin mindestens zweimal Fragen, ob ich auch wirklich keinen Kaffee möchte.

Warum Menschen People Pleaser werden

Bis zu einem gewissen Grad ist es normal, es anderen Menschen recht machen zu wollen. Die meisten Menschen sind soziale Wesen und möchten dazugehören und von anderen akzeptiert werden. Außerdem sind die meisten von uns empathisch und helfen Menschen gerne. Das bedeutet, auf eine Art und Weise, sind wir alle People Pleaser und das ist auch gut so. Ansonsten würden wir in einer sehr isolierten und selbstbezogenen Gesellschaft leben.

Dazugehören zu wollen, ist so ein grundlegendes Bedürfnis von Menschen, das auch als *»fundamental need to belong«* bezeichnet wird.

Dennoch sind einige Menschen stärkere People Pleaser als andere und das kann mehrere Gründe haben.

- ✔ **Erziehung**

  Werden in der Erziehung Hilfsbereitschaft und Nettigkeit besonders betont, kann das ein Nährboden für People Pleasing sein. Oft sind deshalb Frauen eher People Pleaser als Männer, weil in ihrer Erziehung diese Aspekte besonders betont werden: Frauen sollen brav und lieb sein, bloß nicht aufmüpfig. Außerdem wird an Frauen oft immer noch die gesellschaftliche Erwartung gestellt, die »Kümmerin« sein zu müssen.

- ✔ **Kindheit**

  People Pleaser starten außerdem oft als Parent Pleaser. Sie mussten in ihrer Kindheit ihren Eltern bereits alles recht machen. Sie haben zum Beispiel gelernt oder es als Kinder zumindest versucht, durch ihr Verhalten die Launen ihrer Eltern zu steuern. Oder sie haben von ihren Eltern nur Liebe und Zuneigung bekommen, wenn sie sich richtig verhalten und den Eltern alles recht gemacht haben. Dieses Verhalten überträgt sich dann auch auf das Erwachsenenleben.

Wenn Sie als Kind dafür bestraft wurden, wenn Sie Ihre eigene Meinung gesagt haben, besonders dann, wenn diese anders als die Ihrer Eltern oder anderer Vertrauenspersonen war, haben Sie wahrscheinlich gelernt, dass Sie sich mit Ihrer Meinung oder Ihrer Kritik lieber zurückhalten sollten. Als erwachsener Mensch könnte es Ihnen nun schwerfallen, in Meetings Ihre Meinung zu äußern. Noch viel schwieriger ist es für Sie, nicht nur Ihre Meinung, sondern sogar Kritik zu äußern. Sie warten lieber ab, was die anderen sagen und schließen sich ihnen an, um mit Ihrer Meinung nicht »falsch« zu liegen.

✔ **Charaktereigenschaft Verträglichkeit**

Ergänzend gibt es auch bestimmte Charaktereigenschaften, die zum Teil vererbt werden, die beeinflussen, wie stark Sie People Pleaser sind. Der Aspekt der Persönlichkeit nennt sich Verträglichkeit und zeichnet sich durch Hilfsbereitschaft und Altruismus aus.

Wie stark Verträglichkeit bei Ihnen ausgeprägt ist, können Sie durch einen Persönlichkeitstest herausfinden. Verträglichkeit ist ein Teil des Big-Five-Persönlichkeitsmodells. Ein Test dazu ist frei im Internet zugängig. Suchen Sie online nach einem entsprechenden offiziellen Test. Das Big-Five-Persönlichkeitsmodell ist das meistunterstützte Persönlichkeitsmodell der Psychologie.

Die Nachteile von People Pleasing

People Pleasing bringt viele Nachteile mit sich.

Von anderen abhängiges Selbstwertgefühl

Der schlimmste Nachteil von allen ist wohl, dass Ihr Selbstwertgefühl immer an eine Bedingung geknüpft ist. Sie sind nur etwas wert, wenn Sie dem Wohlbefinden anderer dienen – zumindest in Ihren Augen. Wenn es anderen gut geht, dann mögen die anderen Sie und dann mögen Sie sich auch. Das ist keine besonders schöne Art und Weise das eigene Leben zu leben, denn dann sind Sie immer von anderen Menschen und deren Zustimmung und Akzeptanz abhängig.

Stellen Sie sich jetzt mal vor, was passiert, wenn Sie eine Person treffen, die Sie nicht mag. Oder eine Person, die Kritik an Ihnen übt. Zweifelsohne wird Ihnen das im Leben passieren, denn Sie können nicht von allen Menschen gemocht werden. Es wird immer jemanden geben, der Sie nicht mag oder gut findet, was Sie tun. Das wird Sie aus der Bahn werfen.

Wenn Sie immer davon abhängig sind, ob die anderen Sie mögen, dann kann selbst die freundlichste und konstruktivste Kritik Sie aus der Bahn werfen.

Gleichzeitig sind Sie auch immer auf der Hut. Sie versuchen ständig herauszufinden, wie die anderen Menschen über Sie denken. Denn wenn Sie schnell entdecken, dass die andere Person Sie vielleicht gar nicht mag, könnten Sie noch gegensteuern. Um frühzeitig einzugreifen zu können, gehen Sie sicherheitshalber auch eher davon aus, dass andere Sie nicht mögen könnten. Sicher ist sicher.

Fremde Erwartungen erfüllen, statt für sich selbst einzustehen

Als People Pleaser erfüllen Sie lieber fremde Erwartungen statt Ihre eigenen. Nicht nur fremde Erwartungen, sondern auch Bedürfnisse. Alle anderen und deren Bedürfnisse sind immer wichtiger. Statt Ihr Leben nach Ihren Bedürfnissen und Vorstellungen zu leben, richten Sie sich nach anderen Menschen. Vielleicht vernachlässigen Sie sogar Ihre eigenen Träume und Ziele.

People Pleasern fällt es nicht nur schwer »»Nein«« zu sagen und dadurch oft mehr Aufgaben oder Verantwortung auf sich zu nehmen, als sie sollten, sondern sie verzichten auch oft auf Kritik. Stellen Sie sich vor, ein Kollege macht immer wieder den gleichen Fehler. Anstatt Ihrem Kollegen Feedback zu geben und ihn darauf hinzuweisen, lassen Sie den Fehler immer wieder durchgehen und korrigieren ihn lieber selbst. Sie haben Angst, dass der Kollege Sie vielleicht nicht mehr mag, wenn Sie ihn kritisieren. Also machen Sie es lieber selbst und haben damit mehr Arbeit. Das ist nicht nur für Sie negativ, sondern auch für Ihren Kollegen. Denn dann wird er nicht lernen, wie er diesen Fehler vermeidet beziehungsweise dass er überhaupt diesen Fehler macht. Ihr People-Pleasing-Verhalten ist in dem Fall nicht nur für Sie selbst von Nachteil.

Im extremeren Fall ist es nicht nur so, dass Sie keine Kritik ausüben, sondern dass es für Sie richtig schwierig ist, für sich einzustehen. Sie lassen verletzendes, respektloses oder störendes Verhalten von anderen Menschen durchgehen und sagen lieber nichts.

Selbst bei einer Person, die sich Ihnen gegenüber unhöflich und respektlos verhält, haben Sie noch Sorge, dass diese Person Sie nicht mehr mögen könnte, wenn Sie es wagen, für sich einzustehen und eine Grenze zu ziehen. Nicht unbedingt logisch – denn so wie diese Person sich Ihnen gegenüber verhält, mag diese Person Sie vermutlich sowieso nicht besonders. Trotzdem hält Ihre Angst Sie zurück und Sie sagen nichts. Nicht, dass diese andere Person Sie nachher noch weniger mag.

People Pleaser wissen oft gar nicht, was sie wollen

Wenn Sie vielleicht schon als Kind gelernt haben, Ihr Verhalten immer nur nach anderen und deren Bedürfnissen zu richten, dann wird es für Sie als erwachsener Mensch wirklich schwierig zu wissen, was Sie eigentlich wollen.

Es könnte sein, dass es für Sie problematisch ist, Ihre eigenen Bedürfnisse wahrzunehmen, denn die von anderen waren ja immer wichtiger. So haben Sie nicht nur verlernt, Ihre eigenen Bedürfnisse durchzusetzen, sondern auch, sie überhaupt erst wahrzunehmen.

Dabei kann es schon um einfache Grundbedürfnisse gehen. Was wollen Sie gerne zum Abendessen? Lassen Sie diese Entscheidung lieber Ihren Partner treffen, damit er oder sie essen kann, was er oder sie möchte? Wenn das Ihr Standard ist, dann fällt es Ihnen vermutlich nicht leicht, selbst diese – recht simple – Entscheidung zu treffen, was Sie eigentlich essen wollen. Sie sind es zu sehr gewöhnt, dass Sie sich nach der Entscheidung anderer richten, und auf sich selbst zu hören, ist für Sie nicht so einfach geworden.

Es können in diesem Fall aber auch größere Lebensentscheidungen sein. Sind Sie sich manchmal gar nicht so sicher, ob Ihre Entscheidungen für Ihr Leben eigentlich Ihre eigenen sind? So geht es fairerweise nicht nur People Pleasern, sondern auch oft den Nicht-People-Pleasern. Sind Ihre Lebensvorstellungen Ihre eigenen, oder sind es die Vorstellungen, die Ihnen von Ihren Eltern vorgelebt oder sogar aufgedrückt wurden. Zum Beispiel, wenn Ihre Eltern eine bestimmte Vorstellung für Ihre Ausbildung und Ihre Karriere haben oder hatten. Kinder von Ärzten werden tatsächlich häufig auch Ärzte. (Das hat sicherlich auch etwas mit einem vertieften Einblick in den Job zu tun, aber kann auch aus dem Druck der Eltern resultieren.) Oder sind es die gesellschaftlichen Erwartungen, die bei Ihnen Druck ausüben? Zum Beispiel, dass Sie ab einem bestimmten Alter verheiratet sein und Kinder haben sollten.

Sich von Vorstellungen anderer zu lösen, ist schon für »normale« Menschen schwierig, aber besonders für People Pleaser. Auf einmal befinden Sie sich in einer Karriere, die Sie sich eigentlich nicht wirklich selbst ausgesucht haben. Aber herauszufinden, was Sie stattdessen gern tun würden, ist für Sie schwierig festzustellen.

People Pleaser sind weniger beliebt

Das bringt uns auch zu dem wichtigsten Punkt:

Ironischerweise sind People Pleaser in der Beliebtheitsskala sogar recht weit unten.

Wir sprechen hier nicht von empathischen und hilfsbereiten Menschen – das macht Sie wie gesagt nicht automatisch zum People Pleaser – sondern von echten People Pleasern. Diese sind in der Beliebtheitsskala recht weit unten, weil Menschen oft misstrauisch werden, wenn Menschen in ihren Augen »zu nett« sind. Sie haben das Gefühl, dass die Person sich einschleimen möchte und vielleicht Hintergedanken hat. Wenn jemand außerdem »zu nett« ist, dann fühlen sich andere Menschen im Vergleich oft schlecht.

Außerdem drehen People Pleaser sich nach dem Wind und erscheinen deshalb schnell profillos und unauffällig. Sie reden oft anderen nach dem Mund und wirken dadurch wenig authentisch und im Grund auch weniger vertrauenswürdig. Sie sind schwer zu fassen, weil sie ihre Meinung immer nach anderen Personen richten und deswegen schwierig einzuschätzen sind.

Ganz rational betrachtet, bringt Ihnen People Pleasing also eigentlich nur Nachteile ein.

People Pleasing als Teufelskreis

Wie Abbildung 6.1 zeigt, ist People Pleasing außerdem ein Teufelskreis und wird, je öfter Sie es machen, auch noch verstärkt. Heißt, die Wahrscheinlichkeit, dass Sie People-Pleasing-Verhalten an den Tag legen, wird höher, je öfter Sie in der Vergangenheit so ein Verhalten an den Tag gelegt haben.

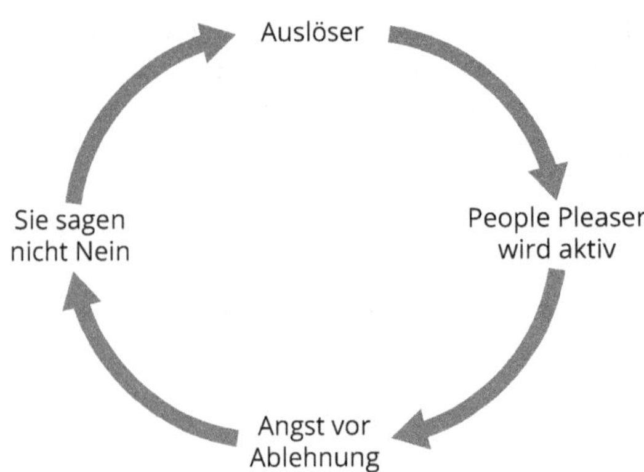

Abbildung 6.1: People Pleasing als Teufelskreis

Ein Auslöser – jemand bittet Sie darum eine Aufgabe zu übernehmen – aktiviert Ihren People Pleaser – Ihre Angst vor Ablehnung – Sie übernehmen die Aufgabe. Die anderen Menschen gewöhnen sich nun auch daran, dass Sie erreichbar sind und gerne die Extra-Aufgaben übernehmen. Ihre Kollegen bauen nun die Erwartung auf, dass Sie dies immer gerne tun. Das beutet aber auch, dass Sie nun erst recht schwieriger »Nein« sagen können. Wenn Sie erst mal einen Ruf hergestellt haben, immer die Extra-Aufgaben zu übernehmen, dann wird es für Sie persönlich schwierig »Nein« zu sagen – weil Sie es nicht gewöhnt sind – aber auch weil andere an Sie die Erwartung an eine bestimmte Menge von Workload herantragen.

Aber nicht nur die anderen haben sich an dieses Verhalten von Ihnen gewöhnt, sondern auch Sie selbst. Immer »Ja« zu sagen, wird irgendwann Ihre Gewohnheit und Ihre Standardantwort. Sie verankern in sich ein Selbstbild von einer Person, die natürlich immer anderen hilft. Und seien Sie mal ehrlich – das ist ja auch eigentlich ein schönes Bild, oder? Also tun Sie auch genau das weiterhin, egal welche Konsequenz das mit sich bringt. People Pleasing wird dann für Sie zu einem Automatismus.

Wichtigkeit von Grenzen

Grenzen setzen, »Nein« sagen und sich um die eigenen Bedürfnisse kümmern können, ist wichtig. Aus sehr vielen verschiedenen Gründen.

- ✔ **Selbstschutz**

  Grenzen helfen Ihnen, sich vor Überlastung zu schützen. Sie müssen nicht mehr Aufgaben annehmen, als Sie eigentlich schaffen können. Sie können sich durch Grenzen vor Ausbeutung schützen. Sie sorgen dafür, dass Ihre eigenen Bedürfnisse nicht mehr vernachlässigt werden.

- ✔ **Stressreduktion**

  Wenn Sie aufhören, es ständig allen recht machen zu wollen, können Sie Ihren Stress reduzieren. Stress aufgrund der vermehrten Aufgaben, die Sie nicht mehr übernehmen, aber auch Stress aufgrund der Angst vor den Reaktionen anderer, wenn Sie

Aufgaben nicht übernehmen wollen. Sie schaffen es endlich, weniger Überstunden und mehr Pausen zu machen und Ihre Bedürfnisse zu erfüllen, sodass Sie sich nicht mehr für andere verausgaben.

✔ **Zeitmanagement**

Wenn Sie klare Grenzen ziehen, haben Sie mehr Kontrolle über Ihre eigene Zeit und behalten eine bessere Übersicht über Ihre Aufgaben und To-dos. Es schafft außerdem zeitlichen Raum für Ihre eigenen Prioritäten. Die Aufgaben, die Ihnen besonders wichtig sind, werden eher erledigt und nicht die Aufgaben, die andere als wichtig erachten.

✔ **Respekt**

Durch das Setzen von Grenzen können Sie anderen, aber auch sich selbst, deutlich klarmachen, was Sie akzeptieren und was nicht. Dies fördert Respekt, sowohl den Respekt anderer für Sie als auch Ihren Respekt sich selbst gegenüber. Wenn Sie anderen verdeutlichen, was Ihnen wichtig ist, und Sie anderen Ihre Meinung sagen können, dann fördert das außerdem Authentizität.

✔ **Gesunde Beziehungen**

Wenn Sie Grenzen setzen, verhindern Sie nicht nur, dass Sie ausgenutzt werden, sondern es fördert auch gesunde Beziehungen. Wer ständig seine eigenen Bedürfnisse überschreitet, ist nicht authentisch. Sobald Sie anfangen für sich selbst einzustehen, lernen die Menschen Sie so kennen, wie Sie wirklich sind. Sie können dann Beziehungen auf Augenhöhe führen, anstatt sich ständig nach anderen zu richten. Dies ist natürlich in persönlichen Beziehungen und Freundschaften wichtig, aber auch im Job.

✔ **Selbstwertgefühl**

Für sich selbst einzustehen, steigert außerdem Ihr Selbstwertgefühl. Sie signalisieren sich und anderen dadurch, dass Sie und Ihre Bedürfnisse wichtig sind. Wenn Sie schon mal erlebt haben, wie gut es sich für Sie anfühlt, wenn jemand anderes für Sie einsteht, dann überlegen Sie mal, wie gut es sich anfühlt, wenn Sie für sich selbst einstehen?

✔ **Produktivität**

Wenn Sie aufhören Aufgaben für alle anderen zu übernehmen, die für Sie unwichtig sind, sind Sie generell viel produktiver. Nicht nur, weil Sie Ihre Prioritäten anders setzen und damit unwichtige Aufgaben wegfallen, sondern auch, weil Sie weniger Stress haben und mehr Selbstwertgefühl – das fördert ebenfalls Ihre Produktivität.

Den People-Pleasing-Kreislauf unterbrechen

Im Grunde müssen Sie aufhören People Pleaser zu sein, um aufzuhören, People Pleaser zu sein. Das hört sich jetzt sonderbar an, ist aber eigentlich ganz logisch. Macht jedoch das Aufhören mit dem People Pleasing aus genau diesem Grund schwierig – aber nicht unmöglich.

Sobald Sie anfangen den Kreislauf des People Pleasing zu unterbrechen, wird es für Sie Stück für Stück immer leichter werden, nicht mehr in Ihre alten Muster zu verfallen.

Wenn Sie um einen Gefallen gebeten werden, Ihr People Pleaser dann aktiv wird und Ihre Angst vor Ablehnung – genau dann sollten Sie trotzdem »Nein« sagen. Denn in dem Moment, in dem Sie »Nein« sagen, passieren zwei Dinge:

✔ **Sie stellen fest, dass Sie »Nein« sagen können und die Menschen Sie trotzdem noch mögen.**

Vermutlich hat das »Nein« sagen keine wirklichen Konsequenzen für Sie. Zumindest nicht, was die Beziehung zu dieser Person angeht.

✔ **Sie sind für sich selbst eingestanden.**

Es mag sich am Anfang für Sie ungewohnt anfühlen, vermutlich sogar unangenehm. Aber auf Dauer stärkt genau dies Ihr Selbstvertrauen.

Beide Aspekte sorgen dafür, dass es für Sie in Zukunft einfacher wird, für sich selbst einzustehen. Es entsteht eine Aufwärtsspirale und so können Sie Stück für Stück das People Pleasing ablegen (siehe Abbildung 6.2).

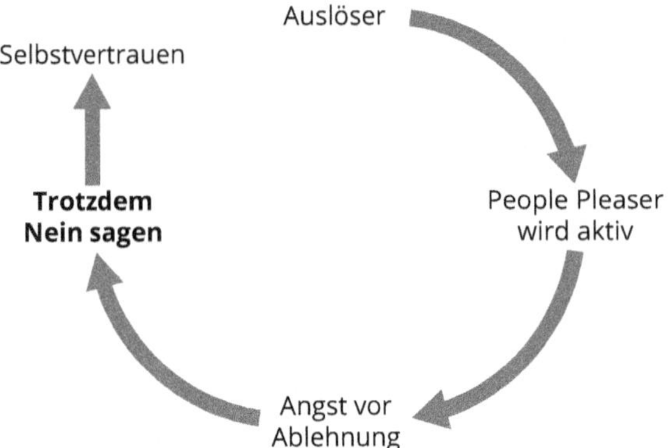

Abbildung 6.2: Trotzdem »Nein« sagen als Ausweg aus dem People-Pleaser-Teufelskreis

Je öfter Sie »Nein« sagen, wenn Sie tatsächlich auch »Nein« sagen wollen, desto leichter wird es Ihnen in der Zukunft fallen und Sie werden irgendwann aufhören, sich wie ein People Pleaser zu fühlen. Das Gefühl kommt aber leider erst nach der Handlung. Sie werden nicht aufhören sich wie ein People Pleaser zu fühlen, bevor Sie nicht anfangen Grenzen zu setzen und »Nein« sagen. Handlung kommt, bevor Sie dann auch im Inneren Ihre Identität nachziehen.

Sie müssen aufhören, sich wie ein People Pleaser zu verhalten, um auch aufzuhören sich wie ein People Pleaser zu fühlen. Andersrum funktioniert es leider nicht so einfach.

Einfacher »Nein« sagen

Das sagt sich so einfach. Auch wenn »Nein« sagen gegen das People Pleasing hilft und es leichter für Sie wird, »Nein« zu sagen, je öfter Sie es tun, ist ja nun genau das »Nein« sagen für People Pleaser ein Problem. »Einfach machen« ist oft einfacher gesagt als getan. Daher folgen in den nächsten Abschnitten einige Tipps, wie Sie lernen können, »Nein« zu sagen.

Glaubenssätze checken

Tragen Sie den Glaubenssatz »Ich muss doch meine Mitmenschen immer unterstützen!« in sich? Fragen Sie sich, ob dieser Satz so stimmt.

Vielleicht regt sich bereits bei diesem Gedanken, dass dieser Satz so nicht stimmen könnte, in Ihnen schon Gegenwehr. »Natürlich sollte man Menschen unterstützen! Was wäre das denn sonst für eine Welt?« könnten Sie nun sagen. Und sicherlich haben Sie damit recht.

Aber denken Sie doch mal darüber nach, ob in diesem Satz das kleine Wörtchen »immer« stimmt. Müssen Sie anderen Menschen IMMER und in JEDER Situation helfen? Gibt es Ausnahmen? Gibt es Situationen, in denen diese Annahme nicht stimmt?

Vielleicht müssen Sie darüber etwas nachdenken, aber sicherlich fallen Ihnen auch Ausnahmen ein. Eine Ausnahme könnte sein, wenn Sie wissen, dass eine Kollegin viel besser qualifiziert wäre, um eine Aufgabe zu lösen als Sie. Müssten Sie dann unbedingt die Person sein, die hilft? Oder wenn Sie wissen, dass jemand Sie immer ausnutzt und unhöflich ist – müssten Sie dann dieser Person wirklich immer helfen?

Wenn Sie mal darüber nachdenken, ist es nicht vielleicht sogar arrogant davon auszugehen, dass ausgerechnet Sie immer die Person sind, die aushelfen muss?

Fragen Sie sich außerdem, was wirklich passieren kann, wenn Sie »Nein« sagen. Ihre Angst ist vielleicht, dass andere Sie dann nicht mehr mögen. Dass andere vielleicht sogar sauer werden. Aber wird das wirklich passieren? Wie hoch ist die Wahrscheinlichkeit?

Waren Sie denn schon mal sauer auf eine Person, die zu Ihnen »Nein« gesagt hat? Waren Sie schon mal sauer, wenn Sie einen Kollegen um einen Gefallen gebeten haben und dieser Ihnen gesagt hat, dass er selbst gerade viel zu viel zu tun hat und die Aufgabe nicht übernehmen kann?

Vermutlich nicht. Warum sollten die anderen Menschen dann sauer auf Sie werden? Und wenn das doch passieren würde – dann fragen Sie sich doch, ist es Ihnen wirklich wichtig, was eine Person, die sauer auf Sie wird, weil Sie »Nein« sagen, über Sie denkt? Denn wenn eine Person sauer wird – kann es dann sein, dass diese Sie eigentlich als Person nicht unbedingt schätzt, sondern nur das, was Sie ihr alles an Gefallen zur Verfügung stellen können?

Vielleicht fühlt es sich emotional für Sie an. Aber versuchen Sie es doch mal rational zu betrachten. Die einzigen Menschen, die sauer auf Sie werden, wenn Sie anfangen Grenzen zu ziehen, sind die Menschen, die genau diese Grenzen regelmäßig überschritten haben und nun sauer sind, weil Sie eben nicht mehr so leicht ausnutzbar sind.

Glaubenssätze überprüfen

Um Ihren Glaubenssatz zu überprüfen, reflektieren Sie folgende Fragen:

- ✔ Gibt es Situationen, in denen es für Sie selbst nicht gut wäre zu helfen?
- ✔ Fallen Ihnen Situationen ein, in denen Ihnen das Helfen selbst geschadet hat?
- ✔ Gibt es Umstände, die rechtfertigen, dass Sie nicht helfen?
- ✔ Gab es Situationen, bei denen Sie, im Nachhinein betrachtet, »Nein« hätten sagen sollen?
- ✔ Wann wäre es in der aktuellen Situation wichtiger, auf sich selbst zu achten?
- ✔ Gab es Situationen, bei denen Sie nicht die richtige Person für die Hilfe waren?

Mögliche neue Glaubenssätze wären folgende:

- ✔ »Ich helfe nur, wenn ich die einzige Person bin, die helfen kann.«
- ✔ »Ich helfe nur Menschen, die mich nicht ausnutzen.«
- ✔ »Ich helfe nur, wenn ich wirklich Kapazitäten habe.«
- ✔ »Ich helfe nur, wenn es keine andere Person gibt, die besser helfen kann.«
- ✔ »Ich helfe nur, wenn es mir selbst nicht schadet.«

»Nein« ist kein böses Wort

Um leichter »Nein« sagen zu lernen, müssen Sie lernen, dass »Nein« kein böses Wort ist. »Nein« zu sagen, bedeutet außerdem nicht, dass Sie »gegen« jemanden sind oder dass Sie jemandem etwas Böses wollen. »Nein« ist kein böses Wort und »Nein« ist außerdem ein ganzer Satz.

»Nein« ist genau genommen zu Ihrem Schutz. Denn wenn Sie »Ja« sagen, dann sagen Sie automatisch zu etwas anderem »Nein«. »Nein« zu wichtigeren Aufgaben. »Nein« zu Entspannung und Freizeit. »Nein« zu Ihren eigenen Bedürfnissen oder Ihren Grenzen.

Ein »Ja« zu anderen bedeutet auch oft ein »Nein« zu Ihnen selbst. Aus diesem Grund ist »Nein« eigentlich nur zu Ihrem Schutz. Nicht gegen die andere Person, sondern für Sie.

5-mal »Warum?«

Die Übung »5-mal »Warum?« ist gut geeignet, um herauszufinden, welche Ängste Sie wirklich davon abhalten, »Nein« zu sagen. Sie stellen sich im Prinzip 5-mal die Frage »Warum?«

- ✔ Warum haben Sie Angst, »Nein« zu sagen, wenn ein Kollege Sie um Hilfe bittet?

  Weil Sie Angst haben, dass der Kollege enttäuscht oder verärgert sein könnte.

- ✔ Warum?

  Weil Sie denken, dass der Kollege Sie dann weniger mögen könnte.

- ✔ Warum?

  Weil Sie glauben, dass Ihr Wert davon abhängt, ob und wie oft Sie anderen Menschen helfen.

- ✔ Warum?

  Weil Sie in der Vergangenheit oft Anerkennung bekommen haben, wenn Sie anderen geholfen haben.

- ✔ Warum?

  Weil Ihre Eltern Sie immer belohnt haben, wenn Sie anderen geholfen haben.

Ein »Nein« kann nicht nur Ihnen nutzen!

Stellen Sie sich mal vor, Sie werden gebeten, eine Aufgabe zu übernehmen, Sie sagen »Ja«, weil es Ihre Standardantwort ist und Sie merken dann, dass Sie eigentlich gar nicht für diese Aufgabe qualifiziert sind. Im schlimmsten Fall machen Sie bei der Aufgabe massive Fehler oder die Qualität des Ergebnisses leidet. Jetzt muss die andere Person die Inhalte noch mal überarbeiten oder sogar von vorne anfangen. Eventuell gerät nun die Person auch noch in Zeitdruck, denn Sie hat sich ja darauf verlassen, dass Sie die Aufgabe übernehmen.

In diesem Fall wäre es wahrscheinlich von Vorteil gewesen, wenn Sie »Nein« gesagt hätten. Ein »Nein« hätte nicht nur Ihnen genutzt, weil Sie die Aufgaben nicht übernommen hätten, dadurch nicht in Stress geraten wären, sondern ein »Nein« hätte auch der anderen Person genutzt. Sie hätte rechtzeitig jemand anderen fragen können, der oder die qualifizierter für die Aufgabe gewesen wäre oder sich rechtzeitig selbst an die Aufgabe setzen können, anstatt sich darauf zu verlassen, dass Sie die Aufgabe erledigen.

Dies gilt natürlich nicht nur für Aufgaben, für die Sie eigentlich nicht wirklich qualifiziert sind, sondern auch dann, wenn Sie einfach Fleißaufgaben übernehmen sollten, aber schon so viele Aufgaben auf Ihrer Liste haben, dass Sie auch dieser Fleißaufgabe gar nicht gerecht werden können beziehungsweise sie nicht mehr rechtzeitig schaffen werden.

Wenn es Ihnen schwerfällt »Nein« zu sagen, dann überlegen Sie sich: Wie nützt ein »Nein« allen etwas?

Emotionen aushalten

Die Emotion, die meist mit dem Neinsagen oder dem Setzen von Grenzen einhergeht, ist Angst. Angst, dass die andere Person uns dann nicht mehr mag. Im Grunde haben wir aber keine Angst vor der Ablehnung der anderen Person, sondern wir haben Angst davor, wie wir uns fühlen, wenn genau das passiert. Den Schmerz, den wir dann spüren würden, wenn die andere Person uns tatsächlich ablehnt. Es ist im Grunde also eine Angst vor den unangenehmen Emotionen – die eventuell ausgelöst werden könnten, sollte ein – aktuell noch ungewisses – Ereignis eintreten.

Im Grunde müssen Sie nur lernen, die Emotionen auszuhalten. Die Angst und im Zweifel auch den Schmerz der Ablehnung– auch wenn die befürchtete Ablehnung wahrscheinlich nicht eintreten wird.

Angst oder auch der Schmerz der Ablehnung fühlt sich natürlich nicht besonders gut an, es sind aber nur Emotionen. Mehr nicht. Sie können Sie nicht umbringen. Sie fühlen sich einfach nur unangenehm an. Wenn Sie jedoch lernen, die Emotion auszuhalten und zuzulassen, verschwindet sie meistens recht schnell wieder.

Wenn Sie die Angst aushalten können, dann wissen Sie, dass Sie mit den emotionalen Folgen von Ablehnung umgehen könnten, und Sie lassen sich von der Angst vorm Neinsagen nicht zurückhalten.

Emotionen nachspüren und aushalten

- ✔ Wo im Körper sitzt die Emotion? Kribbeln im Bauch? Druck auf den Schultern?
- ✔ Welche Emotion ist es? Angst? Frustration? Unsicherheit?
- ✔ Fühlen Sie. Nehmen Sie sich Zeit, sich in die Emotion einzufühlen. Emotionen verschwinden meist so schnell, wie sie gekommen sind. Atmen Sie!

Klarheit über Ziele und Prioritäten

Um zu wissen, wann Sie »Nein« sagen sollten, müssen Sie wissen, was Sie eigentlich wollen. Sie müssen Ihre Ziele und Ihre Prioritäten kennen, um dann zu wissen, welche Handlungen nicht zu Ihren eigenen Zielen passen. Wenn Sie das genauer wissen, können Sie schneller und leichter entscheiden, in welchen Situationen Sie »Nein« sagen. Eine Methode, um sich die eigenen Prioritäten klarzumachen, ist das Lebensrad.

Das Lebensrad

Das Lebensrad bietet einen Überblick darüber, in welchen Lebensbereichen Sie zufrieden sind, und zeigt, wo Sie Änderungen vornehmen können.

1. Zeichnen Sie einen Kreis auf ein großes Blatt Papier und teilen diesen Kreis in acht gleiche Teile – wie eine Torte. (Sie können sich dazu auch Vorlagen im Internet ausdrucken).

2. In jedes Tortenstück tragen Sie Ihre verschiedenen Lebensbereiche ein: Karriere, Finanzen, Gesundheit, Familie, Sozialleben – je nachdem welche Bereiche für Sie wichtig sind.

   Wenn Sie sich aber nur auf Ihren Job und Ihre Karriere konzentrieren und Ihr Privatleben auslassen wollen, dann können Sie natürlich auch die Bereiche feiner runterbrechen und nur auf Ihre Arbeit beziehen. Zum Beispiel: Fachliche Fähigkeiten, Arbeitsumfeld, Work-Life-Balance, Karriereentwicklung, Zeitmanagement, Beziehungen zu Kollegen et cetera.

3. Nun bewerten Sie jeden Lebensbereich auf einer Skala von 1–10 danach, wie zufrieden Sie sind. Dies können Sie auch grafisch deutlich machen, indem Sie die Tortenstücke entsprechend ausmalen. Bei einer 10 das ganze Tortenstück ausmalen, bei einer 5 nur die Hälfte.

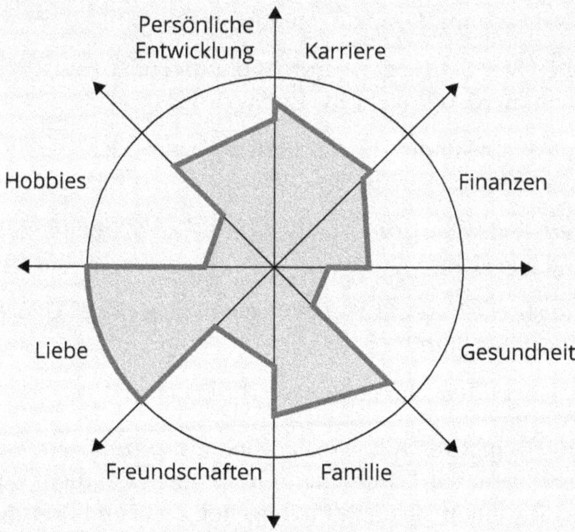

Abbildung 6.3: Beispiel eines Lebensrades

4. Nun schauen Sie sich besonders die Bereiche an, in denen die Zufriedenheit eher gering ist. Setzen Sie sich dort kleine, erreichbar Zeile, die Ihre Zufriedenheit in diesem Bereich steigern könnten. Ergänzend zu den Zielen, überlegen Sie sich dann Maßnahmen, die Sie umsetzen wollen.

Zum Beispiel:

Bereich: Fachliche Fähigkeiten

Bewertung: 5

Ziel: Fachkenntnisse im Bereich Buchhaltung ausbauen

Maßnahme: Eine Wochenendfortbildung zu Buchhaltung absolvieren

Best Possible Self

Eine Übung, wie Sie Ihre Ziele leichter herausfinden können, ist die Best-Possible-Self-Übung. Nehmen Sie sich dazu einfach einen Zeitpunkt in der Zukunft. Das kann der Zeitpunkt sein, wenn Sie 80 Jahre alt sind. Das kann in 20 Jahren, oder 10 oder 5 sein. Gehen Sie da einfach nach Ihrem Gefühl und was sich für Sie am einfachsten vorstellen lässt.

Schreiben Sie sich jetzt ganz genau auf, wie Ihr Leben zu diesem Zeitpunkt aussehen wird. Stellen Sie sich dabei vor, dass all Ihre Ziele und Wünsche in Erfüllung gegangen sind. Wie sehen dann die Umstände Ihres Lebens aus? Seien Sie dabei so detailliert wie möglich.

Beantworten Sie zum Beispiel folgende Fragen:

- ✔ Wo leben Sie? Stadt oder Land? Wohnung oder Haus? Mit wem leben Sie zusammen? Wie sieht Ihr Zuhause aus?
- ✔ Wie starten Sie in den Tag? Schlafen Sie aus oder sind Sie Frühaufsteher? Was frühstücken Sie?
- ✔ Wie verbringen Sie grundsätzlich Ihren Tag? Arbeiten Sie? Wenn ja, was und wie viel?
- ✔ Verbringen Sie Zeit mit Hobbys? Wenn ja, welche? Und wie viel Zeit verbringen Sie damit?
- ✔ Mit welchen Menschen teilen Sie Ihr Leben?

Indem Sie sich auf Ihren Alltag in der Zukunft konzentrieren und einfach mal drauflosschreiben, wird Ihnen dann hoffentlich deutlich, was Ihnen wichtig ist. Davon können Sie dann Ihre eigenen Ziele und Prioritäten ableiten.

Finden Sie Ihre Werte

Um Ihre Ziele zu finden, ist es auch hilfreich die eigenen Werte zu kennen. So gehen Sie vor:

1. Suchen Sie sich aus der Liste Ihre Top-10-Werte raus und schreiben sich diese auf.
2. Nehmen Sie nun den ersten Wert aus Ihrer Liste und vergleichen diesen mit dem zweiten Wert und überlegen sich, welcher der Werte Ihnen wichtiger ist. Hinter diesen Wert machen Sie einen Strich.
3. Nun nehmen Sie immer noch den ersten Wert auf Ihrer Liste und vergleichen diesen mit dem dritten Wert auf der Liste. Auch hier machen Sie einen Strich hinter dem Wert, der Ihnen wichtiger ist.
4. Wenn Sie den ersten Wert mit allen anderen Werten verglichen haben, nehmen Sie den zweiten Wert auf der Liste und vergleichen diesen mit dem dritten Wert auf der Liste, dann mit dem vierten Wert und so weiter …
5. Wenn Sie den zweiten Wert mit allen anderen Werten verglichen haben, nehmen Sie den dritten Wert und vergleichen diesen mit dem vierten Wert. Wenn Sie dann mit dem vierten Wert durch sind, nehmen Sie den fünften Wert, bist Sie am Ende alle Werte miteinander verglichen haben.
6. Zählen Sie nach, welche Werte am meisten Striche bekommen haben. Definieren Sie daraus Ihre Top-3-Werte.
7. Sobald Sie Ihre Top-3-Werte kennen, stellen Sie sich folgende Fragen:
   - Was bedeuten diese Werte für Sie genau?
   - In welchen Lebensbereichen leben Sie diese Werte bereits?
   - In welchen Lebensbereichen leben Sie diese Werte noch nicht? Sollte das geändert werden? Wenn ja, wie können Sie das ändern?

Eine Werteliste finden Sie in Tabelle 6.1.

Ehrlichkeit	Integrität	Respekt
Verantwortung	Freiheit	Familie
Freundschaft	Gesundheit	Wachstum
Kreativität	Abenteuer	Sicherheit
Unabhängigkeit	Mitgefühl	Gerechtigkeit
Humor	Loyalität	Weisheit
Mut	Dankbarkeit	Authentizität
Harmonie	Leistung	Spiritualität

Nachhaltigkeit	Gleichheit	Tradition
Innovation	Vertrauen	Gelassenheit
Bildung	Toleranz	Selbstdisziplin
Optimismus	Großzügigkeit	Bescheidenheit
Zuverlässigkeit	Flexibilität	Empathie
Durchhaltevermögen	Ästhetik	Effizienz
Offenheit	Leidenschaft	Balance
Individualität	Gemeinschaft	Exzellenz
Umweltbewusstsein	Lebenslanges Lernen	Resilienz
Achtsamkeit	Integrität	Disziplin

Tabelle 6.1: Werteliste

Wenn Ihnen noch weitere Werte einfallen, die Ihnen wichtig sind, können Sie diese natürlich noch auf der Liste ergänzen.

Sich belohnen

Belohnen Sie sich jedes Mal, wenn Sie für sich selbst eingestanden sind. Die Belohnung kann etwas Kleines sein, wie eine kurze Pause machen, Ihren Lieblingsschokoriegel essen oder eine schöne Aktivität.

Das Ziel ist Ihre Entscheidung »Nein« zu sagen und Ihr Verhalten positiv zu verstärken. Wenn Sie nach einer Handlung eine Belohnung bekommen, bringen Sie sich selbst bei, dass Sie dieses Verhalten öfter durchführen sollten.

Sie müssen sich auch nicht unbedingt belohnen, aber es ist wichtig, dass Sie für sich selbst anerkennen, etwas gemacht zu haben, worauf Sie stolz sein können. Die Anerkennung – auch ohne eine spezielle Belohnung – ist wichtig.

Es mag sein, dass »Nein« sagen, sich am Anfang überhaupt nicht gut anfühlt. Es kann passieren, dass Sie ein schlechtes Gewissen bekommen – weil Sie es einfach nicht gewöhnt sind »Nein« zu sagen. Das ist normal und wird mit der Zeit immer besser. Wichtig ist aber in diesem Fallt trotzdem, dass Sie anerkennen, etwas getan zu haben, das für Sie eine Herausforderung war. Das verdient in jedem Fall Anerkennung.

Schreiben Sie sich täglich auf, in welchen Situationen Sie das Gefühl hatten, dass Sie anderen gefallen wollten und das Bedürfnis hatten, es einer anderen Person recht machen zu wollen. Reflektieren Sie über Ihre Emotionen und Gedanken in diesen Situationen.

Pareto-Altruismus

Handeln Sie nach dem Pareto-Altruismus: Handeln Sie so, dass es dadurch mindestens einem der Beteiligten besser und keinem schlechter geht.

Kommunikation von Grenzen

Überhaupt an den Punkt zu kommen, »Nein« zu sagen, ist schon oft nicht einfach, aber dann müssen Sie in der Situation auch noch die richtigen Worte finden. Auch nicht einfach. Deswegen sind im Folgenden ein paar Punkte aufgeführt, die Sie beachten können, wenn es darum geht, das »Nein« auszuformulieren.

✔ **Schlagen Sie eine Alternative vor.**

Wenn Sie das schlechte Gewissen plagt, weil Sie das Gefühl haben, die andere Person im Stich zu lassen, dann versuchen Sie eine Alternative zu bieten. Ein Kollege fragt Sie, ob Sie bei einem Projekt aushelfen können. Schlagen Sie stattdessen doch jemand anderes aus dem Team vor. Damit lösen Sie sich von Ihrem schlechten Gewissen, denn obwohl Sie selbst das Projekt abgelehnt haben, haben Sie trotzdem das Problem Ihres Kollegen gelöst – der eine Person suchte, die aushilft. Eventuell handelt es sich bei der von Ihnen vorgeschlagenen Person sogar um jemanden, der nicht nur für Sie die Arbeit übernimmt, sondern im Idealfall sogar um jemanden, der sich für die Aufgabe besser eignet. Natürlich ist es keine Voraussetzung, dass Sie immer eine Alternative bereit haben, aber es kann Ihnen helfen, mit Ihrem eigenen schlechten Gewissen – das für People Pleaser oft normal ist – umzugehen.

✔ **Bleiben Sie freundlich.**

Sie können klar und deutlich sein und trotzdem dabei freundlich bleiben. »Nein« sagen bedeutet nicht automatisch, dass Sie unhöflich sind – auch wenn viele People Pleaser das oft annehmen. Wenn das Ihr Gedanke ist, dann achten Sie darauf, dass Sie besonders freundlich sind. Zum Beispiel »Ich freue mich sehr, dass Sie mir die Aufgabe zutrauen, aber …«. »Danke, dass du mich eingeladen hast, aber …«

✔ **Geben Sie keine oder nur eine kurze Erklärung.**

Viele Menschen haben das Bedürfnis, Ihre Entscheidungen zu begründen. Das ist grundsätzlich auch keine schlechte Idee, wenn auch keine Voraussetzung. Die meisten Menschen wollen Gründe für Verhalten oder Entscheidungen verstehen und da können Erklärungen helfen. Aber wichtig ist hierbei, dass Sie sich nicht in langen Antworten verlieren. Sie müssen keine ausschweifenden Erklärungen finden, warum Sie »Nein« sagen, eine ganz kurze Begründung reicht. Denn ansonsten besteht die Gefahr, dass Ihr »Nein« gar nicht richtig ankommt und in Ihrer Erklärung verloren geht.

Grundsätzlich gilt aber, dass Sie Ihr »Nein« nicht begründen müssen. Dazu sind Sie niemals verpflichtet, denn ein »Nein« ist immer auch ein ganzer Satz. Wenn eine Begründung Ihnen aber beim Neinsagen hilft, dann können Sie das natürlich nutzen.

Warum Menschen eine Begründung benötigen

In einer spannenden Studie aus den 1970er-Jahren wurde untersucht, ob Menschen eher mit Verhalten umgehen können, wenn Sie eine Begründung bekommen.

In einer Bibliothek stellte sich eine Person in einer langen Schlange vor einen Kopierer und bat die Wartenden, sie vorzulassen. Dabei verwendete sie drei verschiedene Anfragen. »Darf ich vor?«, »Darf ich vor, weil ich es eilig habe?« oder »Darf ich vor, weil ich kopieren muss?« Etwa 60 Prozent der Menschen ließen sie bei der ersten Anfrage, der Anfrage ohne Begründung, vor.

Bei den beiden anderen Fragen ließen sie etwa 94 Prozent der Menschen vor. Genau genommen ist die dritte Anfrage, ob sie vor darf, weil sie kopieren muss, eine Anfrage ohne Begründung. Denn natürlich muss auch die Person, die einfach nur fragt, ob sie vor darf, kopieren – Warum sollte sie sonst den Kopierer nutzen wollen? Ebenso die Person, die es eilig hat. In allen drei Fällen will die Person kopieren, also ist »weil ich kopieren muss« keine wirkliche Begründung. Aber die Menschen reagieren trotzdem so stark darauf, wie auf die echte Begründung, die der Eile. Das zeigt, wir brauchen gar nicht unbedingt eine gute Begründung, solange wir eine Begründung haben.

Sie brauchen also beim Neinsagen keine besonders lange und durchdachte Begründung. Es reicht eine ganz simple Begründung.

- **Fangen Sie den Satz mit »»Nein«« an.**

  Besonders, wenn Sie mit Menschen konfrontiert sind, die gerne noch mal nachhaken oder nicht so schnell lockerlassen, fangen Sie Ihren Satz mit einem »Nein« an. Reden Sie nicht lange um den heißen Brei herum, sondern sagen Sie ganz klar »Nein«. Wenn Sie nur herumdrucksen, entstehen schnell Missverständnisse und der anderen Person ist vielleicht unklar, was nun eigentlich Ihre Antwort war.

  Manche Menschen wollen auch etwas anderes hören, als Sie eigentlich sagen. Wenn Sie sagen »Ich habe grad keine Zeit!«, dann hören manche Menschen, dass Sie dafür dann später Zeit für ihre Anfrage haben.

Seien Sie daher ganz klar in Ihrer Kommunikation. »Nein«, die Aufgabe werde ich nicht übernehmen. Dazu fehlen mir die zeitlichen Kapazitäten« – hört sich direkt ganz anders an.

- **Antworten Sie nicht mit »vielleicht«.**

  Sie können natürlich mit »vielleicht« antworten, wenn Sie tatsächlich noch nicht wissen, was Ihre Antwort sein wird und Sie erst mal eine Weile darüber nachdenken müssen. Aber, wenn Sie eigentlich schon wissen, dass Ihre Antwort ein »Nein« sein wird, dann sagen Sie auch »Nein«.

  Jemand lädt Sie auf eine Geburtstagsfeier am Wochenende ein und Sie wissen eigentlich schon, dass Sie nicht hingehen wollen, weil Ihre Woche voll war und Sie dringend Zeit für sich benötigen. Sie antworten mit »vielleicht«, obwohl Sie eigentlich schon wissen, dass Sie dann kurz vor der Party mit einer Ausrede um die Ecke kommen werden – vielleicht ein spontaner Migräneanfall – um nicht hinzumüssen. Sie antworten so, weil Sie in dem Moment der Einladung das Geburtstagskind nicht mit einer Ablehnung verletzen wollen, und der spätere Migräneanfall scheint Ihnen wie eine passende Ausrede – denn Sie wollten ja zur Feier gehen, das Geburtstagskind kann Ihnen dann ja kaum böse sein.

Damit ist aber niemandem wirklich gedient. Außer vielleicht Ihrem Gewissen. Das Ergebnis für das Geburtstagskind ist, dass Sie nicht nur nicht da sind, sondern auch, dass mit Ihnen zuerst geplant war, zum Beispiel bei der Essensmenge

Es sollte normalisiert werden, dass Menschen einfach klar und offen kommunizieren, wenn Sie auf etwas keine Lust haben oder einfach mal Zeit für sich benötigen. Dazu sollten keine Ausreden nötig sein.

»Oh, ich wünschte ich könnte, aber ich will nicht.« Zitat von Phoebe aus der Fernsehsendung *Friends* auf die Frage, ob sie helfen möchte.

Um Bedenkzeit bitten

Bevor Sie antworten, bitten Sie um Bedenkzeit. Wenn Ihr erster Impuls immer ist »Ja« zu sagen, könnte es Ihnen leichter fallen, zunächst um Bedenkzeit zu bitten, anstatt direkt »Nein« zu sagen. Das gibt Ihnen Zeit, darüber nachzudenken, ob Sie dem Gefallen oder der Anfrage tatsächlich nachkommen wollen.

»Lass mich erst mal prüfen, ob ich es zeitlich unterbekomme. Ich sage dir später Bescheid.«

»Ich muss in meinen Kalender schauen. Ich gebe dir dazu morgen Rückmeldung.«

In der Bedenkzeit können Sie dann nicht nur in Ruhe darüber nachdenken, ob Sie der Anfrage tatsächlich nachkommen wollen, sondern auch, wie Sie Ihre Antwort formulieren wollen. Wenn es Ihnen außerdem schwerfällt, im direkten Gespräch »Nein« zu sagen, können Sie nach der Bedenkzeit zum Beispiel auch schriftlich eine Rückmeldung geben. Schriftlich ist oft einfacher, weil Sie in Ruhe über Ihre Formulierungen nachdenken und ebenfalls in Ruhe auf mögliche Einwände reagieren können.

✔ **Üben Sie regelmäßig.**

Üben Sie regelmäßig »Nein« zu sagen in kleinen, für Sie relativ unwichtigen Situationen. Wenn es Ihnen in kleinen, »ungefährlichen« Situationen irgendwann sehr leicht fällt »Nein« zu sagen, dann lässt sich das einfach auf gewichtigere Situationen übertragen, zum Beispiel dann, wenn die Anfrage groß ist oder Ihnen die Menschen, die Sie um einen Gefallen bitten, wichtig sind.

Kleine Situationen, an denen Sie es üben können, wären zum Beispiel, wenn Ihnen jemand an der Kasse eine Mitgliedskarte andrehen möchte. Oder, wenn Sie auf der Straße von einer Organisation angesprochen werden, die Spenden sammelt. Oder, Sie üben mit Menschen, bei denen Sie sich sicher fühlen und wissen, dass es unwahrscheinlich ist, von ihnen abgelehnt zu werden.

Sätze, um Grenzen zu setzen und »Nein« zu sagen

Brauchen Sie ein paar Formulierungen, wie Sie höflich, aber klar »Nein« sagen? Wie wäre es mit:

- ✔ Das hört sich toll an, aber mir fehlt aktuell absolut die Kapazität.
- ✔ Ich würde total gerne, aber ich habe gerade andere Prioritäten.
- ✔ Ich fühle mich geehrt, dass du mich fragst, aber ich fürchte, dass ich dieser Aufgabe gerade nicht richtig gerecht werden könnte.
- ✔ Ich würde dir gerne helfen, aber ich habe erst in der nächsten Woche/im nächsten Monat wieder Zeit.
- ✔ Das klingt nach einer spannenden Aufgabe, aber ich glaube nicht, dass ich die passende Person dafür bin. Ich denke Person XY könnte viel besser geeignet sein.

Strategien zum Umgang mit negativen Reaktionen auf ein »Nein«

Egal wie gut Sie kommunizieren, es kann natürlich vorkommen, dass jemand Ihr »Nein« nicht akzeptiert und Ihnen trotzdem noch eine Aufgabe aufdrücken möchte oder eventuell sogar sauer auf Sie wird. Hier folgen ein paar Tipps, wie Sie damit umgehen können.

- ✔ **Wiederholen Sie Ihr »Nein«**

  Wiederholen Sie noch einmal Ihr »Nein« und Ihre Gründe. »Wie ich bereits gesagt habe, bin ich schon mit Aufgaben überlastet und kann nicht noch weitere übernehmen.« Wenn die Person dann immer noch nicht lockerlässt, wiederholen Sie Ihre Antwort noch mal und betonen Sie, dass Sie Ihre Antwort wiederholen. »Ich wiederhole mich jetzt zum dritten Mal …«

- ✔ **Zeigen Sie Verständnis.**

  Zeigen Sie, dass Sie Verständnis für das Problem der anderen Person haben. Aber ohne dabei Ihre Antwort und Ihre Meinung zu verändern. »Ich verstehe, dass es für dich schwierig ist und du Hilfe benötigst, aber ich habe leider gerade absolut keine Kapazitäten und kann dir nicht helfen.«

✔ **Bieten Sie alternative Lösungen an.**

Um nicht nur einfach »Nein« zu sagen, können Sie eine alternative Lösung anbieten, zum Beispiel wie die Person die Aufgabe selbst leichter erledigen kann oder welche andere Person helfen kann. »Vielleicht kann Kollege XY helfen.«

✔ **Fragen Sie bei Unklarheiten nach**

Fragen Sie nach, wenn Ihr »Nein« nicht akzeptiert wird, um die Gründe für den Widerstand zu verstehen. »Was genau macht es schwierig, meine Antwort zu verstehen?«

✔ **Halten Sie Grenzen schriftlich fest.**

Besonders dann, wenn es Personen gibt, die immer wieder für Probleme sorgen, empfiehlt es sich, die Grenzen und die Antworten darauf schriftlich festzuhalten. So haben Sie im Zweifel einen Nachweis.

Was Sie als People Pleaser sonst noch tun sollten

People Pleaser können nicht nur schlecht »Nein« sagen oder Grenzen aufziehen, sondern haben oft noch kleine Gewohnheiten, die People Pleasing verstärken können. Um dagegen zu wirken, sollten Sie Folgendes tun:

✔ **Lächeln Sie nicht, wenn es nicht angebracht ist.**

Damit ist nicht gemeint, dass Sie unfreundlich werden sollen. Aber wenn Sie die Tendenz haben, unhöfliches Verhalten anderer wegzulächeln, dann hören Sie auf zu lächeln. Selbst wenn Sie sich noch nicht trauen, etwas gegen das unhöfliche Verhalten zu sagen, versuchen Sie immerhin mit dem Lächeln aufzuhören. Gleiches gilt für unwitzige Witze – besonders dann, wenn diese nicht nur nicht witzig, sondern im schlimmsten Fall unhöflich, verletzend oder auf irgendeine Art und Weise diskriminierend sind. Sie müssen nicht über jeden Witz lachen. Besonders für Frauen ist das oft ein antrainiertes Verhalten – Frauen wird oft beigebracht immer lieb und nett zu sein –, dass das freundliche Lächeln oft automatisch kommt.

✔ **Nehmen Sie Lob an.**

Sie können mit Lob nur schlecht umgehen und spielen dies automatisch runter? »Ach, war doch gar nicht so toll! Der Aspekt hätte noch besser sein können!« – Das lassen Sie ab sofort. Anstatt Lob runterzuspielen, lächeln Sie einfach freundlich und bedanken sich. Auch hier – besonders Frauen wird beigebracht, dass Sie doch bitte bescheiden sein müssen, sodass sie oft Komplimente und Lob runterspielen.

- **Hören Sie auf, sich ständig zu entschuldigen.**

  »Entschuldigung, darf ich dich kurz stören?« Wofür genau entschuldigen Sie sich hier? Für die Unterbrechung, die sowieso schon stattgefunden hat? Achten Sie mal darauf, wie oft Sie sich entschuldigen und in wie vielen Fällen die Entschuldung tatsächlich notwendig war.

- **Relativieren Sie die eigenen Ideen weniger.**

  Sagen Sie auch so Dinge wie »Ich weiß nicht, ob das Quatsch ist, aber ich hätte folgende Idee …«. Damit haben Sie direkt Ihre eigene Idee relativiert und den Zuhörenden eigentlich schon mitgeteilt, dass sie vermutlich nicht so gut ist. Ein Versuch von Ihnen sich vor Kritik zu schützen, die vielleicht kommen könnte – denn Sie haben ja selbst bereits angekündigt, dass Sie Ihre Idee für Quatsch halten. Stehen Sie zu Ihren Ideen!

Wie können Sie erwarten, dass andere Ihre Grenzen respektieren, wenn Sie diese selbst nicht respektieren, weil Sie nie Grenzen ziehen?

IN DIESEM KAPITEL

Ursachen von Perfektionismus

Folgen von Perfektionismus

Umgang mit Perfektionismus

Kapitel 7
Perfektionismus

Während ein bestimmtes Maß an Detailgenauigkeit und Sorgfalt sowie hohe Ansprüche an die eigene Arbeit hilfreich sind, ist Perfektionismus oft belastend. Perfektionismus sorgt für zu hohe Ansprüche, zu viel Druck und oft Stress und Selbstzweifel.

In diesem Kapitel wird der Begriff Perfektionismus erklärt und Sie erfahren Wissenswertes zu den Ursachen und Auswirkungen von Perfektionismus. Anschließend lernen Sie Strategien kennen, wie Sie mit Perfektionismus umgehen können, um sich von Ihren hohen Ansprüchen nicht erdrücken zu lassen.

Was Perfektionismus ist

Haben Sie schon mal gehört, dass Menschen sich als Perfektionist oder Perfektionistin bezeichnet haben, zum Beispiel in einem Bewerbungsgespräch, und damit eigentlich nur meinten, dass sie ein Auge fürs Detail haben? Ganz klischeehaft kommt das manchmal als Antwort auf die Frage nach den persönlichen Schwächen. Vielleicht erhoffen sich die Kandidaten dann, dass Sie damit eigentlich eine Stärke – ein Auge fürs Detail ist schließlich eher eine Stärke – nennen anstatt eine echte Schwäche.

Ein Auge für Details ist aber nicht unbedingt Perfektionismus und echter Perfektionismus auch nicht wirklich eine Stärke. Eher im Gegenteil. Die Betroffenen können unter ihrem Perfektionismus stark leiden und in vielen Fällen wird auch das Umfeld durch Perfektionismus beeinflusst und kann auch leiden.

Perfektionismus ist vor allem erst mal ein Persönlichkeitsmerkmal, das in erster Linie charakterisiert ist durch sehr hohe Ansprüche. Menschen mit perfektionistischen Zügen haben oft sehr hohe Ansprüche und Erwartungen an sich selbst und auch an andere Menschen.

Diese Ansprüche sind normalerweise nicht flexibel. Das bedeutet, für Perfektionisten ist es wahnsinnig schwierig ihre Maßstäbe zu senken und sie halten diese aufrecht, ohne dabei Rücksicht zu nehmen auf die Umstände oder Veränderungen.

Der wichtigste Punkt bei Perfektionismus ist allerdings, dass Perfektionisten ihren eigenen Selbstwert sehr stark aus ihren Leistungen und Erfolgen ziehen.

Wenn Sie ein perfektionistischer Mensch sind, dann glauben Sie, dass Sie nur etwas wert sind, wenn Sie »perfekte« und fehlerlose Leistung bringen. Diesen Glauben haben Sie vermutlich nicht als einen bewussten Gedanken, aber er ist sehr wahrscheinlich Ihr Antreiber.

Sie glauben, dass Sie von anderen abgelehnt werden, wenn Sie Fehler machen. Denn nur als »perfekter« Mensch sind Sie liebenswert.

Ablehnung ist einer der Urängste der Menschen. Sie stammt noch aus der Zeit, als wir Menschen nur in Gruppen überleben konnten und die Gemeinschaft und der Schutz der Gruppe tatsächlich für uns lebenswichtig waren. Ablehnung kann diese Urangst – die dann tatsächlich eine Todesangst ist – auslösen. Aus diesem Grund ist Ablehnung für Sie so schmerzhaft. Es ist ein Überlebensinstinkt.

Wenn Sie nun aber dafür sorgen, dass Sie »perfekt« sind, dann können die anderen Menschen Sie ja nicht ablehnen. Dafür gibt es dann ja keinen Grund. Schließlich sind Sie »perfekt«. Die Grundmotive sind also ähnlich wie die der People Pleaser aus dem vorherigen Kapitel, wenn auch die Umsetzung und Auswirkungen dann etwas anders sind.

Sobald Sie als Perfektionist mal einen Fehler machen oder negative Kritik bekommen – was unvermeidlich sein wird, weil Sie auch nur ein Mensch sind –, nagt das tierisch an Ihrem Selbstwertgefühl. Das kann sogar so weit gehen, dass Sie aufgrund eines simplen Tippfehlers auf einer PowerPoint-Folie auf einmal Ihre komplette Kompetenz anzweifeln.

Misserfolge sind für Sie ein kleiner Weltuntergang und Sie haben grundsätzlich Probleme, mit Unvollkommenheit umzugehen.

In Ihrem Verhalten kann das dann dazu führen,

- ✔ dass Sie Aufgaben nicht abschließen können, bevor sie nicht mehrmals kontrolliert wurden.
- ✔ dass Sie Aufgaben nicht abgeben wollen, weil Sie nur sich selbst zutrauen, die Aufgabe richtig und Ihren Ansprüchen gerecht werdend, zu erfüllen.
- ✔ dass Sie wahnsinnig viel Arbeit in Aufgaben stecken, die nicht so wichtig sind.
- ✔ dass Sie sich nicht trauen bestimmte Aufgaben überhaupt erst anzufangen, weil Ihr eigener Anspruch viel zu hoch ist und Sie überfordert, sodass Sie prokrastinieren.

Kurzum: Es kann zu Stress, Unzufriedenheit und Selbstzweifeln führen.

Die Autorin und Wissenschaftlerin Brene Brown fasst Perfektionismus gut zusammen. Sie sagt sinngemäß, dass Perfektionismus nicht dasselbe ist wie das Streben danach, das Beste zu geben. Sondern, dass Perfektionismus eigentlich der Glaube ist, Verurteilung, Schuldzuweisung und Scham durch ein perfektes Leben, perfektes Aussehen und perfektes Handeln minimieren zu können.

Perfektionismus kann sich auch auf Ihr Umfeld übertragen. Wenn Sie sehr hohe Ansprüche an sich selbst haben, dann haben Sie vermutlich auch sehr hohe Ansprüche an Ihr Umfeld. Das macht Sie als Kollege oder Kollegin eventuell nicht besonders beliebt. Denn wenn Sie Ihre unerreichbar hohen Ansprüche auf andere übertragen, ist das für andere Menschen sehr anstrengend.

Sind Sie zum Beispiel Führungskraft, kann das dazu führen, dass Sie zu Mikromanagement tendieren. Das muss sich nicht nur zeigen, wenn Ihre Kollegen oder Kolleginnen Aufgaben nicht mit ausreichend hoher Qualität erfüllen, sondern oft reicht es, wenn die Kollegen die Aufgabe nicht genau so erledigen und abarbeiten, wie Sie das getan hätten.

Erkennen Sie sich wieder?

- ✔ Sie sitzen oft sehr lange an Aufgaben, weil Sie das Gefühl haben, dass sie immer noch nicht »gut genug« sind.
- ✔ Bevor Sie Aufgaben fertigstellen oder einreichen, prüfen Sie die Aufgaben mehrmals, um sicherzugehen, dass sich dort wirklich keine Fehler mehr befinden.
- ✔ Fehler zu machen – auch wenn sie rational betrachtet nicht schlimm sind –, fühlt sich für Sie wie ein Weltuntergang an und beschäftigt Sie oft noch tagelang.
- ✔ Sie schaffen es oft nicht, Aufgaben überhaupt anzufangen. Meist, weil Sie nicht wissen, wie Sie überhaupt Ihren eigenen Ansprüchen gerecht werden sollen.
- ✔ Sie sind selten zufrieden mit Ihrem Erfolg. Oder Sie suchen direkt wieder das nächste Ziel, das Sie erreichen könnten.
- ✔ Sie können nicht gut mit Komplimenten oder positivem Feedback umgehen. Stattdessen bleiben bei Ihnen nur die Defizite Ihrer Arbeit hängen, auch wenn das anderen oft gar nicht aufgefallen ist.
- ✔ Ihre eigenen Erwartungen an sich selbst finden Sie manchmal anstrengend und stressig.
- ✔ Wenn die Dinge nicht so laufen, wie Sie sich das vorgestellt haben, dann geraten Sie unter Stress.

Perfektionismus kann sich in verschiedenen Lebensbereichen unterschiedlich äußern:

- **Im Job**

  Sie können Ihren Perfektionismus beispielsweise in Ihrem Job erleben – indem Sie zum 28. Mal noch mal über Ihre PowerPoint-Folien gehen, um sicherzustellen, dass sie bloß keinen Tippfehler enthalten.

- **In Ihrem Privatleben**

  Es darf dann kein Staubkorn in Ihrem Zuhause zu finden sein – besonders dann nicht, wenn Sie Gäste erwarten.

- **Bezogen auf Ihr Aussehen**

  Perfektes Make-up, bloß keine Falten in der Kleidung und kein Haar abstehend.

Ursachen von Perfektionismus

Perfektionismus kann sehr viele Ursachen haben und es ist oft schwierig festzustellen, wo genau er herkommt. Wie bei vielen Dingen, liegen die Ursachen in der Kindheit und bei unseren Eltern beziehungsweise der Art und Weise, wie Sie erzogen wurden und aufgewachsen sind.

Ursachen in der Familie

Ein Großteil der Ursachen liegt oft in der Familie. Vielleicht erkennen Sie sich im Folgenden an der ein oder anderen Stelle wieder.

- **Hoher Druck durch die Eltern**

  Wenn Sie zum Beispiel hohen Druck durch Ihre Eltern erfahren haben, bestimmten Erwartungen zu entsprechen. Oder wenn Ihre Eltern sehr leistungsorientiert waren und den Fokus mehr auf das Ergebnis statt auf Ihre Anstrengung gelegt haben. Das wäre zum Beispiel der Fall, wenn Sie nur für sehr gute Noten gelobt wurden, aber nie dafür, sich in einem Fach besonders stark angestrengt zu haben, auch wenn am Ende die Note nicht so gut war.

- **Viel Kritik durch die Eltern**

  Wenn Sie sich viel Kritik durch Ihre Eltern anhören mussten, zum Beispiel für Ihre schulischen Leistungen, aber auch wie Sie sich kleiden oder aussehen, kann das zu Perfektionismus im Erwachsenenalter führen. Auch dann, wenn Sie nie »genug« für Ihre Eltern waren.

- **Unklare Ansprüche der Eltern**

  Es kann auch sein, dass die Ansprüche, die Ihre Eltern an Sie hatten, unklar waren. Sie wussten nie so richtig, wie Sie es Ihren Eltern recht machen konnten und deren

Verhalten war unvorhersehbar. Dementsprechend ist Perfektionismus für Sie ein Weg und Versuch geworden, das Verhalten Ihrer Eltern zu beeinflussen.

✔ **Geschwisterrivalitäten**

Ergänzend dazu können Geschwisterrivalitäten kommen. Zum Beispiel, wenn Ihnen von Ihren Eltern das Gefühl gegeben wurde, dass Sie so »gut« sein müssten, wie Ihre Geschwister. Oder wenn es bei Ihren Geschwistern immer einen Favoriten bei Ihren Eltern gab.

Weitere mögliche Ursachen

Aber nicht nur die Familie hat einen Einfluss darauf, ob Sie eine perfektionistische Tendenz entwickeln, sondern es gibt noch weitere Faktoren, die eventuell beeinflusst haben, ob Sie perfektionistisch werden oder nicht.

✔ **Geschlechterunterschiede**

Besonders Frauen bekommen oft implizite Hinweise, dass sie auf eine bestimmte Art und Weise auszusehen hätten – dies kann Perfektionismus bezogen auf das Aussehen auslösen. Frau muss eine bestimmte Figur haben, sich möglichst gut kleiden, reine Haut haben et cetera. Das schließt Männer natürlich nicht aus, auch hier bestehen bestimmte Vorstellungen, wie ein Mann auszusehen hat.

✔ **Kulturunterschiede**

In individualistischen Kulturen wie in Deutschland ist oft der Druck höher, »perfekt« und erfolgreich sein zu müssen.

✔ **Religionen**

In eher konservativen Religionen, die oft starre Überzeugungen haben, ist der Druck hoch, »perfekt« zu sein und sich an ein bestimmtes Set von Regeln zu halten. Hier wird außerdem oft mit Bestrafungen gerechnet, wenn man sich nicht an die Regeln hält.

✔ **Persönlichkeitsfaktoren**

Auch – zum Teil erblich bedingte – Persönlichkeitsfaktoren haben einen Einfluss auf Perfektionismus. Zum Beispiel die Faktoren wie Gewissenhaftigkeit und Neurotizismus. Diese sind ebenfalls Teil des Big-Five-Persönlichkeitsmodells, welches Sie online testen können.

✔ **Pluralistische Ignoranz**

Wir sehen bei anderen Menschen oft nur das Ergebnis, nicht die Anstrengung, die Zweifel und Herausforderungen. Bei anderen sehen viele Dinge, von außen betrachtet, oft perfekt aus.

Eine Anekdote aus dem Arbeitsleben der Autorin

Als ich frisch im Arbeitsleben war und als Unternehmensberaterin gearbeitet habe, saß ich mit einer Kollegin bei einer Kundin, die immer wieder einen bestimmten Begriff nannte, den ich nicht kannte. Ich traute mich aber auch nicht zu fragen, was dieser Begriff bedeutete, weil ich dachte, dass ich das wissen müsste. Meine Kollegin nickte auch immer zustimmend, wenn die Kundin diesen Begriff nutzte.

Nach dem Termin mit der Kundin traute ich mich dann, meine Kollegin, die 20 Jahre mehr Berufserfahrung hatte als ich, zu fragen, was dieser Begriff bedeute. Sie lachte und meinte, Sie hätte auch keine Ahnung, aber wollte es gleich mal googeln.

Es stellte sich später heraus, dass es sich dabei um einen firmeninternen Begriff handelte, den wir nicht hätten kennen können. Aber das war für mich ein Schlüsselmoment. Denn wenn auch meine sehr viel erfahrenere Kollegin nicht alles kann und nicht alles weiß, dann muss ich das auch nicht.

Sie müssen noch nicht alles können. Sie müssen nicht alles wissen. Nicht alles muss perfekt sein. Und auch wenn Sie das nicht glauben, andere Menschen haben die gleichen Herausforderungen wie Sie. Wir können ihnen aber nur vor den Kopf gucken und nicht in den Kopf. Pluralistische Ignoranz.

Das *Big Five* ist DAS Persönlichkeitsmodell in der Psychologie. Wenn Sie Lust haben, Ihre Persönlichkeitsaspekte zu testen, finden Sie kostenlose Tests im Internet. Zum Beispiel unter `Bigfive-test.com`. Dort können Sie unter anderem herausfinden, wie stark Gewissenhaftigkeit und Neurotizismus – die zum Perfektionismus beitragen können – bei Ihnen ausgeprägt sind.

Gesunder versus ungesunder Perfektionismus

Je nachdem wie stark ausgeprägt Ihr Perfektionismus ist, kann er noch gesund sein, oder er wird schon ungesund:

- ✔ **Funktionaler Perfektionismus**

  Beim funktionalen Perfektionismus haben Sie den Drang erfolgreich zu sein, setzen sich hohe Ziele und haben hohe Ansprüche. Aber Sie akzeptieren, wenn Sie Fehler machen oder scheitern. Sie sind dann auch enttäuscht, wenn Sie Fehler machen, aber Sie können diese Enttäuschung gut verarbeiten. Sind Sie erfolgreich, können Sie stolz auf sich sein und sich freuen.

  Beim funktionalen Perfektionismus machen Sie Ihren Selbstwert nicht von Ihren Leistungen abhängig. Das bedeutet nicht, dass Ihnen Ihre Leistungen egal werden oder Sie nicht stolz auf sich sind, wenn Sie Erfolge habe. Genauso können Sie auch enttäuscht sein, wenn Sie scheitern. Aber Sie stellen nicht sich selbst und Ihre Fähigkeiten infrage, wenn Sie Fehler machen. Sie verarbeiten Scheitern oder Fehler sehr viel schneller, können aus ihnen lernen und sie dann auch abhaken. Scheitern und Fehler machen sind für Sie etwas Menschliches, das zum Leben dazugehört, aus denen Sie sogar noch lernen können und die für Sie kein Weltuntergang sind.

✔ **Dysfunktionaler Perfektionismus**

Beim dysfunktionalen Perfektionismus haben Sie ebenfalls den Drang erfolgreich zu sein, setzen sich hohe Ziele und haben hohe Ansprüche. Aber der Unterschied ist, dass Sie Angst vor Fehlern oder vorm Scheitern haben. Sobald Sie Fehler machen oder scheitern, geht für Sie eine kleine Welt unter. Über Erfolge können Sie sich oft nur sehr kurz freuen und brauchen schnell wieder das nächste Ziel.

Perfektionismus und zu hohes Arbeitsvolumen

Bei Perfektionismus müssen Sie unterscheiden zwischen »echtem« Perfektionismus und hohen Ansprüchen, denen Sie in Ihrer aktuellen Arbeitswelt nicht gerecht werden können.

In vielen Jobs ist es leider inzwischen oft so, dass zu wenig Menschen zu viel Arbeit machen müssen. Viele Teams sind unterbesetzt, in vielen Teams steigen die Anforderungen und Sie müssen immer mehr in immer weniger Zeit schaffen.

Das bedeutet auch, dass Sie oft Ihren eigenen Qualitätsansprüchen nicht gerecht werden können, weil die Zeit dafür fehlt. Das kann sein, dass Sie bestimmte Aufgaben nicht so gut machen können, wie Sie es wollen. Das kann aber auch sein, dass Sie gerne bestimmte Projekte durchführen wollen, die aber hintenüberfallen müssen, weil einfach die Zeit fehlt.

Wenn dies der Fall ist und Sie sich darüber ärgern, dass Sie diesen Aufgaben nicht gerecht werden, dann ist es genau genommen kein Perfektionismus. Wenn Sie 28 Mal über eine PowerPoint-Folie schauen, weil Sie sichergehen müssen, dass dort keine Tippfehler mehr sind und es Ihnen Angst macht, diese Folie vorher an Ihren Chef weiterzuleiten – dann ist das Perfektionismus.

Stellen Sie sich vor, Sie bekommen mit Ach und Krach gerade so die PowerPoint-Präsentation vor der Deadline fertig, schaffen es aber zeitlich nicht mehr sie durchzuschauen, um sicherzugehen, dass dort keine Tippfehler mehr enthalten sind, und das ärgert Sie. Das ist kein Perfektionismus, sondern einfach nur ein hohes Arbeitsvolumen und Arbeitsumstände, die Ihnen vermutlich nicht erlauben in der Qualität zu arbeiten, wie Sie das gerne hätten.

Das bedeutet, Sie müssen nicht an Ihrem Perfektionismus arbeiten. Einfach nur hohe Ansprüche zu haben, ist kein Perfektionismus. Seien Sie in diesem Fall nicht zu hart mit sich selbst und üben sich in Selbstmitgefühl.

Beim dysfunktionalen Perfektionismus machen Sie Ihren Selbstwert von Ihren Leistungen abhängig. Das bedeutet, wenn Sie Kritik bekommen, Fehler machen, scheitern oder einfach nur nicht Ihren eigenen Ansprüchen gerecht werden, nagt das sofort an Ihrem Selbstwertgefühl und Sie fangen an, an sich zu zweifeln. Fehler werden Sie noch sehr lange beschäftigten. Denn wenn Sie Fehler machen, dann ist das für Sie ein »Beweis«, dass Sie eben nicht kompetent sind – anstatt einfach nur ein Mensch, der halt Fehler macht. Es bedeutet für Sie, dass Sie nicht kompetent und damit auch nichts wert sind.

Auswirkungen von Perfektionismus

Perfektionismus bringt zwar ein paar Vorteile mit sich, die im Folgenden erläutert werden. Aber meist überwiegen die Nachteile, wie Sie ebenfalls im Folgenden lesen können.

Die Vorteile von Perfektionismus

Perfektionismus hat eine Reihe von Vorteilen:

- ✔ **Hohe Leistungsbereitschaft**

  Als Perfektionist übernehmen Sie oft zusätzliche Aufgaben oder erledigen Arbeiten lieber selbst, als sie abzugeben.

- ✔ **Hohe Qualität der Arbeit**

  Ihr hoher Anspruch an Ihre Arbeit spiegelt sich oft in der Qualität der Arbeit wider. Flüchtigkeitsfehler beispielsweise findet man nur sehr selten in Ihrer Arbeit.

- ✔ **Einhaltung von Deadlines**

  Als Perfektionist halten Sie sich natürlich an Deadlines. Auch wenn Sie sich eventuell kurz vor der Deadline noch viel Stress machen, rechtzeitig fertig zu werden – aufgrund Ihrer Ansprüche – aber Sie werden fertig. Dass Sie eine Deadline reißen, passiert Ihnen selten.

- ✔ **Hoher Dopaminrausch**

  Durch Ihre hohen Ansprüche und die damit oft verbundene harte Arbeit haben Sie vermutlich auch mehr Erfolge. Erfolge schütten bei Ihnen Dopamin aus, was für ein Glücksgefühl sorgt.

Allerdings kann dieser Dopaminrausch auch oft dazu führen, dass Sie Ihre Erfolge nur sehr kurzfristig genießen können und direkt wieder das nächste Ziel finden müssen, um Ihren Dopaminrausch zu befriedigen. Nichts ist für Sie gut genug, sondern das nächste Ziel muss dann höher und weiter sein.

Die Nachteile von Perfektionismus

Doch Perfektionismus hat auch eine Reihe von Nachteilen:

- ✔ **Prokrastination**

  Sie fühlen sich erschlagen von Ihren eigenen hohen Ansprüchen und aus Angst, Ihnen nicht gerecht zu werden, prokrastinieren Sie manche Aufgaben lieber. Dadurch geraten Sie dann eventuell unter Zeitdruck, wenn die Deadline immer näher rückt.

- ✔ **Schnelles Aufgeben**

  Besonders bei neuen Aufgaben oder zum Beispiel auch neuen Hobbys geben Sie schnell auf. Wenn Sie als Anfänger mit einer neuen Aufgabe starten, sind Sie schnell frustriert von Ihren fehlenden Fähigkeiten und dem noch nicht vorhandenen »perfekten« Können. Das führt dazu, dass Sie wenig Frustrationstoleranz haben und neue Hobbys oder das Erlernen von neuen Fähigkeiten oft schnell aufgeben.

- ✔ **Neue Dinge nicht ausprobieren**

  Sie probieren neue Dinge erst gar nicht aus, weil Sie von Anfang an wissen, dass Sie darin erst mal noch nicht gut sein werden. Anstatt zu akzeptieren, dass das ein normaler Zustand ist, wenn Sie neue Fähigkeiten lernen, fällt es Ihnen sehr schwer damit umzugehen, daher vermeiden Sie einfach das Ausprobieren von neuen Dingen.

- ✔ **Nicht um Hilfe bitten**

  Durch Ihre hohen Ansprüche erledigen Sie die Aufgaben lieber selbst. Sie trauen anderen Menschen nicht zu, dass diese Ihren hohen Ansprüchen gerecht werden und geben die Kontrolle nicht so gerne ab. Sie bitten andere Menschen nicht um Unterstützung oder Hilfe und können auch generell Aufgaben schlecht delegieren.

- ✔ **Schwierigkeiten mit Feedback und Kritik umzugehen**

  Feedback, selbst wenn es nett und konstruktiv ist, nagt an Ihnen. Vielleicht vermeiden Sie sogar nach Feedback zu fragen. Solange Sie noch kein Feedback haben, können Sie sich ja noch einreden, dass alles super ist. Allerdings verhindern Sie dadurch natürlich auch, dass Sie aus dem Feedback lernen können.

- ✔ **Hohes Stresslevel**

  Völlig logisch ist, dass es zu Stress führt, wenn Sie Aufgaben nicht abgeben können, Ihre Aufgaben immer akribisch überprüfen, um sicherzugehen, dass keine Fehler mehr vorhanden sind und Sie sich durch Ihre eigenen hohen Ansprüche unter Druck setzen. Stress tritt auch dann auf, wenn Ihre äußeren Rahmenbedingungen Ihnen nicht erlauben, Ihre perfektionistischen Verhaltensweisen auszuleben. Zum Beispiel wenn die Zeit fehlt, wirklich akribisch in die Details eines Projektes reinzugehen, sodass Sie sich mit »Pi mal Daumen« zufriedengeben müssen. Das ist für Perfektionisten besonders schwer auszuhalten.

- **Niedriges Selbstwertgefühl**

  Weil Ihr Selbstwertgefühl sehr stark mit Ihrer Leistung verbunden ist, ist die Wahrscheinlichkeit groß, dass Ihr Selbstwertgefühl eher niedrig ist. Denn Sie müssen immer hart daran arbeiten, Ihr Selbstwertgefühl hochzuhalten. Da es aber normal ist Fehler zu machen oder auch mal negative Kritik zu bekommen, ist Ihr Selbstwertgefühl dann sofort angeknackst. Sie brauchen die ständige Bestätigung von außen für Ihr eigenes Selbstwertgefühl.

- **Burn-out**

  Wenn Sie Pech haben, kann all dies sogar dazu führen, dass Sie nicht nur ein hohes Stresslevel und einen niedrigen Selbstwert haben, sondern dass Sie in einem Burn-out landen. Perfektionisten sind leider oft von Burn-out und Depressionen betroffen.

Perfektionismus ist außerdem oft ein Teufelskreis. Sie haben hohe Ansprüche. Weil diese Ansprüche viel zu hoch sind, ist es schwierig ihnen gerecht zu werden. Es wird irgendetwas nicht so »perfekt« sein, wie Sie es gerne hätten. Weil Ihre Ansprüche generell schon zu hoch sind, oder weil die äußeren Rahmenbedingungen es nicht hergeben so sehr in die Details zu gehen, wie Sie das gerne wollen.

Das führt dann bei Ihnen zu Scham und negativen Emotionen. Oft ist dann der Versuch diese zu bewältigen, indem die nächste Aufgabe noch besser, noch »perfekter« umgesetzt wird. Denn wenn Sie die nächste Aufgabe noch besser erfüllen, dann können Sie sich endlich besser fühlen! Das erhöht nur noch mehr Ihre Ansprüche, sodass Sie dann bei der nächsten Aufgabe noch mehr unter Druck stehen und noch extremere Ansprüche haben als vorher.

Strategien zur Bewältigung von Perfektionismus

Doch was können Sie tun, wenn Sie Ihren Perfektionismus ablegen oder zumindest eindämmen möchten? Im Folgenden finden Sie Strategien zur Bewältigung von Perfektionismus.

Diese Strategien unterscheiden sich darin, ob die Folgen Ihres Perfektionismus dazu führen, dass Sie in die Paralyse verfallen und Aufgaben aufschieben (hier hilft auch das Kapitel zu Prokrastination!) oder ob Sie die Tendenz haben, zu viel und zu lange an Ihren Aufgaben zu sitzen.

Einige der Strategien sind recht praktischer Natur, um Ihnen im Umgang mit akutem Perfektionismus zu helfen (zum Beispiel das Setzen von Zeitlimits), während andere Strategien in Ihrer Wirkung mehr Zeit benötigen, dafür allerdings auf lange Sicht oft effektiver sind (zum Beispiel die Restrukturierung Ihrer Gedanken). Wählen Sie einfach die Strategien aus, die Ihnen sinnvoll erscheinen und probieren Sie, ob es Ihnen damit besser geht.

Restrukturierung des Perfektionismusgedankens

Sie versuchen Ihre Arbeit nicht ohne einen Grund »perfekt« zu erledigen. Oft stecken tiefere Ängste dahinter, wie zum Beispiel, dass andere Menschen Sie vielleicht nicht mehr mögen, wenn Sie einen Fehler machen. Oder, dass ein Fehler ein »Beweis« für Ihre (angeblich) fehlende Kompetenz wäre.

Ihren Gedankenmustern auf der Spur

So gehen Sie vor:

- ✔ **Schaffen Sie als erstes Bewusstsein.**

  Führen Sie zum Beispiel ein Tagebuch, in dem Sie Ihre perfektionistischen Tendenzen notieren, wann immer sie auftreten und welche Gedanken und Gefühle diese begleiten. Besonders dann, wenn Sie mit Aufgaben unzufrieden sind oder sich besonders gestresst fühlen, achten Sie mal ganz genau darauf, was Sie so beschäftigt.

- ✔ **Analysieren Sie dann Ihre Gedankenmuster.**

  Gibt es bestimmte Gedanken, die immer wieder vorkommen?

- ✔ **Hinterfragen Sie Ihre Gedanken.**

  Stimmen Ihre Gedanken? Ist es wirklich der Fall, dass andere Sie nicht mehr mögen, wenn Sie einen Fehler machen? Welche Beweise gibt es für oder gegen diesen Gedanken? Wie würde jemand von außen die Situation bewerten? Wie würden Sie über eine andere Person denken, wäre diese in Ihrer Situation.

- ✔ **Versuchen Sie Alternativen zu Ihren Gedanken zu finden.**

  Überlegen Sie sich, was andere Menschen, zum Beispiel Ihre Freunde, zu Ihnen sagen würden. Oder überlegen Sie sich, was Sie zu einem guten Freund sagen würden, würde er in der gleichen Situation stecken wie Sie. Und sagen Sie sich dasselbe.

Beispiele für alternative Gedanken für Perfektionisten könnten zum Beispiel sein

- ✔ »Ich konzentriere mich auf den Prozess statt auf das Ergebnis!«
- ✔ »Es gibt verschiedene Wege eine Aufgabe zu bewältigen.«
- ✔ »Fehler sind eine Chance etwas Neues zu lernen. Fehler sind Zeichen des Fortschritts.«
- ✔ »Ich gebe mein Bestes. Auch wenn das Ergebnis nicht perfekt ist.«
- ✔ »Auch kleine Schritte bringen mich meinem Ziel näher.«
- ✔ »Es zählt der langfristige Fortschritt, nicht die kleinen Details.«
- ✔ »Ich darf auf meine eigenen Bedürfnisse achten. Mein Wohlbefinden ist auch so wichtig, wie das Endergebnis.«
- ✔ »Mein Wert als Mensch hängt nicht von meiner Leistung ab.«
- ✔ »Flexibilität ist eine Stärke.«

Grundsätzlich steckt oft die Angst vor Ablehnung hinter Perfektionismus. Indem Sie »perfekt« handeln oder »perfekt« sind, versuchen Sie eine mögliche Ablehnung zu umgehen, um anderen Menschen keinen Grund zu geben, Sie nicht zu mögen. Sie sind ja »perfekt«!

Bei der Restrukturierung des Perfektionismus-Glaubensgeht es erst mal darum, dass Sie sich bewusst machen, welche Gedanken und Ängste Ihnen durch den Kopf gehen, diese dann zu analysieren und Stück für Stück zu verändern.

Selbstmitgefühl und Akzeptanz

Wie sprechen Sie mit sich selbst? Vermutlich nicht besonders nett. Kritisieren Sie sich selbst extrem, wenn Sie dann doch mal einen Fehler gemacht haben? Oder dann, wenn Sie mit Ihrer eigenen Arbeit nicht zufrieden sind. Fallen dann in Ihrem Kopf so Sätze wie »Jetzt reiß dich doch mal zusammen!« oder »Was kannst du eigentlich?« oder »Wieso schaffst du eigentlich nichts?«

Die meisten Menschen sind ihre eigenen härtesten Kritiker und reden nicht besonders nett mit sich selbst. Sie würden niemals mit anderen Menschen so sprechen, wie sie dies mit sich selbst tun. Erst recht nicht mit Menschen, die sie mögen.

Selbstmitgefühl beschreibt das simple, aber nicht unbedingt einfach umsetzbare Konzept, zu sich selbst nett zu sein. Mit sich selbst so zu sprechen wie mit einer guten Freundin oder einem guten Freund.

Welchen Ratschlag würden Sie einer guten Freundin geben? Was würden Sie ihr in derselben Situation sagen? Oder was würden Sie einem Kind in der Situation sagen?

Würden Sie einem Kind, das einen kleinen Fehler gemacht hat, sagen, dass es nichts kann und sich das nächste Mal bitte etwas mehr Mühe geben und sich zusammenreißen sollte. Hoffentlich nicht.

Sprechen Sie in der dritten Person mit sich selbst.

»Hey Amelie – Ich weiß, dass du enttäuscht bist, dass in der Präsentation doch noch ein Tippfehler war. Das ist okay, dass du enttäuscht bist. Aber hey, Menschen machen dann doch auch einfach mal Fehler. Dir darf das also auch passieren.«

»Puh Amelie. Du stellst dich selbst aber auch echt gerade ganz schön unter Druck!«

»Hey Amelie, ich weiß, dass dir die Situation gerade Angst machst, ist ja eine neue Herausforderung. Das ist okay. Willst du es nicht trotzdem mal versuchen?«

Negativverzerrung entgegenwirken

Die Negativverzerrung beschreibt die natürliche Tendenz unseres Gehirns, den Fokus eher auf Probleme und die negativen Seiten des Lebens zu legen. Das ist, leider, eine natürliche Einstellung unseres Gehirns.

Evolutionär betrachtet logisch, denn unser Gehirn ist darauf gepolt, mögliche Gefahren und Probleme wahrzunehmen, um sicherzustellen, dass wir überleben. Das ist für wirkliche Gefahren sehr praktisch, aber unpraktisch für den normalen Alltag. Denn diese Negativverzerrung bedeutet, dass Sie Ihren Fokus auch in Ihrem Arbeitsalltag eher auf Ihre Fehler und Verbesserungsmöglichkeiten legen. Dazu kommt, dass es in vielen beruflichen Bereichen auch wichtig und logisch ist, dass der Fokus auf den möglichen Problemen und Verbesserungen liegt.

Wenn Sie als Perfektionist sowieso schon Schwierigkeiten haben, mit Fehlern umzugehen, wird dies durch die Negativverzerrung nochmals verstärkt. Oft feiern wir nur die großen Erlebnisse und Meilensteine im Leben, aber um der Negativverzerrung entgegenzuwirken und den Fokus zu drehen, sollten Sie auch anfangen, die kleineren Erfolge zu feiern. Sie haben eine tolle Präsentation gehalten? Super! Sie haben endlich die nervige Aufgabe erledigt? Super! Sie haben tolles Feedback von einem Kunden bekommen? Super!

Mit Erfolge feiern ist nicht gemeint, dass Sie jedes Mal eine große Party schmeißen sollen, sondern dass Sie sich bewusst Zeit nehmen, um Ihren Erfolg anzuerkennen.

- ✔ Fangen Sie damit an, Ihre Erfolge eher wahrzunehmen, auch die kleinen.
- ✔ Nehmen Sie sich bewusst Zeit, Ihre Erfolge anzuerkennen und zu genießen.
- ✔ Springen Sie nicht direkt wieder zum nächsten Ziel.

Erfolgsjournal

Eine Möglichkeit, um Ihre Erfolge zu feiern, ist, dass Sie anfangen ein Erfolgsjournal zu führen. Nehmen Sie sich bewusst mehrmals die Woche, vielleicht sogar täglich, die Zeit Ihre Erfolge zu notieren. Was hat diese Woche gut geklappt? Haben Sie gutes Feedback bekommen? Welche Momente haben Sie stolz gemacht? Dies können auch kleine Erlebnisse sein. Während Sie das Erfolgsjournal führen, gehen Sie die Situation nochmals in Gedanken ganz bewusst durch und versuchen Sie, diesen Moment erneut zu genießen.

In Momenten, in denen Sie sich unsicher fühlen und Selbstzweifel haben, können Sie Ihr Erfolgsjournal super nutzen, um Ihre Einträge noch mal durchzugehen, und sich daran erinnern, was Sie alles schon geschafft haben und was Sie alles können.

Fehler haben Ihre Vorteile

Versuchen Sie Ihre Sichtweise auf Fehler zu ändern. Denn Fehler haben nicht nur Nachteile, sondern auch ihre Vorteile. Sie können aus Ihren Fehlern lernen und dies sorgt dafür, dass Sie sich schneller weiterentwickeln. Ein Problem nicht zu lösen, aber eben einen Weg zu finden, wie es nicht funktioniert, bringt Sie zumindest schon mal etwas näher an die tatsächliche Lösung.

Das bedeutet auch, dass Sie über Ihre Fehler sprechen müssen. Nicht nur, damit andere daraus lernen können, sondern auch, damit es mehr normalisiert wird, dass wir Menschen nun mal Fehler machen und Misserfolge zum Leben dazu gehören.

Besonders wenn Sie Führungskraft sind: Sprechen Sie über Fehler! Es ist wichtig, dass sich Ihre Mitarbeitenden trauen, Fehler zuzugeben. Denn nur so können sie entdeckt werden und die Beteiligten können daraus lernen.

Wussten Sie, dass die Harry-Potter-Bücher von zwölf verschiedenen Verlagen abgelehnt wurden?

Je nachdem, wie man es betrachtet, kann man sich jetzt fragen, wo hier der Misserfolg liegt? Misserfolg auf der Seite von J.K. Rowling, im Sinne von zwölf Absagen für ihre Bücher, oder liegt hier der Misserfolg bei den Verlagen?

- **Fail fast and often« (schnell und häufig scheitern)**

  Das ist ein Konzept, das besonders in der Start-up- und Technologiebranche genutzt wird und dessen Grundgedanke ist, dass ein schnelles und häufiges Scheitern ein guter Weg ist, um zu lernen. Viele Wege zu finden, die nicht funktionieren, ist ein guter Ansatz, um dem Kurs näher zu kommen, der im Endeffekt funktioniert. Anstatt lange an einer Idee und deren Verfeinerung zu arbeiten, kommt man schneller dazu Ideen umzusetzen und zu testen, um herauszufinden, ob diese tatsächlich funktionieren. Das spart außerdem Zeit und Kosten, bevor viel Geld in die Entwicklung eines Produktes gesteckt wird, das im Endeffekt nicht funktioniert oder nicht dem entspricht, was der Kunde sich eigentlich vorgestellt hatte.

- **FuckUp Nights**

  FuckUp Nights sind Veranstaltungen, in denen Menschen – oft Unternehmensgründer – über Ihre »fuck-ups«, also ihre Fehler und Misserfolge berichten. Oft sprechen sie über Fehler, die groß sind, sie viel Geld gekostet oder sogar zu einer Insolvenz ihres Unternehmens geführt haben. Dies hat zum Ziel, dass andere aus ihren Fehlern lernen können, aber auch, dass Fehler normaler werden. Besonders soll im Bereich der Unternehmensgründung klarwerden, dass – wie viele Misserfolge es auch gibt – man sich davon erholen kann und dass es nicht nur die großen erfolgreichen Unternehmen gibt, die eventuell mit Ihrem Erfolg auch Druck auslösen.

Versuchen Sie also Ihre Einstellung zu Fehlern zu ändern. Freuen Sie sich doch mal, dass Sie einen Fehler gemacht haben. Auch wenn das vielleicht schwierig umzusetzen ist.

Was können Sie aus diesem Fehler lernen? Ein Kunde hat sich über etwas beschwert? Super! Sie haben wertvolles Feedback bekommen, das Sie für sich nutzen können, um zu vermeiden, dass sich andere Kunden über das gleiche Problem beschweren. Sie haben jetzt die Möglichkeit erhalten, dieses Problem direkt aus der Welt zu schaffen.

Ist doch eigentlich sehr wertvoll, oder?

Führen Sie ein Fehler-Tagebuch

Führen Sie mal über 1–2 Wochen ein Fehler-Tagebuch.

✔ Notieren Sie sich jeden (vermeintlichen) Fehler, den Sie gemacht haben oder jede Situation, in der Sie das Gefühl hatten, Ihre Arbeit war nicht perfekt genug.

✔ Notieren Sie sich dazu:

- Was genau ist passiert?
- Was hat es bei Ihnen ausgelöst? Welche Emotionen oder welche Gedanken?
- Was haben Sie aus dem Fehler gelernt?
- Können Sie positive Aspekte aus dieser Situation ziehen? Wenn ja, welche?

Schwarz-Weiß-Denken ablegen

Das Problem bei Perfektionismus ist oft das Schwarz-Weiß-Denken. Etwas ist entweder gut oder schlecht. Es ist perfekt, oder Sie können es in den Müll schmeißen.

In der Präsentation war dann doch noch ein Tippfehler – dann können Sie eigentlich direkt die ganze Präsentation wegschmeißen. Sie haben sich während eines Vortrages einmal verhaspelt – der ganze Vortrag war schlecht!

Dass Fehler oder kleine Defizite eine Arbeit nicht direkt schlecht machen –eine Arbeit sogar mit Fehlern und kleinen Defiziten noch wirklich gut sein kann – genau das sehen Perfektionisten oft nicht.

Um es in Schulnoten auszudrücken – eine 1,3 macht Sie unzufrieden und unglücklich. Es muss dann bitte schon eine 1,0 sein. Für viele andere Menschen wäre die 1,3 ein sehr zufriedenstellendes Ergebnis – nicht aber für Perfektionisten.

Das kann sich bei Ihnen auch in einem sogenannten »Fixed Mindset« äußern. Man unterscheidet

- **Growth Mindset« (Wachstumsmindset)**

  Wenn Sie ein Growth Mindset haben, dann wissen Sie, was Sie können, und was Sie nicht können. Allerdings sind Sie auch der Überzeugung, dass Sie sich in den Bereichen, in denen Sie sich noch nicht so gut auskennen oder Ihnen Fähigkeiten fehlen, jederzeit durch Training und Übung verbessern und weiterentwickeln können. Sie können wachsen. Daher heißt es auch Wachstumsmindset. Meist entsteht das dadurch, dass Sie von Ihren Eltern ermutigt wurden, sich weiterzuentwickeln und wenn Ihre Eltern Ihre Bemühungen – und nicht unbedingt Ihr Ergebnis – belohnt haben.

- **»Fixed Mindset« (Festes Mindset)**

  Wenn Sie ein Fixed Mindset haben, dann wissen Sie auch, was Sie können und was Sie nicht können. Aber im Unterschied zu einem Growth Mindset sind Sie der Überzeugung, dass Ihre Fähigkeiten so bleiben. Sie sind nicht gut in Mathe? Ja, dann wird das wohl Ihr Leben lang so bleiben. Das entsteht meist, wenn Eltern Ihre Ergebnisse loben, aber nicht unbedingt Ihre Anstrengungen und Bemühungen.

Grundsätzlich haben Menschen mit einem Growth Mindset mehr Vorteile. Ganz logisch, sie entwickeln sich oft weiter, können an sich arbeiten und auch Rückschläge sind für sie kein Weltuntergang. Sie versuchen es dann eben einfach noch mal, arbeiten an sich und können sich dadurch weiterentwickeln.

Das Fixed Mindset hat einige Nachteile, zum Beispiel

- dass Sie neue Herausforderungen eventuell nicht annehmen, wenn Sie der Meinung sind, dass Sie diesen (noch) nicht gewachsen sind. Denn Sie glauben ja nicht, dass Sie Ihre Fähigkeiten noch ausbauen können.
- dass Sie – und das ist der größte Nachteil an einem Fixed Mindset – einen Misserfolg oft direkt als einen »Beweis« für Ihre fehlenden Fähigkeiten sehen. Ihr Misserfolg verankert sich als Information zu Ihren Fähigkeiten und Sie speichern dann ab, dass Sie dieser Aufgabe nicht gewachsen sind.
- dass Sie schneller aufgeben und es nicht noch einmal versuchen, weil Sie nicht daran glauben, dass Sie Ihre Fähigkeiten aufbauen und verbessern können.

Das kleine Wörtchen »noch«!

Achten Sie mal darauf, wie Sie mit sich sprechen. Fallen da Sätze wie »Das kann ich nicht!«?

Versuchen Sie darauf zu achten, dass Sie das kleine Wörtchen »noch« ergänzen. Es macht einen riesigen Unterschied, wenn Sie zu sich selbst »Ich kann das NOCH nicht« sagen anstatt »Ich kann das nicht!«

Halten Sie es einfach ein bisschen wie Pippi Langstrumpf: »Das habe ich noch nie vorher versucht, also bin ich völlig sicher, dass ich es schaffe!« Pippi versucht neue Herausforderungen ohne Druck, stattdessen mit Neugier zu begegnen.

Perfektionismus-Prioritäten setzen

Setzen Sie bei Ihren Aufgaben Perfektionismus-Prioritäten. Damit ist nicht gemeint, dass Sie festlegen, wie wichtig oder dringend diese Aufgabe ist, sondern wie wichtig der Perfektionismusgrad ist.

Denn Aufgaben können auch wichtig und dringend sein, ohne dass der Perfektionismusgrad besonders hoch ist. Zum Beispiel:

- ✔ *Ihrem Kollegen Bescheid geben, dass Ihr gemeinsamer Kunde bestimmte Änderungen an einem Projekt möchte*

  Wichtigkeit: hoch; Perfektionismusgrad: niedrig

  Oder müssen Sie wirklich die E-Mail an Ihren Kollegen mehrmals durchlesen, um sicherzugehen, dass Sie dort keinen Rechtschreibfehler finden?

- ✔ *Die Geburtstagskarte für Ihren Ehemann schreiben*

  Wichtigkeit: hoch; Perfektionismusgrad: niedrig bis mittel

  Ihr Ehemann wird Ihnen vermutlich verzeihen, wenn Sie einen Verschreiber in Ihrer Karte haben.

- ✔ *Die Betten machen*

  Wichtigkeit: niedrig; Perfektionismusgrad: niedrig

  Wenn Sie sich jetzt darüber aufregen, dass hier beide Punkte niedrig sind, dann sehen Sie das als ein Zeichen, dass Ihr Perfektionismus hoch ist!

- ✔ *Die Kalkulation für ein Kundenprojekt erstellen*

  Wichtigkeit: hoch, Perfektionismusgrad: hoch

  Zahlen akribisch zu prüfen, ist tatsächlich wichtig, also ist hier der Perfektionismusgrad hoch.

Fangen Sie an Ihre Aufgaben nicht nur nach klassischer Priorität zu sortieren, sondern auch danach, wie wichtig es ist, dass diese Aufgaben »perfekt« erledigt werden.

Ein Projekt für einen Kunden hat sicherlich eine höhere Perfektionismus-Priorität als der sauber und ordentlich gepackte Koffer für den Urlaub.

Zeitlimits setzen

Wenn Sie dazu neigen, eine Aufgabe nicht abschließen zu können, weil Sie sie ständig noch mal überarbeiten müssen, neu anfangen, weil Sie unzufrieden sind oder sehr oft überprüfen, ob wirklich alles so stimmt, dann versuchen Sie es mit Zeitlimits. Dafür, wann Sie mit der Aufgabe fertig sein und wirklich aufhören müssen.

Durch die Zeitlimits zwingen Sie sich, sich nur auf die wirklich wichtigen Dinge zu konzentrieren und vermeiden es Ewigkeiten an Details zu sitzen.

- ✔ **Überlegen Sie sich einen realistischen Zeitrahmen für die Aufgabe.**

  Versuchen Sie in Ihrer Schätzung so realistisch wie möglich zu sein.

- ✔ **Setzen Sie sich einen Timer.**

  Ein Timer erhöht die Wahrscheinlichkeit, dass Sie tatsächlich mit der Arbeit aufhören, im Vergleich zu einfach nur auf die Uhr zu achten.

- ✔ **Haben Sie jemanden, der Sie kontrolliert.**

  Suchen Sie sich im Zweifel einen Accountability Partner, der oder die darauf achtet, dass Sie tatsächlich die Aufgabe beenden.

»Gut ist gut genug« – Ziele setzen

Haben Sie schon mal versucht, sich drei verschiedene Ziele zu setzen, wenn Sie an einem Ziel arbeiten?

Anstatt sich auf ein 100-Prozent-Ergebnis zu konzentrieren, ergänzen Sie einfach noch zwei weitere Ziele, ein 80-Prozent- und ein 70-Prozent-Ziel.

Hundert Prozent wären für Sie das »perfekte« Ergebnis, das Sie unglaublich glücklich machen würde. Mit einem 80-Prozent-Ziel wären Sie auch noch zufrieden und mit einem 70-Prozent-Ziel könnten Sie leben.

Anstatt sich nun bei allen Zielen immer auf 100 Prozent zu konzentrieren, versuchen Sie, sich auf das 80-Prozent-Ziel zu konzentrieren. Es ist nicht so hoch wie das 100-Prozent-Ziel, daher ist der Druck geringer und die Wahrscheinlichkeit höher, es auch zu erreichen. Sie haben dann außerdem nicht das niedrigste Ihrer Ziele erreicht – ein Grund stolz zu sein.

Beispiele für ein 100-, 80- und 70-Prozent-Ziel.

Sie wollen Ihren ersten Marathon laufen. So könnten Ihre Ziele aussehen:

- ✔ 70 Prozent – Sie kommen ins Ziel.
- ✔ 80 Prozent – Sie kommen ins Ziel, ohne Gehpausen machen zu müssen.
- ✔ 100 Prozent – Sie kommen ins Ziel in unter 5 Stunden.

Absichtlich schlecht arbeiten

Waren Sie schon mal wie paralysiert von Ihren eigenen Ansprüchen? Wenn Sie bereits Prokrastination erlebt haben, weil Sie sich von Ihren eigenen Ansprüchen unter Druck gesetzt gefühlt haben, versuchen Sie mal absichtlich schlecht zu arbeiten.

Damit ist natürlich nicht gemeint, dass Sie sich gar keine Mühe geben oder die schlechte Arbeit so final stehen lassen sollen. Aber versuchen Sie mal einen echt schlechten ersten Entwurf zu machen – ganz bewusst.

»Done is better than perfect, because perfect is never done.«

Frei übersetzt bedeutet das so viel wie »Erledigt ist besser als perfekt, denn perfekt ist niemals erledigt«.

Die Grundidee von »Done is better than perfect« wird oft Sheryl Sandberg zugeschrieben, die in ihrem Buch »Lean In« davon spricht, dass sie diesen Leitsatz nutzt, um sich von unerreichbaren hohen Ansprüchen zu lösen.

Denn es stimmt ja. Durch die vielen hohen Ansprüche haben Perfektionisten oft das Problem, dass sie gar nicht erst anfangen, weil der Druck viel zu hoch ist, diese Ansprüche zu erreichen. Oder sie wissen, dass sie diesen Ansprüchen nicht gerecht werden können, und aus diesem Grund fangen sie gar nicht erst an. Erledigt ist also besser als perfekt.

Ein richtig schlechter erster Entwurf

Wenn Ihnen das auch so geht, dann nehmen Sie sich vor, einen richtig schlechten ersten Entwurf zu machen. Lassen Sie mal ganz bewusst Rechtschreibfehler in Ihrem Dokument stehen. Versuchen Sie Ihre Texte erst mal nur grob und umgangssprachlich zu schreiben.

Es ist oft sehr viel einfacher, einen ersten Entwurf zu überarbeiten, anstatt direkt das perfekte Ergebnis, das keine Überarbeitung mehr benötigt, fertigzustellen. Durch den bewusst schlechten ersten Entwurf holen Sie sich aus der Paralyse raus.

Absichtlich Fehler machen

Nachdem Sie schon absichtlich schlechte erste Entwürfe gemacht haben, ist jetzt die nächste Disziplin, absichtlich mal Fehler zu machen und diese *nicht* zu korrigieren.

Sie haben richtig gehört. Machen Sie absichtlich Fehler!

Wenn Sie absichtlich Fehler machen und diese nicht korrigieren, können Sie dadurch lernen, dass die Fehler keine oder kaum Konsequenzen haben. Ihre Angst Fehler zu machen, sorgt dafür, dass Sie kaum Fehler machen, und wenn doch, dann ärgern Sie sich vermutlich furchtbar. Wenn Sie nun diese Fehler aber einfach mal absichtlich machen, haben Sie keinen Grund mehr sich zu ärgern. Wenn Sie dann noch feststellen, dass – abgesehen von Ihren fehlenden Ärgern – der Fehler keine Konsequenzen hat, werden Sie Stück für Stück Ihre Angst vor Fehlern ablegen.

Damit ist natürlich nicht gemeint, dass Sie absichtlich schwerwiegende Fehler machen sollen, die tatsächlich Ihre Arbeit sabotieren könnten. Es ist nicht gemeint, dass Sie, wenn Sie zum Beispiel im Marketing arbeiten, bei Ihrem Werbebudget »aus Versehen« eine Null zu viel ergänzen. Solche gravierenden Fehler sollten Sie natürlich nicht machen. Sondern suchen Sie sich Fehler, die relativ ungefährlich sind.

Beispiele für absichtliche Fehler

Beispiele für Fehler, die Sie absichtlich machen könnten, sind:

- ✔ Lassen Sie mal einen kleinen Tippfehler in einer (unwichtigen) E-Mail.
- ✔ Kommen Sie einfach mal zwei, drei Minuten zu spät zu einem Meeting.
- ✔ Tragen Sie mal ein Kleidungsstück mit einem kleinen Fleck.
- ✔ Räumen Sie mal Ihre Wohnung nicht auf, bevor Ihr Besuch kommt.
- ✔ Lassen Sie das Bild in Ihrer Präsentation nicht perfekt mittig ausgerichtet sein.
- ✔ Probieren Sie mal, sich nicht an die genauen Mengenangaben in einem Rezept zu halten.
- ✔ Versuchen Sie mal, nicht sofort auf eine Nachricht oder E-Mail zu antworten und zögern Sie Ihre Antwort etwas heraus.
- ✔ Wischen Sie mal einen Fleck nicht sofort auf.
- ✔ Lassen Sie das Bild an Ihrer Wand mal leicht schräg hängen.

IN DIESEM KAPITEL

- Wie Selbstzweifel entstehen
- Was Selbstzweifel mit Produktivität zu tun haben
- Wie Sie mit Selbstzweifeln umgehen
- Das Hochstapler-Syndrom als extreme Form von Selbstzweifeln

Kapitel 8

Selbstzweifel und das Hochstapler-Syndrom

In diesem Kapitel erfahren Sie, warum Selbstzweifel einen Einfluss auf Ihre Produktivität haben. Wie Selbstzweifel entstehen und wie Sie mit Selbstzweifeln umgehen können. Im zweiten Teil des Kapitels lernen Sie mehr über das sogenannten Hochstapler-Syndrom, ein Phänomen, bei dem Menschen sehr stark ausgeprägte Selbstzweifel haben.

Selbstzweifel

Kann ich das? Bin ich gut genug dafür? Hab ich das richtig gemacht? Ob ich mich wohl richtig verhalten habe? Hätte ich das nicht sagen sollen? Was die anderen wohl von mir denken? Warum schaff ich das nicht? Was stimmt nicht mit mir? Ich bin niemals gut genug.

Ich vermute, auch Sie kennen Selbstzweifel. Selbstzweifel haben die meisten Menschen. Das ist auch in Ordnung und bis zu einem gewissen Grad völlig normal – hat sogar Vorteile. Bei manchen Menschen sind Selbstzweifel stärker ausgeprägt und sehr viel »lauter« als bei anderen Menschen. Bei wieder anderen tauchen sie weniger auf. Manchmal treten sie nur in bestimmten Bereichen auf, zum Beispiel im beruflichen Kontext. Sie können aber auch in fast allen Lebensbereichen eines Menschen vorkommen.

Selbstzweifel können Sie zurückhalten, dafür sorgen, dass Sie Chancen und Ziele verpassen, dass Sie mit Aufgaben überfordert sind oder dass Sie Aufgaben aufschieben. Das bedeutet, Selbstzweifel haben einen Einfluss auf Ihre Produktivität und gleichzeitig natürlich auf Ihr Stresslevel.

Selbstzweifel sind – bis zu einem gewissen Grad – normal. Denn sie helfen Ihnen, sich in einer sozialen Gesellschaft immer mal wieder selbst zu hinterfragen, sich weiterzuentwickeln und dazuzulernen.

Menschen, die keine Selbstzweifel haben, werden vermutlich zu arroganten und rücksichtslosen »Arschlöchern«, die wir nicht besonders mögen würden. Daher ist es gut, wenn Sie Selbstzweifel haben.

Die Ursachen von Selbstzweifeln

Die Entstehung von Selbstzweifeln ist, wie bei so vielem, nicht eindeutig einer Ursache zuzuordnen. Sie können viele Ursachen haben, die vermutlich alle irgendwie zusammenspielen, je nachdem welche Erfahrungen Sie in Ihrem Leben gemacht haben. Einige von ihnen kennen Sie schon aus den Kapiteln über Perfektionismus oder People Pleasing. Diese Konzepte sind eng miteinander verwandt und beeinflussen sich gegenseitig.

Kindheitserfahrungen

Wie so vieles, liegt die Ursache in der Kindheit. Die Eltern sind schuld. Ja, ist überspitzt ausgedrückt und natürlich auch vereinfacht. Aber wenn Sie in Ihrer Kindheit die Erfahrung gemacht haben, dass Ihre Leistung nie gelobt oder anerkannt wurde, dann könnte dies natürlich auch Ihre Erfahrung als erwachsener Mensch beeinflussen.

Wenn Ihnen als Kind eingebläut wurde, dass Sie etwas nicht können, dann kann es sein, dass Sie genau das auch als erwachsener Mensch glauben. Selbst wenn Sie dann positives Feedback für etwas bekommen, von dem Ihnen als Kind eingeredet wurde, dass Sie es nicht könnten, passt dieses positive Feedback nicht zu Ihrem Selbstbild.

Angenommen, Ihnen wurde als Kind immer wieder gespiegelt, dass Ihnen Mathematik nicht liegt. Vielleicht, weil klassischer Schulunterricht einfach nicht so Ihr Ding war und so haben Sie in Ihrem Selbstbild verankert, dass Sie nicht besonders gut in Mathematik sind. Als erwachsener Mensch bekommen Sie nun positives Feedback für Ihre großartigen mathematischen Berechnungen. Das wird für Sie schwierig anzunehmen sein. Denn laut Ihrem Kopf können Sie ja eigentlich gar keine Mathematik. Wie kann es also sein, dass Sie dafür positives Feedback bekommen? Da kann ja etwas nicht stimmen! Das positive Feedback können Sie nicht verinnerlichen und Ihrem Selbstbild hinzufügen.

Auch Persönlichkeitseigenschaften können hier einen Einfluss haben. Speziell die Neurotizismus-Skala aus dem Big-Five-Persönlichkeitsmodell. Dieses Modell finden Sie an vielen Stellen des Buches erwähnt – es ist wichtig. Sie können online einen kostenlosten Test machen und herausfinden, wie Sie auf den einzelnen Skalen abschneiden.

Pluralistische Ignoranz

Die pluralistische Ignoranz beschreibt den Effekt, dass Sie anderen Menschen nur vor den Kopf gucken können und eben nicht sehen, dass diese auch ihre Selbstzweifel haben.

Sie glauben, dass die anderen ihre Erfolge locker flockig hinlegen, weil Sie die Herausforderungen meistens gar nicht erkennen beziehungsweise nicht mitbekommen, welche Zweifel in den Köpfen der anderen Menschen herrschen. Sie bekommen vielleicht gar nicht mit, wie schwierig oder anstrengend manche Aufgaben für andere Menschen sind, oder wie viel Mut diese dafür aufbringen müssen, weil Sie nur das Ergebnis sehen. Das kann dann dazu führen, dass Sie überzeugt sind, die einzige Person zu sein, die bei bestimmten Themen Schwierigkeiten oder Selbstzweifel hat.

Vergleiche mit anderen

Wenn Sie sich mit anderen aus Ihrem Umfeld vergleichen und immer das Gefühl haben, diese wären schon weiter, erfolgreicher oder einfach besser in irgendetwas, kann das natürlich dazu führen, dass Sie Selbstzweifel entwickeln.

Wenn Sie ein besonders erfolgreiches Umfeld haben, mit dem Sie sich vergleichen (Aufwärtsvergleich), kann das manche Menschen durchaus motivieren, aber bei vielen auch Druck sowie Demotivation und Selbstzweifel auslösen.

Bei manchen Themen trägt Social Media auch dazu bei. Sie wissen zwar rational, dass Social Media nur die Highlights aus dem Leben der meisten Menschen zeigt, aber wenn Ihr Feed voll ist mit den ganzen Erfolgen der Menschen in Ihrem Umfeld, dann kann das schon an Ihnen nagen. Es könnte zum Beispiel sein, dass Sie über LinkedIn immer nur die Beförderungen und neuen Jobs anderer sehen und sich dann fragen, warum Sie eigentlich nicht befördert werden oder einen tollen neuen Job haben.

Fehlende Fehlerkultur

Wenn Sie in einer Organisation arbeiten, die keine oder zumindest keine gute Fehlerkultur hat, können Selbstzweifel noch mal verstärkt werden. Eine fehlende Fehlerkultur bedeutet, dass Fehler nicht gerne gesehen und eventuell sogar bestraft werden. Fehler darf es in dieser Organisation einfach nicht geben! Das ignoriert natürlich, dass Fehler menschlich und normal sind.

Als Folge davon geben Mitarbeitende Ihre Fehler nicht offen zu und verstecken sie. Dies ist aus vielen Gründen problematisch, aber kann auch dazu führen, dass der Eindruck entsteht, dass all Ihre Kollegen eben keine Fehler machen und Fehler zu machen nicht »normal« ist. Wenn Ihnen dann mal ein Fehler passiert, kann das negative Folgen für Ihr Selbstvertrauen und Ihre Selbstzweifel haben.

Negativverzerrung

Von der Negativverzerrung haben Sie in diesem Buch auch schon mal gehört. Wir Menschen nehmen oft eher das Negative wahr. Sie sehen vor allem die Fehler, die Sie machen, die Defizite, die Sie haben.

Sie sind vermutlich Ihr eigener härtester Kritiker und sehen Ihre eigenen Fehler mehr als andere.

Angenommen Sie halten eine Präsentation. Dabei fällt Ihnen auf, dass Sie eine Sache gar nicht so gesagt haben, wie Sie es eigentlich geübt hatten. Hinterher ärgern Sie sich darüber tierisch. Für Sie lief dann diese Präsentation absolut nicht gut. Die Zuschauenden können nicht wissen, was Sie eigentlich geplant hatten, und sind der Überzeugung, dass Sie eine super Präsentation gehalten haben. Sie sind aber unzufrieden und fragen sich, warum Sie eigentlich so gutes Feedback bekommen haben. Die anderen müssten doch merken, dass die Präsentation eigentlich gar nicht so gut war.

Negativverzerrung bedeutet auch, dass selbst konstruktives negatives Feedback, in dem Ihnen zum Beispiel Entwicklungspotenziale aufgezeigt werden, Sie an sich zweifeln lässt. Anstatt negatives Feedback annehmen zu können und es als eine Entwicklungsmöglichkeit zu sehen, kann es bei Ihnen direkt den Gedanken auslösen: »Ich hatte recht! Ich bin tatsächlich richtig schlecht in meinem Job!«

Wenn Sie starke Selbstzweifel haben oder am Hochstapler-Syndrom (siehe später im Kapitel) leiden, bricht für Sie bei negativem Feedback direkt eine kleine Welt zusammen und dieses Feedback beschäftigt Sie dann noch sehr lange. Dabei ist es völlig egal, wie viel gute Rückmeldungen Sie im gleichen Atemzug bekommen haben. Das negative Feedback verdrängt das gute. Das liegt daran, dass negative Ereignisse grundsätzlich immer schwerer wiegen als positive, oder auch, dass dieses negative Feedback mehr zu Ihrem Selbstbild passt. Wenn Sie sowieso schon davon überzeugt sind, dass Sie nicht für Ihren Job qualifiziert sind, dann ist diese negative Rückmeldung (auch wenn es nur Verbesserungsvorschläge sind) in Ihren Augen ein Beweis dafür. Es fällt Ihnen also leichter, dieses Feedback zu glauben als das positive Feedback.

Positives Feedback nicht annehmen können

Ergänzend dazu, dass Sie Ihre eigenen Fehler eher sehen als andere und negatives Feedback leichter glauben, können Sie dann auch positives Feedback nur schwer annehmen. Es passt nicht zu Ihrem Selbstbild. Aber wenn Sie positives Feedback nicht glauben können, hat das auch wieder Konsequenzen.

Stellen Sie sich vor, Sie haben eine Aufgabe erledigt, die bei Ihren Kollegen gut angekommen ist, Sie haben zum Beispiel Ihre Präsentation gehalten und bekommen dann nur positives Feedback. Sie können dann entweder nur Ihre Fehler sehen (oder die Dinge, die Sie vergessen haben zu sagen) und sich fragen, wie Ihren Kollegen das denn nicht aufgefallen sein kann. Oder aber, Sie sind der Überzeugung, dass es diesmal nur Zufall war, dass Sie die Präsentation so großartig gehalten haben. Das war einfach nur eine Ausnahme und wird sehr wahrscheinlich nicht noch mal genau so vorkommen. Denn eigentlich liegen Ihnen Präsentationen ja nicht besonders.

Was passiert also? Sie können Ihren eigenen Erfolg nicht anerkennen. Das hat zwei Folgen:

1. **Sie verinnerlichen Ihren eigenen Erfolg nicht.** Das heißt, Ihr Selbstbild, dass Sie nämlich richtig gut darin sind, Präsentationen zu halten, baut sich nicht auf. Würden Sie Ihren Erfolg tatsächlich verinnerlichen, hätten Sie bei der nächsten Präsentation vermutlich weniger Selbstzweifel. Da Sie aber bei Ihrem alten Selbstbild – eine Person, die keine guten Präsentationen hält – bleiben, können Sie aus der Erfahrung nicht

wachsen beziehungsweise trauen sich diese neue Erfahrung beim nächsten Mal nicht noch mal zu.

2. **Sie fragen sich, wie Sie es denn schaffen können, diese Leistung zu halten.** Sie haben es ja irgendwie geschafft Ihre Kollegen auszutricksen und ihnen weiszumachen, dass Sie gute Präsentationen halten. Was glauben Sie wohl, wie sehr wird es Sie stressen, wenn Sie das nächste Mal etwas präsentieren müssen? Der Druck wird auf jeden Fall groß sein. Das führt zu enormem Stress und wird vielleicht auch noch den Perfektionist in Ihnen hervorbringen und dafür sorgen, dass Sie richtig hart an der nächsten Präsentation arbeiten werden.

Dunning-Kruger-Effekt

Der Begriff des Dunning-Kruger-Effekts, entwickelt von Dunning und Kruger in den 1990er-Jahren, beschreibt eine verzerrte Selbstwahrnehmung von Menschen, die in einem Thema nicht wirklich kompetent sind und sich nicht besonders gut auskennen. Paradoxerweise liefert dieser Effekt Ihnen auch den »Beweis«, warum Ihre Selbstzweifel eigentlich ein Hinweis darauf sind, dass Sie kompetenter sind, als Sie vielleicht denken.

Stellen Sie sich vor, dass Sie eine neue Fähigkeit lernen. Zum Beispiel eine neue Sprache. Vermutlich passiert es recht schnell, dass Sie am Anfang Erfolge haben. Sie können sich schon bald in der neuen Sprache vorstellen und erzählen, woher Sie kommen, Sie sind in der Lage, Ihr Essen in einem Restaurant zu bestellen und nach dem Weg zu fragen. Diese neue Sprache können Sie schon richtig gut! Je länger Sie dann aber weiterlernen, desto mehr werden Sie feststellen, dass Sie die Sprache vielleicht doch noch nicht so gut beherrschen, wie Sie dachten. Denn auf einmal merken Sie, wie viele Vokabeln Ihnen noch fehlen und dann kommen noch die ganzen Grammatikregeln und Zeitformen dazu. Und diese fiesen unregelmäßigen Verben. Doch gar nicht so einfach, diese neue Sprache! Sie stellen fest, dass Sie weniger wissen, als Sie bisher dachten. Genau das beschreibt den Dunning-Kruger-Effekt. Aus einem »Ich kann die Sprache schon richtig gut!« wird ein »Ups, ich muss doch noch echt viel lernen!«

In Abbildung 8.1 können Sie sehen, dass das Selbstvertrauen, wenn wir etwas Neues lernen, am Anfang sehr steil steigt. Sie haben das Gefühl, dass Sie schon echt viel wissen! Das Erfolgsgefühl, wenn Sie sich Ihre Pizza in der neuen Sprache im Restaurant bestellen können. Je mehr Sie dann aber lernen, desto mehr stellen Sie fest, dass Sie eigentlich doch nicht so viel wissen. Denn paradoxerweise, um zu wissen, was Sie noch nicht wissen, müssen Sie schon ganz schön viel wissen. Wenn Sie sich in einem Thema gut auskennen, dann ist Ihnen auch ganz genau bewusst, wo Ihre Lücken sind beziehungsweise sein könnten. Aber dafür müssen Sie sich gut genug auskennen. Sie brauchen schließlich erst mal ein gutes Grundwissen und einen guten Überblick über das Thema, um mögliche Lücken zu entdecken.

Genau das ist der Punkt des Dunning-Kruger Effektes. Viele Menschen haben am Anfang schnell das Gefühl, dass sie sich gut mit einem Thema auskennen. Aber nur die Menschen, die sich wirklich gut auskennen, wissen, wo ihre Lücken sind. Wenn Sie sich also sehr mit dem Gedanken beschäftigen, was Sie alles noch nicht können, dann kann das ein Zeichen sein, dass Sie sich eigentlich schon ziemlich gut auskennen. Das bedeutet, Ihre Selbstzweifel können ein Hinweis darauf sein, dass Sie schon ziemlich gut in einem Thema sind, und

Abbildung 8.1: Dunning-Kruger-Effekt

liefern quasi den »Beweis«, dass Sie kein Hochstapler sind, auch wenn Sie so fühlen. (Profi-Selbstzweifler würden sich an dieser Stelle fragen, ob sie nicht die Ausnahme sind. Die eine Person, die wirklich gar nichts kann!)

Die Auswirkungen von Selbstzweifeln

Die Auswirkungen von Selbstzweifeln können vielfältig sein.

- ✔ Manche Menschen verfallen in Aktionismus und versuchen gegen die Selbstzweifel anzuarbeiten. Ein Versuch, ihren Erfolg zu halten und die Kollegen weiterhin »auszutricksen«.
- ✔ Bei anderen Menschen sorgen die Zweifel dafür, dass sie sich davon ausbremsen lassen und Chancen und Ziele verpassen, weil sie nicht daran glauben, diese erreichen zu können.
- ✔ Manche schwanken hin und her. Sie haben Phasen, in denen sie von ihren Selbstzweifeln erschlagen sind und erstarren, und dann wieder Phasen, in denen sie in Aktionismus verfallen und sich schnell überarbeiten. Diese Menschen leiden häufig am meisten, denn sie haben in der Phase, in der sie nicht arbeiten, weil sie von Selbstzweifeln gelähmt sind, auch noch ein schlechtes Gewissen, denn sie wissen ja, dass sie es auch anders können.

Prokrastination

Prokrastination kann eine Folge von Selbstzweifeln sein. Wenn Sie Kapitel 5 über Prokrastination schon gelesen haben, dann wissen Sie bereits, dass Aufschieben nichts mit Faulheit zu tun hat, sondern meist die Ursache hat, dass Sie nicht gut mit negativen Emotionen umgehen können. Sie vermeiden die negativen Emotionen, wenn Sie eine Aufgabe aufschieben.

Selbstzweifel können ein Auslöser dieser negativen Emotionen sein. Die Aufgabe macht Ihnen Angst und anstatt die Angst auszuhalten und trotzdem in Handlung zu kommen, gehen Sie lieber in die Vermeidung, damit Sie die Angst nicht spüren müssen.

Wenn Sie eine Aufgabe aufschieben, weil Sie Zweifel haben, ob Sie dieser gewachsen sind, halten Selbstzweifel Sie davon ab, sich weiterzuentwickeln, Ihre Ziele zu erreichen. Sie verpassen möglicherweise tolle Chancen, weil Sie Selbstzweifel haben. Wenn Sie die Aufgabe, die Ihnen viel zu schwierig vorkommt, nicht annehmen, finden die anderen nicht heraus, dass Sie der Aufgabe nicht gewachsen sind, und Sie können den möglichen Schmerz des Scheiterns vermeiden.

Langfristig können Selbstzweifel dafür sorgen, dass Ihre Karriere stagniert, weil Sie sich nicht wirklich weiterentwickeln. Sie verpassen Chancen und schöpfen möglicherweise Ihr Potenzial nicht voll aus. Das kann dann zu Unzufriedenheit und Frustration führen.

Perfektionismus

Auch Perfektionismus (siehe Kapitel 7) kann eine Folge von Selbstzweifeln sein. Wenn Sie keine Fehler machen, dann merken die anderen vielleicht auch nicht, dass Sie eigentlich gar nicht so gut in Ihrem Job sind. Sie haben das Gefühl, dass Sie durch »perfekte« Leistung den »Schwindel« aufrechterhalten.

Perfektionismus ist Ihr Versuch, diese hohe Leistung zu halten, sodass die anderen Menschen nicht merken, dass Sie nur durch einen Zufall diesen Job bekommen haben. Allerdings ist die Folge von Fehlern dann meist, dass Ihre Selbstzweifel weiter verstärkt werden. Denn der Fehler ist dann für Sie der Beweis, dass Sie tatsächlich nicht besonders gut in Ihrem Job sind.

People Pleasing

People Pleasing, zu versuchen, es den anderen immer alles recht zu machen, kann ebenfalls eine Folge von Selbstzweifeln sein. Sie sorgen sicherheitshalber dafür, dass andere nicht merken, dass Sie nicht so kompetent sind, indem Sie ihnen alles recht machen. Dann finden Ihre Kollegen Sie so nett, dass sie nicht bemerken, dass Sie gar nicht so richtig qualifiziert für Ihren Job sind. Gleichzeitig verstärkt das aber auch Ihren Gedanken, dass Sie Ihren Job gar nicht verdient haben, denn Sie wurden sicherlich nur eingestellt, weil andere Sie eben so nett fanden. Mehr zu People Pleasing finden Sie in Kapitel 7.

Schlechtere Arbeitsleistung

Schlechtere Arbeitsleistungen können auch Folgen von Selbstzweifeln sein. Prokrastination oder Perfektionismus können dazu führen, dass Sie Aufgaben nicht anfangen, aufschieben oder übermäßig lange an ihnen arbeiten und sie nicht abschließen können. Wenn Sie sich nicht trauen, Ihre Ideen in einem Meeting vorzustellen, kann dies das gesamte Team beeinflussen. Sie halten sich zurück und tragen weniger zu Diskussionen bei, weil Sie nicht von Ihren eigenen Ideen überzeugt sind. Auch ein erhöhtes Stresslevel trägt zu schlechterer Arbeitsleistung bei. Zum Beispiel, weil Sie unkonzentriert werden oder langfristig sogar gesundheitliche Probleme davontragen.

Überlastung

Ständige Selbstzweifel können auch dazu führen, dass Sie sich überarbeiten. Wenn Sie konstant den Gedanken im Kopf haben, wie Sie es schaffen, dass Ihre Kollegen nicht merken, dass Sie gar nicht so kompetent sind, wie sie denken, dann müssen Sie Ihre Leistung immer hochhalten. Nicht nur hochhalten, sondern im Idealfall immer besser werden. Harte Arbeit, gepaart mit Ihren Fähigkeiten, die vermutlich da sind, auch wenn Sie davon eventuell nicht überzeugt sind, führt sehr wahrscheinlich zu Erfolg. Weil Sie aber wissen, wie hart Sie dafür gearbeitet haben, können Sie Ihren eigenen Erfolg nicht verinnerlichen. Denn jede Person, die so hart dafür gearbeitet hat, hätte genau das Gleiche geschafft. Es hatte nichts mit Ihren Fähigkeiten zu tun. Die Folge: Sie arbeiten einfach noch härter. Es entsteht dann ein fieser Teufelskreis aus immer härterem Arbeiten, der aber nie dazu führt, dass Sie Ihren Erfolg auch mal anerkennen können (siehe Abbildung 8.2).

Abbildung 8.2: Der Teufelskreis von Selbstzweifeln und harter Arbeit

So gehen Sie mit Selbstzweifeln um

Sie müssen sich Selbstzweifeln nicht einfach hilflos ausliefern. Der Umgang damit ist sicherlich nicht immer einfach, aber möglich. Im Folgenden finden Sie einige Tipps und Methoden, wie Sie mit Selbstzweifeln umgehen können.

Selbstreflexion und Hinterfragen von Gedanken

Machen Sie als ersten Schritt Ihre Gedanken sichtbar und finden Sie für sich heraus, wann diese Gedanken bei Ihnen eigentlich auftauchen.

- ✔ Gibt es bestimmte Bereiche, in denen das passiert, zum Beispiel nur im Job oder auch im privaten Bereich?
- ✔ Gibt es bestimmte Situationen oder Tätigkeiten, bei denen diese Gedanken immer wieder auftauchen? Was genau sind dann Ihre Gedanken?

Sobald Sie Ihre Gedanken kennen, fangen Sie an diese zu hinterfragen. Stimmen sie wirklich? Gibt es Argumente gegen diese Gedanken?

Sie müssen nicht alles glauben, was Sie denken. Gedanken sind nur Gedanken. Sie sind meist nicht rational und auch nicht immer wahr.

Fragen Sie sich immer, ob Ihre Gedanken eigentlich stimmen. Seien Sie dabei so rational wie möglich. Stimmt es wirklich, dass Sie für den Job nicht qualifiziert sind? Rational betrachtet vermutlich nicht, immerhin haben Sie den entsprechenden Abschluss.

Sie glauben, dass Sie den Job nur bekommen haben, weil Sie so unglaublich nett sind? Sie wurden aber wahrscheinlich zum Vorstellungsgespräch eingeladen, weil Sie zumindest auf dem Papier schon mal die entsprechenden Qualifikationen haben, oder? Außerdem, wäre es so schlimm, wenn Ihr nettes Wesen Ihre Kollegen überzeugt hat? Unterschätzen Sie nicht, wie wichtig Personen im Team sind, die gute Stimmung einbringen und wie viel angenehmer es ist mit solchen Menschen zu arbeiten. Für das Teamklima und damit auch die Produktivität ist das sehr wertvoll.

Selbstzweifel dokumentieren

Dokumentieren Sie Ihre Selbstzweifel über einen Zeitraum von ein bis zwei Wochen. Wenn Sie schon wissen, dass diese Selbstzweifel hauptsächlich im beruflichen Kontext stattfinden, dann nehmen Sie sich mindestens eine typische Arbeitswoche vor und erstellen Sie sich eine Tabelle, in der Sie eintragen, welchen Gedanken Sie genau hatten, wann das passiert ist und welche Auslöser es gab. War es eine bestimmte Situation? War es eine bestimmte Tätigkeit, die Sie in dem Moment ausgeführt haben? Oder war es eine bestimmte Person, die daran beteiligt war?

Nach ein bis zwei Wochen können Sie hoffentlich ein Muster erkennen und Ihre Selbstzweifel konkreter angehen.

Wenn Sie während Ihres Arbeitstages nicht die Zeit haben, diese Gedanken aufzuschreiben, oder Sie sich unwohl fühlen, sie zu dokumentieren, während Sie im Büro sitzen, dann gewöhnen Sie sich an, dieses Protokoll direkt nach Feierabend auszufüllen. So sind Ihre Gedanken noch so frisch wie möglich und gehen nicht verloren.

Gedanke	Wann?	Auslöser: Situation, Tätigkeit, Person

Selbstmitgefühl

Seien Sie nett zu sich selbst und passen Sie genau auf, welche Sätze Sie sich sagen. Wenn Sie sich eine Aufgabe nicht zutrauen, sagen Sie sich dann »Stell dich nicht so an!« oder »Es ist okay, wenn du Angst hast!«?

Seien Sie nett zu sich selbst und sprechen Sie mit sich wie mit einer guten Freundin oder einem guten Freund.

Auch Menschen mit Selbstvertrauen haben Selbstzweifel. Niemand ist komplett davon befreit. Der Unterschied ist aber, dass die Menschen mit Selbstvertrauen einen guten Umgang mit Selbstzweifeln gefunden haben. Sie nehmen sie wahr und lassen sich dann aber nicht davon zurückhalten. Sie erkennen sie an, sprechen sich selbst gut zu und handeln dann trotzdem, auch wenn ihr Gehirn sie eigentlich davon abzuhalten versucht.

- ✔ Ich lerne bei jeder Herausforderung und kann an ihr wachsen.
- ✔ Meine Fähigkeiten wachsten ständig weiter.
- ✔ Meine Erfahrungen machen mich Stück für Stück immer kompetenter.
- ✔ Ich kann kompetent sein und trotzdem Selbstzweifel haben.

Offen darüber sprechen

Sprechen Sie offen über Ihre Gedanken. Teilen Sie sich vertrauten Personen wie guten Freunden, Partnern oder auch Kollegen mit. Sie werden vermutlich merken, dass es einige andere Menschen gibt, denen es ähnlich geht wie Ihnen. Das kann Ihnen helfen, dass Sie sich nicht mehr so isoliert fühlen und dass Sie nicht mehr das Gefühl haben, die einzige Person zu sein, der es so geht. Vielleicht werden Sie auch merken, dass selbst Personen, die Sie bewundern, hin und wieder Selbstzweifel haben. Der offene Austausch kann Ihnen auch wertvolles Feedback geben und Ihre Perspektiven erweitern.

Erfolge feiern

Fangen Sie an, Ihre Erfolge zu feiern. Besonders die kleinen Erfolge. Machen Sie Ihre eigenen Erfolge und Ihre Entwicklung sichtbar.

Es mag sich vielleicht für Sie so anfühlen, als würden Sie auf der Stelle stehen, als hätten Sie nichts gelernt oder sich nicht weiterentwickelt. Im Alltag geht das Bewusstsein eigener Erfolge meist unter. Besonders dann, wenn Sie sich im Job befinden und keine klar erkennbaren Meilensteine haben, wie zum Beispiel abgeschlossene Semester im Studium, passiert es leicht, dass Sie den Überblick verlieren über all die Fähigkeiten, die Sie sich angeeignet haben. Besonders, wenn es sich um »weiche« Faktoren handelt, die schwer messbar sind.

Blicken Sie deshalb immer mal zurück:

- ✔ Was haben Sie in den letzten Jahren gelernt?
- ✔ Welche Situationen gehen Ihnen heute leicht von der Hand, die Ihnen vor ein paar Jahren noch echt schwergefallen wären?
- ✔ Wo sind Sie souveräner geworden?

Schreiben Sie ein Erfolgstagebuch, in dem Sie regelmäßig festhalten, was Sie geschafft haben. Auch die kleinen Dinge. Nicht nur dann, wenn Sie befördert wurden oder einen neuen Job anfangen, sondern auch dann, wenn Sie kleine Herausforderungen gemeistert haben. Wenn Sie sich etwas getraut haben, was Ihnen Angst gemacht hat. Ergänzend können Sie auch eine Sammlung von positivem Feedback anlegen. Zum Beispiel ein Notizbuch oder einen Ordner, in dem Sie alles zusammentragen, was Sie an positivem Feedback bekommen.

Komplimente annehmen

Sind Sie auch so ein Mensch, der ein Kompliment runterspielt oder relativiert, wenn er es bekommt? »Ach, das war doch nichts.« »Das war eine Teamleistung, das hatte mit mir doch gar nicht so viel zu tun.« Schlimmer noch, neigen Sie vielleicht dazu, wenn Sie gutes Feedback zu einer Leistung bekommen, sogar noch die Fehler herauszustellen, die der anderen Person vielleicht gar nicht aufgefallen sind?

Probieren Sie mal Folgendes zu sagen, wenn Sie ein Kompliment bekommen: »Danke!«

Bahnbrechend, was? Aber für viele Menschen gar nicht so einfach. Besonders für Frauen, die zur Bescheidenheit erzogen wurden. Einfach nur »Danke« sagen. Kein Runterspielen. Kein Herausstellen der Fehler oder Defizite. Nur »Danke«.

Wenn sich das für Sie komisch, vielleicht sogar unangenehm anfühlt, keine Angst, es wird mit mehr Übung einfacher. Mit der Zeit können Sie dann Komplimente tatsächlich auch internalisieren, also annehmen und tatsächlich glauben. Positives Feedback steigert dann irgendwann auch Stück für Stück Ihr Selbstvertrauen und Sie lehnen es nicht automatisch ab.

Andere Menschen kochen auch nur mit Wasser

Machen Sie sich klar, dass auch extrem erfolgreiche und hoch qualifizierte Menschen ihre Selbstzweifel haben. Kein Mensch ist davon befreit, niemand kann alles und niemand ist allwissend.

Sie bekommen die Selbstzweifel, das Scheitern, die Herausforderungen und die Fehler von anderen Menschen nur nicht mit. Das kann dann dazu führen, dass Sie das Gefühl haben, Sie wären die einzige Person, die Selbstzweifel hat. Dem ist nicht so.

Machen Sie sich bewusst, dass jede Person auf irgendeine Art und Weise Selbstzweifel hat. Andere Menschen kochen auch nur mit Wasser. Wenn Sie sich dabei erwischen, dass Sie Angst oder Zweifel haben, dann machen Sie sich klar, dass Sie eben auch nur ein Mensch sind. Dass dies zum menschlichen Leben dazu gehört.

Ich erinnere mich noch sehr genau an eine meiner ersten Professorinnen aus dem Bachelorstudium. Eine sehr renommierte Psychologin, die unglaublich großartige und spannende Psychologievorlesungen gehalten hat. Damals waren wir eine riesige Kohorte von über 400 Studierenden. Vor über 400 Studierenden eine Vorlesung zu halten, dabei noch souverän, entspannt und witzig zu sein, fand ich damals (wie heute) wahnsinnig bewundernswert. Bei einer der Vorlesungen saß ich dann in einer der ersten Reihen und sah, wie die Hand der Professorin am Anfang der Vorlesung zitterte. Diese unglaublich souveräne Professorin war aufgeregt. In den Reihen weiter hinten war mir das nie aufgefallen. Das war für mich ein absolutes Schlüsselerlebnis als Studentin. Wenn selbst eine so erfahrene Professorin noch aufgeregt ist, dann ist es für mich vielleicht auch in Ordnung bei kleineren Herausforderungen aufgeregt zu sein.

Das Hochstapler-Syndrom

Das Hochstapler-Syndrom ist eine Form von extremeren Selbstzweifeln. Es beschreibt ein Phänomen, bei dem Menschen, die sehr erfolgreich sind, trotz all ihrer Errungenschaften, von Selbstzweifeln geplagt werden. Sie fühlen sich als Hochstapler und dass sie Menschen in ihrem Umfeld reingelegt hätten. Sie sind zwar offensichtlich keine Hochstapler, sondern gut ausgebildet und qualifiziert, aber sie haben trotzdem Angst »entlarvt« zu werden.

Hatten Sie schon mal das Gefühl, dass Sie nicht so gut in Ihrem Job sind, wie andere vielleicht denken? Dass Sie nur darauf warten aufzufliegen, und dass Ihre Kollegen merken, dass Sie eigentlich nichts können? Sie haben sich gefragt, wie es sein kann, dass Sie positives Feedback bekommen, denn eigentlich war Ihre Leistung doch gar nicht so toll. Sie glauben, dass Ihre Kollegen Sie eigentlich nur gut finden, weil Sie halt nett sind, aber nicht, weil Sie gut sind in dem, was Sie tun. Überhaupt, Sie verdienen Ihren Job gar nicht. Es muss ein Fehler passiert sein, als Sie eingestellt wurden. Es ist nur eine Frage der Zeit, bis jemand bemerkt, dass Sie eigentlich überhaupt nicht qualifiziert genug sind. Sie haben zwar auf dem Papier den richtigen Abschluss oder die richtige Ausbildung, aber das heißt schließlich nicht, dass Sie auch etwas können. Nein, nein, eigentlich sind Sie nicht genug qualifiziert für alles, was Sie da tun. Vielleicht sollten Sie lieber kündigen, bevor das noch jemand merkt.

Klingt etwas überzogen? Vielleicht.

Das sind aber für Menschen, die vom Hochstapler-Syndrom betroffen sind, mehr oder weniger regelmäßige Gedanken. Nicht immer in diesem Umfang, aber oft sehr ähnlich. Also eine extreme Form von Selbstzweifeln.

Vielleicht haben Sie auch schon solche Gedanken gehabt:

- ✔ »Irgendwann merken die, dass ich eigentlich gar nicht so gut bin!«
- ✔ »Bestimmt bereuen die schon, dass sie mich eingestellt haben!«
- ✔ »Ich habe bestimmt nur durch irgendeinen Fehler den Job/den Auftrag/das Projekt bekommen!«
- ✔ »Eigentlich habe ich gar keine Ahnung. Ich schummle mich nur irgendwie so durch!«
- ✔ »Ich habe echt keine Ahnung, wie ich es so weit geschafft habe!«

- »Bestimmt finden die mich einfach nur nett. Deswegen haben die mich eingestellt.«
- »Wie schaffe ich es, meine Leistung zu halten, sodass keiner merkt, dass ich eigentlich nichts kann!«
- »Irgendwie habe ich die von mir überzeugt. Ich hab das Gefühl, die reingelegt zu haben. Hoffentlich fliegt das nicht auf!«

Menschen mit Hochstapler-Syndrom sind natürlich keine echten Hochstapler. Sie haben Qualifikationen, sind oft sehr gut ausgebildet und sind kompetent. Aber sie fühlen sich wie Hochstapler. Sie haben ihren eigenen Erfolg nicht internalisiert.

Das *Hochstapler-Syndrom* ist ein psychologisches Phänomen, bei dem die Betroffenen objektiv qualifiziert und kompetent sind, aber trotzdem unter extremen Selbstzweifeln leiden. Sie sind davon überzeugt, dass ihr Erfolg nur Zufällen oder Glück zuzuschreiben ist, und sie haben Angst, als Hochstapler enttarnt zu werden und »aufzufliegen«. Man findet auch oft den englischen Begriff *Impostor-Syndrom*.

Das Hochstapler-Syndrom tritt häufig im beruflichen Kontext auf, muss sich aber nicht nur darauf beziehen, sondern kann auch in anderen Bereichen auftreten. Manchmal in mehreren Bereichen, manchmal nur in einem Bereich – das ist individuell sehr unterschiedlich. So kann es zum Beispiel auch im privaten Kontext stattfinden. Zum Beispiel, dass Sie daran zweifeln, eine gute Mutter oder ein guter Vater – oder eine gute Partnerin oder ein guter Freund –zu sein. Sie könnten zum Beispiel davon überzeugt sein, dass Ihre Freunde Sie vielleicht gar nicht mögen. Oder, dass Ihr Partner eigentlich nur durch Zufall mit Ihnen zusammen ist und Sie von ihm »entlarvt« werden, nämlich dass er feststellt, dass Sie doch gar nicht so toll sind, wie er immer dachte.

Der Begriff des Hochstapler-Syndroms kommt aus den 1970er-Jahren und wurde zuerst bei Studentinnen festgestellt. Lange Zeit dachte man, dass ausschließlich Frauen von diesem Phänomen betroffen sind. Inzwischen weiß man aber, dass es ebenso bei Männern vorkommt, wenn auch vermutlich in einem geringeren Ausmaß und auf eine andere Art und Weise.

Allerdings ist die Forschung hierzu noch recht unklar und die Studien dazu kommen zum Teil zu widersprüchlichen Ergebnissen. Das kann auch daran liegen, dass es für das Hochstapler-Syndrom keine offizielle Diagnose gibt, da es keine offizielle psychische Krankheit ist, sondern eher ein psychisches Phänomen. Durch diese Ungenauigkeit wird auch die Forschung erschwert. Daher ist es auch schwierig zu sagen, ab wann »normale« Selbstzweifel dann schon ein Hochstapler-Syndrom bedeuten.

Sich konstant wie ein Hochstapler zu fühlen, ist anstrengend. Denn Sie fühlen sich ständig fehl am Platz. Zum Beispiel in Ihrem Job. Sie haben außerdem konstant das Gefühl, dass Sie sich ständig beweisen müssten und leiden unter der Angst, dass eben doch jemand mal merkt, dass Sie nicht gut genug sind. Das kann ordentlich Stress auslösen.

Prominente Beispiel für das Hochstapler-Syndrom

Ein paar prominente Beispiele für das Hochstapler-Syndrom lassen sich leicht finden.

Die Schauspielerin Natalie Portmann hat einen Abschluss in Psychologie von der Harvard Universität – einer sehr renommierten amerikanischen Universität. In Interviews erzählte sie mal, dass sie konstant das Gefühl hatte, dass bei der Zulassung doch ein Fehler passiert sein müsste. Sie wäre ja »nur eine dumme Schauspielerin«. Auf dem Campus hat sie sich oft fehl am Platz gefühlt und hatte das Gefühl, sie müsste sich ständig beweisen.

Die Schauspielerin Jodie Foster erzählte in Interviews, dass sie nach dem Gewinn ihres Oscars 1989, als auch Meryl Streep nominiert war, der Überzeugung war, dass noch Wochen nach ihrem Gewinn die Academy an ihrer Tür klopfen würde, um ihr mittzuteilen, dass ein Fehler passiert war und eigentlich Meryl Streep den Oscar bekommen sollte. Sie rechnete fest damit, dass es an ihrer Tür klopfen würde und ihr der Preis wieder weggenommen würde.

Meryl Streep, eine der wohl erfolgreichsten Schauspielerinnen aller Zeiten, denkt immer noch, dass Sie eigentlich nicht schauspielern kann und warum sollte man sie noch mal in Filmen sehen wollen. Eigentlich würde das doch niemand wollen.

Auch die Autorin dieses Buches kennt dieses Gefühl. Für mein Masterstudium wurde ich an einer wirklich renommierten Universität in London angenommen, wobei mir vorher einige Menschen gesagt hatten, dass das sowieso nicht klappen werde. Als die E-Mail mit der Zusage kam, war ich überzeugt, dass ein technischer Fehler passiert sein musste. Selbst als alle Unterlagen eingereicht waren, war ich noch davon überzeugt. In dem Moment, als ich ins Sekretariat lief, um mich offiziell als Studentin zu registrieren, habe ich fest damit gerechnet, dass die nette Dame am Empfang mir sagen würde, dass da wohl ein Fehler passiert sein müsste und ich müsste leider wieder nach Hause fliegen.

Bei meiner Arbeit im Einzelcoaching begegnen mir besonders oft junge Frauen, denen es so geht. Oft haben diese Frauen einen Gedanken: Vielleicht werde ich einfach schwanger? Dann habe ich endlich mal eine Pause von meinem Job!

Sie wissen natürlich, dass Kinder bekommen keine Entspannung ist und auch dies sehr stressig sein kann. Aber in ihrer Logik müssten sie sich dann nicht mehr mit ihren Selbstzweifeln rumquälen. Sie hätten dann, zumindest in der Elternzeit erst mal eine Pause davon, dass sie sich ständig hinterfragen müssen. Diese Gedanken begegnen mir überraschend oft bei meinen Klientinnen. (Dass Kinder bekommen nicht die Lösung gegen Selbstzweifel im Job ist, sollte klar sein. Auch, dass dies nicht die beste Motivation ist, um Kinder in die Welt zu setzen. Außerdem kann man davon ausgehen, dass die Wahrscheinlichkeit hoch ist, dass diese Frauen ähnliche Selbstzweifel haben, wenn Sie dann in Elternzeit sind. Dann nur nicht mehr auf ihren Job bezogen, sondern auf die ihre Qualitäten als Mutter.)

Kritik am Hochstapler-Syndrom

Es gibt durchaus immer mal wieder Kritik am Konzept des Hochstapler-Syndroms – auch zu Recht. Diese Kritik zu kennen, ist meiner Meinung nach auch wichtig, um das Hochstapler-Syndrom für sich besser einordnen zu können. Besonders dann, wenn Sie sich in dem Syndrom wiedererkannt haben.

Eine Kritik bezieht sich vor allem auf den »Syndrom«-Teil des Begriffes. Denn das lässt es so klingen, als wäre das Hochstapler-Syndrom eine anerkannte psychische Krankheit. Und dies ist nicht der Fall. Es handelt sich nicht um ein psychisches Krankheitsbild, sondern eher um eine Art Muster. Es ist keine anerkannte Diagnose, was es manchmal auch schwierig macht, den Begriff genau zu definieren und festzustellen, ob jemand wirklich von dem Syndrom betroffen ist oder nicht.

Ein zweiter Kritikpunkt bezieht sich auf die Individualisierung des Problems. Dem Konzept wird vorgeworfen, dass es Probleme auf das Individuum abwälzt, anstatt strukturelle Probleme anzuerkennen. Zum Beispiel können Stereotype oder unterschiedliche Ansprüche an Arbeit von Männern und Frauen dazu führen, dass gerade bei Frauen – die oft stärker von dem Syndrom betroffen sind – mehr Selbstzweifel auftreten.

Die Kritik am Hochstapler-Syndrom ist nun, dass es die Selbstzweifel dann zu einem individuellen Problem der betroffenen Frauen macht und damit die strukturellen Probleme vernachlässigt werden. Dies könnte dazu führen, dass strukturelle Probleme nicht mehr angegangen werden, gar nicht erst versucht wird dafür Lösungen zu finden. Schließlich ist das Problem auf individueller Ebene lösbar. Diese strukturellen Probleme gelten natürlich nicht nur für Frauen, sondern für alle Minderheiten.

Trotz dieser sehr berechtigten Kritikpunkte ist der Begriff dennoch nützlich, um Selbstzweifel und deren Auswirkungen zu betrachten.

Mit dem Hochstapler-Syndrom können Sie wie mit »normalen« Selbstzweifeln umgehen, denn im Grunde ist das Hochstapler-Syndrom eben nur ein Phänomen, bei dem sehr viele Selbstzweifel auftreten. Seien Sie sanft und geduldig mit sich selbst im Umgang mit Selbstzweifeln. Es dauert, bis sich da Veränderungen einstellen.

Professionelle Unterstützung

Wenn Sie das Gefühl haben, dass wirklich gar nichts hilft und Ihre Selbstzweifel Ihr Leben bestimmen und Sie keine Möglichkeit sehen, dort rauszukommen, dann zögern Sie bitte nicht, sich professionelle Hilfe zu suchen. Sie finden dazu am Ende von Kapitel 12 mehr Informationen und Ressourcen.

Geschlechtsspezifische Unterschiede

Auch wenn die Forschung zum Hochstapler Syndrom noch nicht sehr weit ist und die Ergebnisse noch nicht ganz klar, so zeichnet sich doch auch immer wieder ein Trend ab, dass Frauen vermehrt und stärker vom Hochstapler-Syndrom betroffen sind. Das kann verschiedene Ursachen haben:

- ✔ **Ansprüche an Verhalten sind verwirrend**

  Für viele Frauen sind die Ansprüche an ihr Verhalten verwirrend. Wenn Frauen sich »typisch männlich« verhalten, werden Sie dafür oft abgestraft. Sie sind dann nicht durchsetzungsfähig und dominant, sondern laut und zickig. Sind sie dann aber »typisch weiblich«, sind sie zu emotional und zu schwach. Sie können leider oft nur verlieren. Benehmen Sie sich »typisch männlich«, passt das nicht zu ihnen, sie sind ja Frauen. Aber »typisch weibliches« Verhalten passt dann auch wieder nicht. Wie sollen Frauen dann wissen, wie Sie sich »richtig« verhalten?

- ✔ **Männliche Arbeitsumgebungen**

  Wenn Frauen in stark männlich geprägten Umfeldern arbeiten, in sehr männlich geprägten Branchen zum Beispiel oder, leider auch generell in vielen Führungsetagen, wird ihnen oft suggeriert, dass sie nur »geduldet« sind. Sie sind die Ausnahme und wehe sie tanzen dann als Frau aus der Reihe. Das muss nicht offen so gesagt werden, aber wenn es vielleicht nur eine einzige Frau in einem ansonsten männlichen Führungsteam gibt, dann ist das oft impliziert. Die Frau darf sich dann bloß nicht falsch verhalten, denn sonst ist sie schnell wieder verschwunden – so die Nachricht. Natürlich kann das bei Frauen dann für einen wahnsinnigen Druck sorgen und Zweifel, warum sie überhaupt in diese Position gelangt ist.

- ✔ **Fehlende Vorbilder**

  Dadurch dass Frauen in vielen Bereichen noch die Ausnahme sind, fehlen auch weibliche Vorbilder. Zum Beispiel fehlen in Führungsetagen oft noch Frauen. Männer stellen dann eher Menschen ein, die ihnen ähnlich sind – also Männer. Das sorgt dafür, dass Frauen weniger eingestellt werden und impliziert für Frauen, dass Sie eben für »so einen« Job dann nicht geeignet sind.

- ✔ **Unsichtbare Arbeit von Frauen**

  Ein riesiger Anteil an Arbeit von Frauen wird nicht gesehen. Im Privaten übernehmen Frauen immer noch deutlich mehr Care-Arbeit – den Haushalt und die Kinderbetreuung. Aber auch im beruflichen Bereich ist das oft der Fall. Frauen übernehmen meistens auch in Teams die Aufgaben, die dafür sorgen, dass es dem Team gut geht – auch hier die Care-Arbeit. Ein Teammitglied hat Geburtstag – wer besorgt die Geburtstagskarte? Mit hoher Wahrscheinlichkeit eine Frau. Jemand im Team ist nicht gut drauf – wer führt ein klärendes Gespräch und kümmert sich? Ebenfalls mit hoher Wahrscheinlichkeit eine Frau. Diese Arbeit ist zwar unglaublich wichtig für Teams, wird aber oft nicht gesehen. Dass Arbeit nicht gesehen wird, kann bei Frauen zusätzlichen Leistungsdruck auslösen und Stress, denn die normalen Arbeitsaufgaben wollen ja nun auch noch erledigt werden.

✔ **Sozialisierung und gesellschaftliche Erwartungen**

An Frauen werden oft andere gesellschaftliche Erwartungen gestellt als an Männer. Sie sollen immer lieb und freundlich sein und sich um das Wohlbefinden anderer kümmern. Sie sollen schon als Kind ruhig und brav sein. Außerdem wird ihnen beigebracht, dass sie bitte bescheiden sein sollen – dies macht es für Frauen schwer, ihre eigenen Erfolge anzuerkennen und daraus Selbstvertrauen zu ziehen.

Es kann sich unangenehm anfühlen, Erfolge zu feiern oder Komplimente anzunehmen, wenn Ihnen als Kind beigebracht wird, dass Sie bescheiden sein sollte. Eigenlob stinkt schließlich. Auch werden schon kleine Mädchen oft mehr für ihr Aussehen gelobt als für ihre Fähigkeiten, was dann dazu führen kann, dass sie ein niedriges Selbstvertrauen in ihre eigenen Fähigkeiten haben.

✔ **Vorurteile und Diskriminierung**

Hinzu kommen dann noch direkte Vorurteile und Diskriminierung An Frauen, die sexistischem Verhalten oder sexistischen Sprüchen ausgesetzt sind, geht das natürlich nicht spurlos vorbei. Das muss noch nicht mal offensichtlich sexistisches Verhalten sein, sondern oft sind es eher die subtilen Verhaltensweisen von anderen – zum Beispiel, dass Frauen im Schnitt deutlich mehr unterbrochen werden –, die Stück für Stück am Selbstvertrauen von Frauen nagen.

Frauen müssen leider oft mehr leisten als Männer, um Anerkennung zu bekommen. Wenn dann noch eher Männer (von Männern) für Jobs befördert werden, dann ist es völlig logisch, dass dies am Selbstvertrauen von Frauen nagt. Das hier wäre dann ein typisches Beispiel von strukturellen Problemen, die dann, wie in der Kritik vom Hochstapler-Syndrom angemerkt, leider individualisiert werden.

Dass Frauen weniger Selbstvertrauen haben als Männer, besonders im beruflichen Bereich, ist in der Forschung gut dokumentiert. So gut dokumentiert, dass es dafür sogar einen Namen gibt: Die *Confidence Gap*. Die Selbstvertrauen-Lücke. Hier ist es noch sehr wichtig zu sagen: Die Confidence Gap hat nichts mit weniger Kompetenz zu tun, sondern bezieht sich rein auf die Selbstwahrnehmung von Frauen. Das heißt, wenn man Männer und Frauen vergleicht, mit den komplett gleichen Qualifikationen, schätzen sich Frauen trotzdem als deutlich weniger gut ein. Je nachdem, nach welcher Studie man geht, bis zu unglaublichen 30 Prozent!

IN DIESEM KAPITEL

Die Wichtigkeit von Gewohnheiten

Wie Sie Gewohnheiten aufbauen können

Wie Sie Gewohnheiten abbauen können

Kapitel 9
Gewohnheiten aufbauen

Dieses Kapitel beschäftigt sich mit Gewohnheiten. Gewohnheiten beeinflussen unser Leben stark. Sie haben einen Einfluss auf unsere täglichen Verhaltensweisen und Entscheidungen und beeinflussen damit unser Wohlbefinden und den Verlauf unseres Lebens. In diesem Kapitel erfahren Sie, wie Gewohnheiten entstehen, warum es so schwierig ist alte Muster aufzubrechen und wie Sie neue Gewohnheiten etablieren können.

Die Rolle von Gewohnheiten

Haben Sie schon mal erlebt, dass Sie eine Handlung ganz automatisch durchgeführt haben, obwohl Sie sich eigentlich etwas anderes vorgenommen hatten? Sie haben vor der Arbeit noch einen Arzttermin, was Sie ganz genau wissen, aber anstatt der Abzweigung zu Ihrer Arztpraxis zu folgen, biegen Sie ganz automatisch in Richtung Ihrer Arbeitsstelle ab. Ihre Gewohnheit hat zugeschlagen. Sie sind es gewöhnt morgens einen bestimmten Weg zu Ihrem Büro zu fahren, Sie müssen darüber nicht lange nachdenken, sondern machen es einfach.

Genau das sind Gewohnheiten. Sie sind der Autopilot Ihres Gehirns. Handlungen, die Sie schon so oft wiederholt haben, dass Sie diese einfach abspulen, ohne darüber nachdenken zu müssen, WAS Sie zu tun haben. Oder, dass Sie darüber nachdenken müssen, WIE Sie etwas zu tun haben.

Stellen Sie sich mal vor, Sie müssten sich jeden Tag neu daran erinnern, dass Sie Zähne putzen müssen. Und das (mindestens) zweimal am Tag. Aber nicht nur das. Sie müssten sich auch daran erinnern, WIE das Zähneputzen noch mal funktioniert. Sie müssten überlegen, in welcher Reihenfolge Sie vorgehen. Erst die Zahnbürste in den Mund oder erst die Zahnpasta auf die Bürste. Und wie müssten Sie die Zahnbürste im Mund bewegen, damit auch wirklich alle Zähne richtig schön sauber werden?

Das wäre ziemlich anstrengend, oder? Nun überlegen Sie aber mal, wie viele Ihrer täglichen Verhaltensweisen Sie automatisch ausführen. Die vielen kleinen Dinge, die Sie in Ihrem

Leben vermutlich täglich ausführen. Und jetzt stellen Sie sich noch vor, dass Sie jedes Mal bei diesen vielen kleinen Tätigkeiten genau überlegen müssen, wie sie funktionieren und dass Sie diese durchführen müssen. Zähne putzen, duschen, Wäsche waschen, Essen kochen. Wie funktioniert das noch mal mit dem Duschen? Oder dem Kaffeekochen? Erst das Pulver in die Maschine oder erst der Kaffeefilter?

Genau aus diesem Grund sind Gewohnheiten so wichtig. Im Grunde, wenn auch etwas überspitzt gesagt, bestimmen Gewohnheiten unser Leben. Studien gehen davon aus, dass etwas 30–60 Prozent unserer täglichen Verhaltensweisen aus Gewohnheiten bestehen.

Gewohnheiten sind regelmäßig wiederholte Verhaltensmuster, die oft automatisch und unbewusst durchgeführt werden.

Vorteile von Gewohnheiten

Gewohnheiten haben viele Vorteile.

Gewohnheiten sind energiesparend

Wie Sie mit Gewohnheiten Energie sparen, sehen Sie in der folgenden Aufzählung.

- **Energie sparen durch Gewohnheiten**

  Dass so ein großer Anteil unserer Verhaltensweisen Gewohnheiten sind, hat mehrere Vorteile, aber einen ganz besonders: Es spart Energie. Was Ihr Gehirn schon kennt und oft durchgeführt hat, braucht nicht mehr viel Energie, wenn es automatisch durchgeführt werden kann.

- **Weniger Entscheidungen**

  Sie müssen weniger Entscheidungen treffen und erledigen Dinge (insbesondere Kleinigkeiten) einfach, ohne dass Sie das aktiv entscheiden müssen. Sie müssen nicht mehr darüber nachdenken, ob Sie sich nun vor dem Abendessen die Zähne putzen oder nicht. Sie machen es einfach.

- **Weniger über Prozesse nachdenken**

  Sie müssen außerdem nicht darüber nachdenken, wie die Abläufe für bestimmte Verhaltensweisen aussehen. Dies gilt nicht nur für alltägliche Handlungsabläufe, sondern auch für Arbeitsabläufe. Wenn Sie bestimmte Abläufe schon sehr oft durchgeführt haben, beherrschen Sie diese irgendwann automatisch. Oder überlegen Sie sich mal, wie es ist, wenn Sie einen neuen Trainingsplan im Fitnessstudio starten. Am Anfang müssen Sie ständig darüber nachdenken oder nachschauen, welche Übungen in welcher Form nun dran sind. Nach einer Weile wird es zur Gewohnheit und Sie machen auch wieder einfach, anstatt über den Prozess nachdenken zu müssen.

✔ **Mehr Energie für die wichtigen Dinge**

Wenn Sie keine Energie mehr für die Kleinigkeiten im Alltag benötigen, dann haben Sie mehr Energie für die wirklich wichtigen Dinge im Leben. Für kreative oder für komplexe Aufgaben. Wenn Sie schon mal einen neuen Job angefangen haben, dann wissen Sie, wie wahnsinnig anstrengend die erste Zeit ist, bis Sie die ganzen Routinen und Abläufe im Job verstanden haben. Sobald diese aber sitzen, können Sie Ihre Energie auf andere Aufgaben oder Projekte konzentrieren.

Gewohnheiten geben Struktur und Stabilität

Gewohnheiten sparen Ihnen nicht nur Energie, sie geben Ihnen auch eine Struktur und sorgen für Stabilität, zum Beispiel für eine Struktur für Ihren Tagesablauf. Sie müssen nicht mehr darüber nachdenken, ob Sie morgens erst duschen oder erst die Zähne putzen. Vermutlich sieht das bei Ihnen jeden Tag gleich aus. Außerdem steigern Sie durch Gewohnheiten Ihre Produktivität.

✔ **Sicherheit**

Wenn Sie nicht darüber nachdenken müssen, was Sie als Nächstes tun müssen oder was als Nächstes an Ihrem Tag passiert, dann kann Ihnen das Sicherheit und Ruhe geben und Ihren Stress reduzieren.

✔ **Gesteigerte Produktivität**

Wenn Sie nicht darüber nachdenken müssen, was und wie Sie etwas erledigen, dann verschwenden Sie weniger Zeit und kommen schneller ins Arbeiten. Außerdem haben Sie durch die gesparte Energie mehr Ressourcen für die wirklich wichtigen Aufgaben und können so die höher priorisierten Aufgaben eher abarbeiten.

Gewohnheiten helfen Ihnen, langfristige Ziele leichter zu erreichen

Gewohnheiten helfen Ihnen außerdem, langfristig Ihre Ziele zu erreichen. Angenommen, Ihr Ziel ist es eine neue Fähigkeit zu lernen, zum Beispiel möchten Sie lernen Klavier zu spielen, dann erhöht sich die Wahrscheinlichkeit, dass Sie Ihre Klavierspielfähigkeiten ausbauen, wenn Sie aus dem Üben eine regelmäßige Gewohnheit machen.

✔ **Fähigkeiten aufbauen durch Wiederholungen**

Ganz logisch, wenn Sie eine neue Fähigkeit aufbauen wollen, müssen Sie üben. Wenn Sie Klavier lernen wollen, sollten Sie regelmäßig, idealerweise täglich, üben. Machen Sie aus dem Üben eine tägliche Gewohnheit, dann reicht es, wenn Sie sogar nur ein paar Minuten üben, aber durch die vielen Wiederholungen bauen Sie Ihre Kompetenz auf. Täglich ein paar Minuten üben, ist sinnvoller, als alle paar Tage einige Stunden zu üben.

✔ **Motivation**

Wenn Sie jeden Tag merken, dass Sie ein kleines bisschen besser werden, dann wird Sie das motivieren. Sobald Sie das tägliche Üben als Gewohnheit aufgebaut haben, wird es Ihnen vermutlich sowieso nicht besonders schwerfallen dranzubleiben. Aber es wird Ihnen noch leichter fallen, wenn Sie merken, dass Sie sich jeden Tag ein kleines bisschen weiterentwickeln.

Gewohnheiten statt Selbstdisziplin

Sobald Sie eine Tätigkeit ausführen, auf die Sie nicht besonders viel Lust haben, die aber gemacht werden muss, brauchen Sie Selbstdisziplin. Wenn Ihnen das Aufräumen Ihrer Wohnung nicht besonders viel Spaß macht, Sie aber wissen, dass Sie sich eigentlich über eine saubere und aufgeräumte Wohnung freuen, dann benötigen Sie trotzdem Selbstdisziplin, um aufzuräumen. Wenn Sie eigentlich lieber unter einer kuschligen Decke auf dem Sofa liegen wollen, aber das Ziel haben, für einen Marathon zu trainieren und es würde jetzt eigentlich Ihre nächste Trainingseinheit anstehen, dann brauchen Sie Selbstdisziplin, um sich dazu zu bewegen, doch rauszugehen und laufen zu gehen.

Das Problem bei Selbstdisziplin: Sie ist endlich. Sicherlich kennen Sie das, dass Sie nach einem langen Arbeitstag, den Sie diszipliniert hinter sich gebracht haben, abends Schwierigkeiten haben, noch Selbstdisziplin aufzubringen. Daher fällt es vielen Menschen schwer, sich abends gesund zu ernähren oder auch noch zum Sport zu gehen. Es ist schlicht einfach keine Selbstdisziplin mehr da.

Selbstdisziplin funktioniert wie ein Muskel. Der Muskel lässt sich trainieren, aber auch nur bis zu einem gewissen Punkt. Genau wie bei einem echten Muskel. Wenn Sie den Muskel gerade zu viel trainiert haben, dann lässt Ihre Kraft nach, der Arm fängt an zu zittern und selbst die leichtesten Gewichte können Sie nicht mehr heben. Gleiches gilt für Ihre Selbstdisziplin. Abends ist sie oft bereits aufgebraucht, besonders dann, wenn Sie einen anstrengenden oder stressigen Arbeitstag hatten.

Deshalb sind Gewohnheiten so wichtig. Gewohnheiten brauchen sehr, sehr viel weniger Selbstdisziplin. Wir machen etwas einfach und müssen uns nicht noch davon überzeugen, tatsächlich zu handeln.

Wenn Sie also bestimme Verhaltensweisen in Ihrem Alltag einbauen wollen, von denen Sie wissen, dass Sie ihnen nicht unbedingt Spaß bereiten, aber wichtig sind: Machen Sie diese zu Gewohnheiten! Denn dann brauchen Sie (kaum noch) Selbstdisziplin. Sie müssen sich nicht jedes Mal wieder dazu aufraffen, eine bestimmte Tätigkeit durchzuführen, sondern Sie können sich einfach auf Ihren Autopiloten verlassen, der die bestimmte Handlung durchführt. Das gilt für einfache Handlungen wie Zähneputzen, aber funktioniert auch für komplexere Handlungen, wie zum Beispiel eine Sportroutine. Obwohl, je komplexer die Handlung, desto länger dauert es natürlich diese zu einer Gewohnheit zu machen und desto leichter ist es auch, diese als Gewohnheit wieder zu verlieren, wenn Sie aus irgendeinem Grund mit dieser Handlung aufhören.

Die *Ego-Depletion Theory* beschreibt die Idee, dass Selbstkontrolle und Willenskraft eine mentale Ressource sind, die endlich ist und daher bei konstanter Beanspruchung zur Erschöpfung (*depletion*) führen kann. Wenn die mentale Energie niedrig ist, ist auch die Selbstdisziplin beeinträchtigt. Eine Aufgabe, die Disziplin erfordert, kann dazu führen, dass Ihnen die Disziplin für die folgende Aufgabe fehlt, selbst wenn diese zwei Aufgaben nichts miteinander zu tun haben. Diese mentale Ressource kann für sehr verschiedene Arten von Selbstdisziplin genutzt werden, wie zum Beispiel Impulskontrolle oder auch Emotionsregulation.

Dies bedeutet, wenn Sie während Ihres Jobs tagsüber sehr viele mentale Ressourcen, wie Emotionsregulation anwenden mussten – um zum Beispiel im Servicebereich immer lieb und freundlich zu den Kunden zu sein, auch wenn Ihnen nicht danach ist, kann es sein, dass Ihnen dann die Selbstkontrolle abends fehlt, um zum Beispiel noch zum Sport zu gehen. Ihre mentale Energie ist dann bereits ausgeschöpft.

Methoden zum Aufbauen neuer Gewohnheiten

Methoden sind also extrem nützlich. Sie helfen Ihnen den inneren Schweinehund zu überwinden und sparen Selbstdisziplin.

Im folgenden Abschnitt finden Sie Tipps und Tricks, wie Sie neue Gewohnheiten aufbauen können. Denn sich auf Willenskraft alleine zu verlassen, ist keine gute Idee, die Wahrscheinlichkeit daran zu scheitern, ist ziemlich groß.

Das »Warum« verstehen

Um eine neue Gewohnheit aufzubauen, sollten Sie Ihre eigenen Beweggründe dahinter verstehen. Besonders dann, wenn Ihnen die Gewohnheit erst mal keinen Spaß macht. Oder, wenn Sie keine direkten Erfolge durch diese neue Gewohnheit merken. Wenn Sie sich beispielsweise erst nach einer Weile der regelmäßigen Einnahme eines Vitaminpräparats besser fühlen im Vergleich zum direkten besseren Gefühl nach dem Sport.

Die meisten Menschen machen vermutlich nicht unbedingt Sport um des Sportes Willens, sondern weil sie etwas für ihre Gesundheit tun wollen oder sich nach dem Sport besser fühlen. Genauso nehmen die meisten Menschen nicht unbedingt Vitamine zu sich, weil es ihnen so viel Spaß macht, Pillen zu schlucken, sondern weil ihnen ihre Gesundheit wichtig ist.

Ihre neue Gewohnheit soll sein, dass Sie dreimal die Woche ins Fitnessstudio gehen? Fragen Sie sich jetzt mal, warum. Weil Sie sich gut fühlen wollen? Weil Sie gut aussehen wollen? Weil Sie stark werden wollen? Weil Sie abnehmen möchten? Weil Sie einfach eine fitte Person werden wollen? Was ist Ihr eigentlicher Grund, warum Sie diese Gewohnheit aufbauen wollen?

Sie wollen mehr Geld verdienen? Warum? Möchten Sie sich mehr Dinge leisten können? Möchten Sie ein höheres Gefühl von Sicherheit haben? Möchten Sie mehr Anerkennung von außen haben, weil Sie mehr Geld verdienen?

Wie lange es braucht, um Gewohnheiten zu etablieren

Vielleicht haben Sie schon mal davon gehört, dass Gewohnheiten eine bestimmte Anzahl an Tagen brauchen, bis sie etabliert sind. Oft hört man 21 oder manchmal auch 28 Tage. Besonders auf Social Media kursieren diese Zahlen. Diese 21 Tage sind allerdings nicht ganz richtig und eher ein Mythos.

Die 21 Tage gehen auf den plastischen Chirurgen Maxwell Maltz aus den 1950er-Jahren zurück, der die Beobachtung machte, dass Patienten etwa 21 Tage benötigten, um sich an Veränderung zu gewöhnen. Zum Beispiel an die Veränderung im Gesicht nach einer Operation.

Diese Zahl von 21 Tagen wurde aber in Studien zu Gewohnheiten nicht bestätigt. Grundsätzlich liegt der Durschnitt, wie lange es dauert, bis eine neue Gewohnheit aufgebaut ist, bei etwa 66 Tagen. Also deutlich länger als nur 21 Tage, wie eine Studie aus dem Jahr 2010 von Lally, Jaarsveld, Potts und Wardle zeigt.

Allerdings muss man hier ergänzen, dass es starke Unterschiede bei verschiedenen Personen und auch bei verschiedenen Gewohnheiten gibt. Die Dauer kann insgesamt zwischen 18 und 254 Tagen schwanken. Zwischen knapp unter 3 Wochen bis über 36 Wochen, was einer Zeit von etwas über 8 Monaten entspricht.

Diese Schwankungen kommen daher, dass Gewohnheiten in ihrem Umfang nun mal sehr unterschiedlich sein können. Die Gewohnheit, jeden Morgen Vitaminpräparate zu sich zu nehmen, ist deutlich weniger aufwendig, als sich anzugewöhnen wieder regelmäßig zum Sport zu gehen. Je komplexer eine Gewohnheit ist, desto länger brauchen wir, bis wir sie fest etabliert haben.

Fragen Sie sich immer, was Ihr eigentliches Motiv hinter Ihrem Ziel ist!

Grundsätzlich ist es effektiver, wenn Sie sich auf Ihr Gefühl konzentrieren, auf intrinsische Antreiber statt auf externe Belohnungen. Wenn Sie sich zum Beispiel vornehmen, einen Marathon zu laufen und dafür regelmäßig trainieren müssen, sollten Sie sich nicht auf die Anerkennung, die Sie von Ihrem Umfeld dafür bekommen, konzentrieren, sondern lieber darauf ausrichten, wie Sie sich nach Erreichen des Zieles fühlen werden. Das kann zum Beispiel Stolz auf Ihre Leistung sein.

Stellen Sie sich folgende Fragen:

1. Was bringt Ihnen diese Gewohnheit?
2. Welches Motiv liegt wirklich hinter dieser Gewohnheit?
3. Warum ist das Ergebnis dieser Gewohnheit wichtig für Sie?
4. Wie könnte diese Gewohnheit langfristig Ihr Leben verändern?

Erinnern Sie sich regelmäßig an Ihr Warum. Kleben Sie sich einen Zettel mit Ihrem Warum irgendwo hin, wo Sie regelmäßig vorbeikommen und diesen Zettel ständig lesen müssen. An Ihre Wohnungstür, an Ihren Spiegel im Badezimmer oder an den Kühlschrank. Rufen Sie dieses Warum ab, immer dann wenn Sie gerade keine Motivation haben, diese neue Gewohnheit – bevor sie eine echte Gewohnheit geworden ist – durchzuführen.

Sie könnten sich alternativ auch eine regelmäßige Erinnerung im Handy einrichten, die Ihnen Ihr Warum immer wieder vor Augen führt.

Achten Sie darauf, wie Sie Ihr Warum formulieren. Die Formulierung sollte positiv sein und Ihnen gegenüber wohlwollend.

Sie wollen sich angewöhnen zum Sport zu gehen. Ihr Warum: Sie wollen gut aussehen! (Der gesundheitliche Aspekt ist für Sie eigentlich nur zweitrangig. Das zuzugeben ist übrigens völlig in Ordnung!)

Ihre Formulierung könnte dann so aussehen »*Auf zum Sport, Amelie! Danach fühlst du dich immer richtig gut in deinem Körper!*« »*Ab zum Sport, Amelie. Du wirst sonst noch fetter!*« ist eher kontraproduktiv.

Klein anfangen

Fangen Sie so klein wie möglichst an. Dies lässt sich nicht auf alle Gewohnheiten übertragen – besonders nicht auf die, die nur einen Handgriff benötigen, aber auf die Gewohnheiten, die aufwendiger sind und aus mehreren Schritten bestehen. Zum Beispiel, wenn Sie sich vornehmen, eine neue Sportroutine umzusetzen.

Konzentrieren Sie sich zunächst einmal nur auf den ersten Schritt. Beim Sport zum Beispiel wäre der erste Schritt, dass Sie sich darauf fokussieren, Ihre Laufschuhe und Laufkleidung anzuziehen. Und dann aus dem Haus zu gehen und dann einen Schritt vor den anderen zu setzen. Sie könnten sogar noch einen Schritt zurückgehen und sich erst mal darauf konzentrieren Ihre Sporttasche zu packen beziehungsweise Ihre Sportkleidung zum Laufen rauszulegen. Ihre Kleidung erst ganz hinten aus dem Schrank kramen zu müssen, bevor Sie tatsächlich starten, kann dann schon dafür sorgen, dass Sie vielleicht gar nicht anfangen. Also fangen Sie damit an, zumindest zunächst Ihre Aufmerksamkeit auf diesen ersten Schritt zu richten.

Wenn Sie wirklich Schwierigkeiten haben anzufangen, dann teilen Sie die neue Gewohnheit in viele kleine Schritte ein. Erst die Kleidung, dann die Schuhe, dann das Haus verlassen, dann die ersten 100 Meter, dann der erste Kilometer und so weiter.

Anstatt sich auf die gesamte Handlung zu fokussieren, die aus vielen Schritten besteht und Ihnen vielleicht viel zu groß vorkommt, fokussieren Sie sich auf den ersten Schritt.

Jeden Tag fünf Kilometer joggen zu gehen, ist eine ziemlich große neue Gewohnheit. Jeden Tag morgens Ihre Laufkleidung anzuziehen, ist deutlich kleiner. Und deutlich weniger einschüchternd.

Wenn Sie in die Handlung kommen wollen, dann legen Sie Ihren Fokus auf den kleinsten ersten Schritt. Die Wahrscheinlichkeit, dass Sie dann weitermachen, ist relativ groß. Motivation entsteht, sobald Sie die ersten Schritte verbucht haben und dann machen Sie einfach weiter.

Aber selbst, wenn dies nicht der Fall sein sollte, dann können Sie sich tatsächlich erst mal damit zufriedengeben, wenn Sie nur die Sportkleidung anziehen und dann aufhören. Sobald Sie das Anziehen dann zu einer Gewohnheit gemacht haben und automatisch erledigen, können Sie die Gewohnheit ergänzen, indem Sie dann auch das Haus verlassen.

Hier ein paar Beispiele für Gewohnheiten:

- ✔ Große Gewohnheit: Jeden Tag 30 Minuten Fachliteratur lesen

  Erster Schritt: Jeden Tag nur eine Seite lesen

- ✔ Große Gewohnheit: Jeden Tag mindestens 2 Liter Wasser trinken

  Erster Schritt: Wasser für den Tag bereitstellen

- ✔ Große Gewohnheit: Jeden Tag 10 Minuten meditieren

  Erster Schritt: Jeden Tag 3-mal tief durchatmen

Bei Ausreden: einen Notfallplan parat haben

Seien Sie ehrlich, für jede neue Gewohnheit findet sich sehr, sehr schnell eine Ausrede, warum Sie sie nicht umsetzen sollten oder heute dann doch mal eine Ausnahme ist. Sie sind müde. Es war ein langer Tag. Es regnet. Es ist nicht so schlimm, wenn Sie heute mal die neue Gewohnheit ausfallen lassen. Ein Tag macht doch keinen Unterschied!

Tatsächlich zeigt die Forschung, dass es nicht schlimm ist, wenn Sie Ihre Gewohnheit nicht »perfekt« umsetzen und auch ab und zu Tage haben, an denen Sie aussetzen. Solange die generelle Richtung stimmt, sind Sie immer noch auf einem guten Weg. Passen Sie nur auf, dass Sie dieses Wissen nun nicht als Ausrede nutzen.

Wenn es sich um tägliche Gewohnheiten handelt, dann achten Sie darauf, dass Sie nicht zwei oder mehr hintereinander ausfallen lassen. Gleiches gilt für Gewohnheiten, die nicht täglich sind. Wenn Sie sich vornehmen montags, mittwochs und freitags zum Sport zu gehen und montags dann ausfallen lassen, dann sollten Sie aber am Mittwoch gehen. Krankheit ist hier natürlich immer eine Ausnahme.

Je nach Gewohnheit wissen Sie wahrscheinlich schon, was Ihre Ausrede sein wird. Es regnet, also können Sie heute leider nicht laufen gehen. So ein Mist aber auch. Sie sind erst so spät nach Hause gekommen, jetzt haben Sie leider keine Zeit mehr gesund zu kochen, dann würde es ja so spät werden und eingekauft haben Sie jetzt auf dem Weg nach Hause auch nicht mehr. Also Zeit für die Tiefkühlpizza. Wirklich doof gelaufen. Aber was will man machen? Dafür können Sie nun wirklich gar nichts – so läuft das Leben halt manchmal.

Während es grundsätzlich natürlich stimmt, dass im Leben gerne mal etwas dazwischenkommt, versuchen Sie mal darauf zu achten, ob Ihre Ausreden denn tatsächlich auch so stimmen, oder ob Sie es einfach bequem finden in alte Muster zu verfallen.

Manche Ihrer Ausreden können Sie vielleicht schon direkt vorhersehen – Sie kennen sich wahrscheinlich gut. Manch anderer Ihrer Ausreden werden Sie erst merken, wenn Sie anfangen Gewohnheiten umzusetzen. Für all Ihre Ausreden können Sie nun Notfallpläne finden. Wenn Sie eine Ausrede, oder einen tatsächlichen Grund haben, Ihre neuen Gewohnheiten nicht umzusetzen, dann haben Sie direkt einen Plan B bereit, was sie stattdessen tun.

- ✔ Sie haben sich vorgenommen, morgens laufen zu gehen und es regnet in Strömen? Auch wenn dies nicht unbedingt für alle Menschen ein Grund wäre, nicht laufen zu gehen, Sie hassen wenig mehr als im Regen laufen zu gehen. Das ist auch in Ordnung und Sie müssen sich nicht zwingen. Aber Ihr Notfallplan für solche Tage könnte sein: Sie machen zu Hause ein wenig Yoga auf der Matte. Sie waren zwar nicht laufen, aber Sie haben immer noch mehr gemacht als nichts.
- ✔ Sie sind abends zu müde, um noch ein Buch zu lesen!

  Notfallplan: Sie hören stattdessen etwas aus einem Hörbuch.
- ✔ Sie haben keine Zeit mehr gesund zu kochen. Lieber die Tiefkühlpizza!

  Notfallplan: Sie backen gefrorenes Gemüse im Ofen oder wärmen eine vorher eingefrorene Portion auf. Dauert genau so lange wie die Pizza.
- ✔ Sie haben keine Zeit für das, was Sie sich vorgenommen haben.

  Notfallplan: Sie machen es fünf Minuten.

Perfektionismus abstellen

Sie sind fest entschlossen, eine neue Gewohnheit umzusetzen und haben sich vorgenommen, dass Sie direkt Montagmorgen damit anfangen. Sie wollen endlich mit dem Meditieren beginnen, weil Sie von den vielen Vorteilen, gesundheitlich und besonders für die

Stressreduktion, gehört haben. Jeden Morgen nach dem Aufwachen fangen Sie an! Das ist der Plan.

Was passiert dann leider am Montag? Sie verschlafen und in der Aufregung, weil Sie sich schnell fertig machen müssen, um es noch rechtzeitig zu Ihrem ersten Termin zu schaffen, fällt die vorgenommene Meditation natürlich hintenüber. Zwar ärgerlich, aber in dem Moment verständlich.

Aber anstatt dass Sie dann abends meditieren oder einfach am nächsten Tag, ist Ihre Woche eigentlich ja schon gelaufen. Sie wollten eine »perfekte« Woche mit Meditation jeden Morgen. Also können Sie es eigentlich gleich ganz lassen. Sie fangen einfach nächsten Montag an.

Vielleicht gehören Sie sogar zu den Menschen, die eine neue Gewohnheit nicht nur auf den nächsten Montag verschieben, sondern direkt auf den nächsten Monat. Oder, noch schlimmer, wenn wir uns eigentlich schon im Herbst befinden, dann direkt auf den nächsten 1. Januar. Es lohnt sich ja schließlich nicht wirklich, eine neue Gewohnheit im November anzufangen. Die gehört dann eben mit zu den Neujahrsvorsätzen.

Erwischt?

Dann gehören Sie zu den Menschen, die eine neue Gewohnheit direkt »perfekt« ausführen wollen. Nicht die Handlung an sich, aber den Rhythmus, den Sie sich vorgenommen haben. Ihr Klavierspiel muss noch nicht perfekt sein, aber Sie dürfen niemals einen Tag auslassen. Dann ist es nicht mehr perfekt. (Sie gehören wahrscheinlich auch zu den Menschen, die das Kapitel über Perfektionismus lesen sollten!). Das ist typisches Schwarz-Weiß-Denken. Entweder ganz oder gar nicht. Anstatt dass Sie sich auf die Graustufen und die generelle Entwicklung in die richtige Richtung konzentrieren.

Auch wenn Sie versuchen alles perfekt zu machen, werden Sie Rückfälle erleben und scheitern. Es wird Tage geben, da werden Sie Ihre neue Gewohnheit nicht durchziehen, egal wie sehr Sie es sich vorgenommen haben. Das ist normal und auch völlig natürlich. Und auch nicht schlimm! Sie könnten krank werden und dann nicht zum Sport gehen können (sollten Sie in dem Fall auch unbedingt nicht!). Ihre Kinder könnten krank werden und damit einfach extrem viel Aufmerksamkeit benötigen. Sie starten einen neuen Job und sind nach Feierabend die ersten Wochen einfach unglaublich kaputt. Oder Feiertage, wie Weihnachten, kommen dazwischen, die für viele Menschen sowieso schon anstrengend sind. Sie müssen Ihre Gewohnheiten nicht perfekt umsetzen!

Die Forschung hat gezeigt, dass Sie Ihre neue Gewohnheit nicht gefährden, wenn Sie mal einen schlechten Tag haben und sie nicht durchziehen. Solange Sie wieder zurück auf die richtige Spur kommen. Aber was Ihre Gewohnheiten gefährdet, ist der Drang zu Perfektionismus. Denn wenn Sie diesen hohen Anspruch an sich selbst haben, dann passiert es schnell, dass Sie – sobald Sie einmal Ihre neue Gewohnheit vergessen oder aus irgendeinem Grund nicht umsetzen können – aufgeben. Der Druck des Perfektionismus ist zu hoch und sorgt dafür, dass Sie scheitern.

Anstatt sich unter Druck zu setzen, die neue Gewohnheit perfekt umzusetzen, achten Sie auf die generelle Richtung. Selbst wenn Sie nur fünf Tage die Woche meditiert haben, ist das sehr viel mehr als null Tage.

Eine Gewohnheit nach der anderen

Wissen Sie, warum die meisten Menschen an Neujahrsvorsätzen scheitern? Weil sie sich viel zu viel vornehmen. Es soll nicht nur die bessere Ernährung werden, sondern auch direkt mehr Sport, dann noch mit dem Rauchen aufhören, die Wohnung soll immer ordentlich sein und mehr lesen wollten sie eigentlich auch noch.

Ziemlich viel auf einmal. Das kann natürlich nicht funktionieren. Vielleicht halten Sie ein paar Tage durch, vielleicht auch ein paar Wochen, aber für die meisten Menschen ist es nicht realistisch, direkt mehrere Gewohnheiten auf einmal umzusetzen. Das ist für unser Gehirn, das gerne wieder in alte Muster verfällt, zu viel und es gibt zu viele Möglichkeiten Fehler zu machen und aufzugeben. Sie müssen, zumindest am Anfang, außerdem viel zu viel Selbstdisziplin aufbringen, um in die Umsetzung zu kommen. Sich auf so viel Selbstdisziplin zu verlassen, ist zu gefährlich, denn Selbstdisziplin ist absolut nicht verlässlich.

Nehmen Sie sich stattdessen eine Gewohnheit nach der anderen vor. Die Wahrscheinlichkeit, dass Handlungen tatsächlich zu Gewohnheiten werden, ist viel größer, wenn Sie erst eine Gewohnheit aufbauen und dann eine weitere ergänzen, als wenn Sie versuchen beide gleichzeitig umzusetzen. Auch wenn dies natürlich von der Komplexität und dem Aufwand der Gewohnheit abhängig ist.

Vielleicht haben Sie auch Glück, manchmal ziehen andere Gewohnheiten schon fast automatisch nach, wenn Sie mit einer Gewohnheit erst mal angefangen haben. Beginnen Sie zum Beispiel damit, sich mehr zu bewegen und mehr Sport zu machen, dann kann es fast automatisch passieren, dass Sie sich auch besser ernähren. Anstatt sich also auf gesunde Ernährung und mehr Sport zu konzentrieren, fangen Sie mit einem von beiden an.

So setzen Sie Neujahrsvorsätze erfolgreich um:

- ✔ **Seien Sie so konkret wie möglich**

  »Mehr Sport« kann alles und nichts bedeuten. Seien Sie in Ihren Vorsätzen so konkret wie möglich. Was genau bedeutet denn mehr Sport für Sie? Formulierungen wie »Dreimal die Woche fünf Kilometer joggen gehen« oder »Zweimal die Woche einen Pilateskurs besuchen« sind besser. Im Idealfall legen Sie nicht nur fest, wie oft in der Woche Sie das Verhalten umsetzen wollen, sondern auch direkt an welchen Tagen. Zum Beispiel, dass Sie montags, mittwochs und freitags morgens fünf Kilometer joggen!

- ✔ **Ein Vorsatz nach dem anderen**

  Anstatt zu versuchen alle Vorsätze gleichzeitig umzusetzen, nehmen Sie sich einen nach dem anderen vor. Sie könnten zum Beispiel planen, jeden Monat einen neuen Vorsatz anzugehen. Bei sehr komplexen Gewohnheiten sicherheitshalber alle zwei Monate. So können Sie sich einen Monat lang in Ruhe auf nur eine Gewohnheit konzentrieren. Sobald Sie merken, dass eine Handlung zu einer Gewohnheit geworden ist, und Sie sich nicht mehr konstant daran erinnern müssen sie durchzuführen, können Sie die nächste ergänzen.

Hürden reduzieren

Sie haben sich nun vorgenommen, endlich mit dem Sport anzufangen. Morgen früh fangen Sie wirklich an. Aber, dann stehen Sie morgens auf und müssen erst mal Ihre Sporthose raussuchen, Ihre Sportschuhe sind auch irgendwo verschwunden. Passen die Schuhe überhaupt noch? Und ist ihr Sport-BH gewaschen? Sie brauchen zunächst sehr viele Schritte, um es überhaupt aus dem Haus zu schaffen und mit dem Sport loszulegen. Außerdem ist Ihr Fitnessstudio wirklich weit weg. Haben Sie wirklich die Zeit und die Lust den weiten Weg zu fahren?

Je größer die Hürden sind, um Ihre Gewohnheit umzusetzen, desto geringer ist die Wahrscheinlichkeit, dass Sie in die Umsetzung kommen und an dieser neuen Gewohnheit dranbleiben. Jeder Schritt, den Sie extra gehen müssen, kann die Wahrscheinlichkeit verringern, dass sie dieses Verhalten tatsächlich durchführen. Jeder Schritt, der vor der eigentlichen Handlung stattfinden muss, ist eine Hürde, die die Wahrscheinlichkeit reduziert, dass Sie anfangen und dass Sie an diesem neuen Verhalten dranbleiben.

Sie haben den Vorsatz, jeden Tag Ihre Vitamine zu nehmen. Die Vitamine stehen aber sehr weit hinten im Schrank und Sie müssen zuerst Ihre Gewürze aus dem Weg räumen, dann müssen Sie die Verpackung öffnen und dann aus vielen verschiedenen Verpackungen die einzelnen Vitamine herauspulen. Klingt jetzt grundsätzlich erst mal nicht so schlimm und auch nicht nach so einer schwierigen Aufgabe. Aber wenn Sie morgens müde sind oder abends ihre Selbstdisziplin für den Tag schon aufgebraucht ist, können diese Kleinigkeiten einen echten Unterschied machen.

Bewahren Sie Ihre Vitamine so leicht zugänglich wie möglich auf. Stellen Sie sie zum Beispiel offen auf der Arbeitsplatte in Ihrer Küche ab, sodass Sie sie morgens gar nicht übersehen können. Vielleicht haben Sie Ihre Vitamine für den Tag auch schon vorsortiert und müssen diese nicht mehr aus Ihren einzelnen Verpackungen herauspulen.

Sorgen Sie dafür, dass das Durchführen Ihrer neuen Gewohnheiten so einfach wie möglich wird!

Beispiele, wie Sie Hürden reduzieren

- ✔ **Mehr Sport machen**

  Stellen Sie die Laufschuhe und Ihre Sportkleidung direkt neben das Bett (Anscheinend gibt es auch Menschen, die direkt in Sportkleidung schlafen, wenn Sie das nicht zu ungemütlich finden, ist das natürlich auch eine Möglichkeit.).

- ✔ **Gesunde Ernährung**

  Bereiten Sie Essen in größeren Mengen zu und frieren Sie Einzelportionen ein, sodass Sie zu Ihren Mahlzeiten nicht mehr lange kochen müssen. Oder schnippeln Sie schon mal Gemüse für die Woche vor, sodass Sie dieses nur noch in die Pfanne werfen müssen, wenn Sie abends nach Hause kommen. Oder, haben Sie eine Handvoll von gesunden Standardgerichten, auf die Sie immer zurückgreifen können, auch wenn Sie unkreativ sind, was Sie heute kochen wollen.

- ✔ **Mehr Lesen**

  Haben Sie immer ein Buch in der Tasche.

- ✔ **Mehr Wasser trinken**

  Haben Sie immer eine große Flasche Wasser an Ihrem Schreibtisch stehen oder eine Flasche Wasser in Ihrer Tasche.

Habit Stacking: Eine Gewohnheit kommt nicht ganz allein

Habit Stacking, eine Idee vom Autor S.J. Scott, kann grob mit »Gewohnheiten stapeln« übersetzt werden und beschreibt die Idee, dass eine neue Gewohnheit an eine bereits bestehende Gewohnheit angedockt wird, sodass Sie nicht komplett bei null anfangen müssen.

Stellen Sie sich eine neue Gewohnheit vor, wie einen neuen Weg im Wald, den Sie gehen wollen, der aber noch nicht existiert. Sie müssen sich erst mal einen Weg durchs Unterholz schlagen. Das ist anstrengend. Äste und Sträucher sind im Weg. Es macht keinen Spaß. Je öfter Sie diesen Weg gehen, Ihre neue Gewohnheit ausführen, desto einfacher wird es. Denn nach einer Zeit sind die dicksten Äste aus Ihrem Weg entfernt, es hat sich langsam ein Trampelpfad gebildet und Sie kommen viel leichter durch das Unterholz.

Die Idee von Habit Stacking ist nun, dass Sie einfach diesen kleinen Weg im Unterholz verbreitern. Es ist leichter, diesen Weg einfach etwas zu erweitern, als einen komplett neuen Weg ins Unterholz zu schlagen.

Das bedeutet, wenn Sie sich eine neue Gewohnheit aufbauen wollen, dann suchen Sie sich eine Gewohnheit, die Sie bereits haben und ergänzen sie um Ihre neue Gewohnheit.

Sie wollen zum Beispiel endlich mit dem Meditieren anfangen und Sie haben bereits die Gewohnheit, sich jeden Morgen erst mal einen Kaffee zu kochen? Perfekt. Dann könnten Sie doch in der Zeit, in der Ihr Kaffee durchläuft, perfekt ein paar Minuten meditieren. Sie docken das Meditieren an das Kaffeekochen an. Stapeln damit das Kaffeekochen und das Meditieren.

Dies funktioniert besonders gut für kleine Gewohnheiten. So könnten Sie sich zum Beispiel auch angewöhnen, direkt nach dem Zähneputzen (eine hoffentlich bereits bestehende Gewohnheit), Ihre Vitamine für den Tag zu nehmen.

Bei größeren Gewohnheiten wird es etwas schwieriger. Aber hier können Sie sich wieder den ersten Schritt zunutze machen. Sie haben die Gewohnheit, direkt nachdem Sie von der Arbeit nach Hause kommen, ein großes Glas Wasser zu trinken? Dann ergänzen Sie direkt den ersten Schritt Ihrer neuen Gewohnheit und schmeißen sich in Ihre Laufschuhe!

Sie wissen gar nicht so genau, wo Ihre neue Gewohnheit hinpassen würde? Dann schreiben Sie mal über ein paar Tage Protokoll, was Sie so den ganzen Tag erledigen. Sie werden merken, dass Sie sehr wahrscheinlich ziemlich viele Verhaltensmuster haben, die sich täglich wiederholen. Da diese aber automatisch abgespult werden, ist Ihnen dies vielleicht gar nicht so bewusst.

Accountability Partner suchen

»Wären wir nicht verabredet gewesen, ich glaube, ich wäre heute nicht aus dem Bett gekommen!« Kennen Sie das auch? Sie möchten wirklich nicht aus Ihrem warmen Bett klettern und raus in die Kälte, damit Sie zum Sport gehen können?

Aber leider haben Sie sich in einem Moment voller Motivation zum Sport verabredet und eine andere Person erwartet Sie nun. Sie könnten sicherlich auch einfach absagen, aber vermutlich ist Ihre Freundin bereits aufgestanden und Sie können sie nicht hängen lassen, zumindest nicht ohne schlechtes Gewissen. Also quälen Sie sich ebenfalls aus dem Bett.

Nach dem Sport sind Sie tatsächlich froh, dass Sie dort waren. Sie wissen eigentlich auch, dass es Ihnen jedes Mal nach dem Sport besser geht und sind dankbar, dass Sie doch nicht abgesagt haben. Aber Sie wissen auch, wenn Ihre Verabredung nicht gewesen wäre, dann hätten Sie sich in Ihrem warmen Bett noch mal umgedreht und das Fitnessstudio heute nicht von innen gesehen.

Suchen Sie sich jemanden, der Ihnen auf die Finger schaut und darauf achtet, dass Sie Ihre neuen Gewohnheiten auch durchziehen. Im Idealfall zieht die Person mit und Sie arbeiten gemeinsam an der neuen Gewohnheit. Zum Beispiel, dass Sie gemeinsam zum Sport gehen.

Sie können sich auch mit einer Person zusammentun, die zwar nicht Ihre Gewohnheiten teilen möchte, sich selbst aber andere Gewohnheiten aufbauen möchte. Dann können Sie sich beide gegenseitig überprüfen. Sie könnten sich jeweils berichten, wie gut oder nicht so gut Ihre neuen Gewohnheiten laufen. Sie könnten sogar mit Einsätzen arbeiten. Wenn eine Person die Gewohnheiten nicht mindestens zu 80 Prozent durchzieht, muss Sie die andere Person zum Essen einladen. Die Möglichkeiten, wie Sie damit umgehen könnten, sind vielfältig.

Durch den Druck von außen erhöht sich die Wahrscheinlichkeit, dass Sie tatsächlich an Ihren Gewohnheiten arbeiten. Es hat schließlich auch einen Grund, warum Studierende und Selbstständige die zwei Gruppen sind, die am meisten ihre Arbeit aufschieben. Es fehlen die Struktur und der Druck von außen.

Digitale Möglichkeiten

Auch online gibt es eine Reihe von Möglichkeiten, wie Sie mit Accountability Partnern arbeiten können. Allerdings sind die meisten Anbieter hier nur auf Englisch verfügbar.

- ✔ Supporti: eine App, die automatisch zwei Mitglieder als Accountability Partner matched
- ✔ GoalsWon: eine App, die Sie mit einem Coach verbindet, der oder die darauf achtet, dass Sie Ihre Ziele erreichen und Ihre Gewohnheiten umsetzen
- ✔ FocusMate: verbindet mehrere Nutzer zur gemeinsamen Arbeitssession, via Zoom. Sie arbeiten digital nebeneinanderher.

Vorschläge für gesunde Gewohnheiten:

- ✔ Täglich 10 Minuten meditieren
- ✔ Jeden Tag 30 Minuten spazieren gehen
- ✔ Mindestens zwei Liter Wasser trinken
- ✔ Jeden Tag zur gleichen Uhrzeit schlafen gehen
- ✔ Jeden Tag mindestens 30 Minuten lesen
- ✔ Jeden Tag einen Eintrag im Dankbarkeitstagebuch verfassen
- ✔ Einmal die Woche einen Tag auf Social Media verzichten
- ✔ Wöchentliche Finanzen überprüfen und planen
- ✔ Tägliche Stretching- oder Yogaroutine für 10 Minuten
- ✔ 10 Minuten jeden Tag eine neue Sprache lernen
- ✔ 1 Stunde die Woche an einem Hobby arbeiten
- ✔ Jeden Abend 15 Minuten Haushalt erledigen

Methoden, um Gewohnheiten loszuwerden

Manchmal geht es nicht darum, dass Sie neue Gewohnheiten aufbauen wollen, sondern Sie wollen Gewohnheiten loswerden. Gewohnheiten, von denen Sie wissen, dass Sie Ihnen nicht guttun.

Die Gewohnheiten, die Sie haben, werden Sie irgendwann mal aufgebaut haben, weil sie Ihnen gutgetan haben. Weil Sie gelernt haben, dass sich dieses Verhalten gut anfühlt. Diese Verhaltensweisen haben Sie wiederholt und so wurden sie schnell zu Gewohnheiten., weil sie sich gut anfühlen, wenn auch vielleicht nur kurzfristig und nicht auf lange Sicht gesehen.

Wenn sich Gewohnheiten gut anfühlen, bedeutet das leider nicht unbedingt, dass diese Gewohnheiten tatsächlich auch gut für Sie sind. Sie sparen Ihnen allerdings mentale Energie, weil Ihr Gehirn in dem Moment nicht darüber nachdenken muss.

Genau das macht es leider auch so schwierig diese Gewohnheiten loszuwerden. Da Sie auf Autopilot agieren, was Sie nicht viel Energie kostet, müssen Sie extra Energie aufbringen, um aus diesem Autopiloten auszubrechen. Es kostet Mühe, Energie und Aufmerksamkeit, um sich Gewohnheiten wieder abzugewöhnen. Sie müssen Ihre Komfortzone verlassen.

Weg damit! Gewohnheiten auslöschen (Extinktion)

Von Extinktion wird in der Psychologie gesprochen, wenn die Gewohnheit »einfach« ausgelöscht wird. Sie wird meist zuerst abgeschwächt und dann irgendwann aufgehoben.

Die Herausforderung ist hierbei, dass Ihr Verhalten normalerweise durch einen bestimmten Auslöser gestartet wird. Zum Beispiel könnte es sein, dass Sie sich angewöhnt haben, immer nach dem Handy zu greifen und ein bestimmtes Spiel zu spielen, sobald Ihre Arbeit Ihnen gerade keinen Spaß macht, zu herausfordernd wird oder Sie langweilt. Ihr Auslöser wäre nun die nervige Arbeit.

Wenn Sie nun eine Gewohnheit ändern möchten, können Sie natürlich identifizieren, was der Auslöser ist und dann versuchen diesen Auslöser loszuwerden. Dann wäre es für Sie vermutlich sehr einfach auch das entsprechende Verhalten zu unterlassen.

Aber in sehr viele Fällen ist es für Sie nicht möglich diese Auslöser loszuwerden. Es wird immer mal wieder Aufgaben in Ihrem Job geben, die Sie nervig oder langweilig finden.

Wenn Sie Ihren Auslöser nicht beseitigen können, müssen Sie die gelernte Verbindung zwischen Auslöser und Verhalten aufbrechen. Die gelernte Verbindung, zum Beispiel zwischen den nervigen Aufgaben und dem Handyspiel, sorgt dafür, dass Sie ganz automatisch zum Handy greifen, sobald Ihre Aufgaben Sie nerven. Ihr Gehirn hat gelernt, dass das »richtige« Verhalten bei nervigen Aufgaben ist, die Aufgaben zu ignorieren und lieber zum Handyspiel zu greifen. In dem Fall muss dann das Gehirn nicht lange darüber nachdenken, sondern spielt das Verhalten automatisch ab.

Diese Verbindung aufzulösen ist die Extinktion und die ist nicht einfach. Haben Sie schon mal versucht, mit unliebsamen Verhaltensweisen »einfach aufzuhören«? Vielleicht haben Sie sogar festgestellt, dass dann die Versuchung, genau dieses Verhalten auszuführen, immer stärker wird. So als hätte dieses Handyspiel einen starken Sog auf Sie. Sie müssen richtig viel mentale Kraft aufbringen, um nicht nach dem Handy zu greifen. Sie brauchen dabei Selbstkontrolle. Manchmal funktioniert es trotzdem und Sie bleiben standhaft, aber besonders an Tagen, an denen Sie bereits Selbstkontrolle für andere Bereiche in Ihrem Leben benötigten, wird es Ihnen wirklich schwerfallen.

Leichter: Gewohnheiten ersetzen

Es ist für Sie einfacher, wenn Sie Ihre Gewohnheit durch eine andere ersetzen. Das wird nicht immer funktionieren, denn nicht für alle Gewohnheiten wird sich etwas Neues finden. Ein typisches Beispiel wäre, wenn Sie sich abgewöhnen wollen beim Fernsehen ständig nach den Chips zu greifen, eine gesündere Alternative zu haben, wie zum Beispiel Rohkost snacken. Bei vielen anderen Gewohnheiten funktioniert es ähnlich. Wenn Sie zum Beispiel zu viel Kaffee trinken, können Sie Ihren Kaffee durch einen Matcha ersetzen oder durch Tee. Wenn Sie zu viel Zeit mit Serien schauen verbringen, versuchen Sie auf Hörbücher umzusteigen.

Bei den Handyspielen wird es schon etwas schwieriger, eine Ersatzhandlung zu finden. Vielleicht funktionieren dafür immerhin Apps, mit denen Sie etwas lernen. Zum Beispiel Sprachen-Apps. Wenn das für Sie eine gute Alternative ist, können Sie versuchen sich damit erst mal die Handyspiele abzugewöhnen.

Emotionen aushalten

Oft greifen Sie auf bestimmte Handlungen zurück, weil das Ihr Weg ist, um mit bestimmten Emotionen umzugehen. Zum Beispiel, weil Ihnen langweilig ist oder weil Sie versuchen eine negative Emotion zu überschreiben, wenn Sie frustriert sind, oder wenn Sie Angst haben.

Emotionen verschwinden normalerweise schnell wieder, wenn Sie nicht versuchen Sie wegzudrücken. Negative Emotionen sind außerdem nicht gefährlich, auch wenn Sie sich nicht angenehmen anfühlen. Versuchen Sie einfach mal die Emotion auszuhalten und zu schauen, was dann passiert. Halten Sie mal 10 Minuten aus, bevor Sie Ihre Gewohnheit durchführen. Vermutlich ist dann der Impuls zu handeln schon wieder verschwunden.

Sich auf das Gefühl danach konzentrieren

Gewohnheiten haben Sie aufgebaut, weil Sie Ihnen in dem Moment auf irgendeine Art und Weise geholfen haben oder weil sie sich gut angefühlt haben. Wenn sie Ihnen aber nicht mehr oder nur noch im allerersten Moment, aber eben nicht mehr auf lange Sicht, helfen, dann sollten Sie sie abstellen.

Sie hatten einen anstrengenden Arbeitstag, sind erschöpft und schlecht gelaunt und Sie schmeißen sich auf das Sofa. Jetzt etwas zu knabbern wäre doch prima. Da wäre doch noch eine Packung Chips im Schrank. Auf geht's!

Sie greifen zu den Chips, weil Ihr Gehirn irgendwann mal gelernt hat, dass Chips gut schmecken und bei Ihnen ganz kurze Glücksgefühle auslösen. Gerade hatten Sie einen anstrengenden Tag und brauchen etwas, um sich wieder besser zu fühlen. Einfache Lösung des Gehirns: Chips!

Nun haben Sie sich die ganze Tüte Chips gegönnt und merken dann auf einmal, dass es Ihnen doch gar nicht so gut damit geht. Ihr Bauch tut ziemlich weh und ein schlechtes Gewissen haben Sie vielleicht auch noch, weil Sie ja eigentlich auf Ihre Ernährung achten wollen. Sie nehmen sich vor, das nächste Mal vielleicht nicht zu den Chips zu greifen.

Aber auch der nächste Tag war anstrengend und da ist ja noch die zweite Packung Chips in Ihrem Schrank.

Das Problem hierbei ist, dass die Verknüpfung »Chips = machen mich glücklich«, die Sie irgendwann mal gelernt und aufgebaut haben, im Gehirn noch zu stark ist. Ihr Gehirn entscheidet sich meistens für die kurzfristige Befriedigung und nicht die langfristige. Damit ist noch nicht mal die langfristige Auswirkung gemeint, die ungesunde Ernährung auf Ihre Gesundheit haben kann, sondern sogar die langfristige Auswirkung von Bauchschmerzen nach der ganzen Tüte Chips.

Ihre Aufgaben ist es, diese Verbindung von »Chips = macht mich glücklich« zu lösen.

Das machen Sie, indem Sie, nachdem Sie Bauchschmerzen durch die Tüte Chips haben, sich intensiv auf genau das Gefühl konzentrieren. Wie geht es Ihnen eigentlich wirklich, wenn Sie die Tüte Chips gegessen haben? Es war Ihr Versuch sich besser zu fühlen, nach einem langen Arbeitstag. Hat das wirklich geklappt? Geht es Ihnen wirklich besser? Konzentrieren Sie sich jetzt auf die Bauchschmerzen und nehmen diese mal ganz intensiv wahr.

Ziel der Übung ist, dass Sie die bestehende Verknüpfung im Gehirn überschreiben und eine neue aufbauen. »Chips = Bauchschmerzen«. So fangen Sie langsam an zu lernen, dass Chips eben nicht dafür da sind, dass Sie sich besser fühlen. Sodass Sie dann hoffentlich nicht mehr jeden Abend nach einem langen Arbeitstag zur Tüte Chips greifen.

Dies gilt für alle Verhaltensweisen, die Sie loswerden wollen. Sie wollen sie wahrscheinlich nicht ohne Grund loswerden, sondern weil Ihnen diese Verhaltensweisen nicht guttun. Vielleicht bekommen Sie davon Bauchschmerzen, vielleicht fühlen Sie sich auch nur einfach leer, wenn Sie diese durchgeführt haben, oder Sie wissen, dass dieses Verhalten langfristige negative Konsequenzen für Sie hat, oder Sie haben ein schlechtes Gewissen.

Beispielsweise haben Sie den ganzen Abend damit verbracht, Handyspiele zu spielen, anstatt sich um Ihren Haushalt zu kümmern, obwohl Sie es eigentlich lieben, wenn Ihre Wohnung aufgeräumt und sauber für den nächsten Tag vorbereitet ist. Jetzt ist es schon spät und Sie haben nicht mehr die Energie aufzuräumen und lassen Ihren Haushalt lieber für den nächsten Tag. Sie haben angefangen mit den Spielen, weil Sie erschöpft von der Arbeit waren, Unterhaltung brauchten und weil Sie den kurzen Dopamin-Kick brauchten, den Handyspiele auslösen, um sich besser zu fühlen.

Jetzt ist der Abend aber vorbei und Sie haben Stunden damit verbracht. Fühlen Sie sich jetzt wirklich besser? Oder vielleicht eher leer und ausgelaugt? Konzentrieren Sie sich auf genau dieses Gefühl. Dabei geht es zunächst einmal gar nicht darum, dass Sie dieses Verhalten ändern. Sondern nur darum, dass Sie sich genau auf dieses Gefühl konzentrieren, anstatt zu versuchen es wegzuschieben.

Verurteilen Sie sich nicht für Ihr Verhalten!

Wenn Sie wieder einmal in die Gewohnheitsfalle getappt sind, dann bekommen Sie vermutlich ein schlechtes Gewissen, ärgern sich tierisch über sich selbst oder verurteilen sich dafür, dass Sie sich schon wieder nicht zusammengerissen haben.

Versuchen Sie genau das zu vermeiden. Es hilft Ihnen nicht weiter! Versuchen Sie stattdessen liebevoll mit sich selbst umzugehen. Sie sind auch nur ein Mensch!

Würden Sie eine gute Freundin oder einen guten Freund dafür fertigmachen, dass er oder sie, die Tüte Chips nach der Arbeit gegessen hat, obwohl das eigentlich nicht der Plan war? Vermutlich nicht. Also verurteilen Sie sich bitte auch nicht dafür. Sagen Sie sich genau die Dinge, die Sie in dem Fall auch Ihrem Freund oder Ihrer Freundin sagen würden: »Hey, nicht so schlimm. Du bist auch nur ein Mensch!«

Sie können sich auch auf das unangenehme Gefühl nach diesen Verhaltensweisen konzentrieren, ohne dass Sie sich dafür verurteilen und Sätze an den Kopf werfen wie »Was kannst du eigentlich?«, »Du hattest dir vorgenommen das nicht mehr zu tun. Du ziehst wirklich gar nichts durch!«

Je öfter und je stärker Sie sich auf das unangenehme Gefühl nach der Gewohnheit konzentrieren, desto stärker wird die Verknüpfung im Gehirn zwischen der Gewohnheit und dem unangenehmen Gefühl. Je stärker diese Verbindung wird, desto weniger wahrscheinlich wird es, dass Sie eine bestimmte Gewohnheit weiterhin durchführen.

Dies funktioniert auch andersherum. Konzentrieren Sie sich auf das positive Gefühl danach, wenn Sie eine neue Gewohnheit aufbauen wollen, die sich im ersten Moment unangenehm oder zumindest ungewohnt anfühlt und Sie erst mal Energie brauchen, um sie anzufangen.

Wenn Sie zum Beispiel mit dem Sport anfangen wollen, konzentrieren Sie sich nicht darauf, dass Sport anstrengend ist und Sie verschwitzt sind. Sondern fokussieren Sie sich auf das Gefühl nach dem Sport. Dass es Ihnen nach dem Sport (hoffentlich) gut geht. So stellen Sie die Verknüpfung von »Sport = ich fühle mich gut« für Ihr Gehirn her und die Wahrscheinlichkeit, dass Sie Sport als eine Gewohnheit aufbauen können, ist größer.

Das Bedürfnis dahinter verstehen

Ihre Gewohnheiten kommen nicht aus dem Nichts, sondern meistens, weil Sie damit ein Bedürfnis befriedigen. Zum Beispiel, negative Emotionen loswerden beziehungsweise sich davon abzulenken. Oder Sie wollen bewusst positive Erlebnisse haben. Die meisten Gewohnheiten sind auf irgendeine Art und Weise ein Bewältigungsmechanismus.

Wenn Sie sich die Zeit nehmen, um wirklich zu verstehen, welches Bedürfnis eigentlich hinter Ihrer Gewohnheit steht, können Sie überlegen, wie Sie dieses Bedürfnis auf eine andere Art und Weise erfüllen. Es fällt Ihnen dann außerdem leichter, Ihre Trigger, also Ihre Auslöser, zu verstehen. Langweile. Stress. Trauer. Kontrollverlust.

Anstatt sich dann für Ihre Gewohnheiten zu verurteilen, können Sie diese einfach als einen Hinweis betrachten zu einem Bedürfnis, das gerade nicht erfüllt ist.

Beispiele für Bedürfnisse hinter Gewohnheiten

- **Ständiges Greifen nach dem Handy:** Langweile, Angst vor unangenehmen Emotionen, Sehnsucht nach Verbundenheit
- **Abendliches Naschen vor dem TV:** Stressabbau, Belohnung, emotionale Leere füllen
- **Exzessives Onlineshopping:** Stimmungsaufhellung, Belohnung, Gefühl von Kontrolle

Sobald Sie Ihr Bedürfnis erkannt haben, können Sie schauen, ob Sie dieses nicht auf eine andere Art und Weise erfüllen können.

Wenn Ihr eigentliches Bedürfnis beim ständigen Checken des Smartphones das Vermeiden von Langeweile ist, wie können Sie Ihre Arbeit unterhaltsamer gestalten? Gibt es andere Aufgaben, die Sie mehr herausfordern? Besteht eine Möglichkeit Ihren Aufgabenbereich zu ändern?

Wenn Ihr eigentliches Bedürfnis beim exzessives Onlineshopping die Stimmungsaufhellung ist, dann fragen Sie sich, was Ihnen eigentlich noch gute Laune bereitet. Vielleicht ist es sinnvoller, wenn Sie sich mit einer guten Freundin verabreden?

Mit Rückfällen umgehen

Rückfälle sind normal und menschlich. Geben Sie nicht so schnell auf! Reden Sie sich nicht ein, dass es sowieso nicht funktioniert. Oder, dass Sie dann erst nächste Woche oder nächsten Monat wieder anfangen.

Stellen Sie sich mal vor, Sie schenken Sich ein Glas Wasser ein. Ein paar Tropfen gehen daneben. Würden Sie dann auch die Einstellung haben, dass Sie dann direkt das gesamte Wasser daneben schütten sollten? Oder, dass Sie einfach direkt aufgeben und dann eben nichts trinken? Vermutlich nicht. Sie wischen die paar Tropfen weg und gießen trotzdem weiter Wasser in Ihr Glas, damit Sie es danach trinken können.

Versuchen Sie diese Einstellung auch bei Gewohnheiten zu haben. Gewohnheiten kommen und gehen nicht über Nacht. Sowohl die, die Sie automatisch aufbauen, als auch die, die Sie ganz bewusst aufbauen. Lassen Sie sich Zeit und seien Sie geduldig mit sich selbst!

Gewohnheiten-Tagebuch

Versuchen Sie es einmal mit dem Führen eines Gewohnheiten-Tagebuchs.

- **Führen Sie ein Protokoll über Ihren Tagesablauf.**

  Seien Sie dabei so genau wie möglich und listen alle Tätigkeiten auf. Je genauer Sie sind, desto eher erfassen Sie auch Ihre kleinen Gewohnheiten.

- **Entscheiden Sie, welche Gewohnheiten Sie ändern wollen.**

  Nachdem Sie Ihre Gewohnheiten erfasst haben, überlegen Sie sich, welche der Gewohnheiten Sie ändern wollen.

- **Versuchen Sie ein Muster zu finden.**

  Wann tritt diese Gewohnheit auf? Zu bestimmten Uhrzeiten? An bestimmten Orten? Immer in bestimmten Situationen? Was haben Sie vorher gemacht? Wie ging es Ihnen vor, während und nach dieser Gewohnheit? Gibt es bestimmte Auslöser?

  Führen Sie noch einmal ein Protokoll, um genau dies herauszufinden.

- **Belohnungen und Bedürfnisse verstehen.**

  Fragen Sie sich: Gibt es bestimmte Bedürfnisse, die Sie durch die Gewohnheit zu erfüllen versuchen? Gibt es bestimmte Belohnungen, die durch die Gewohnheit entstehen?

- **Alternativen finden.**

  Gibt es Alternativen, die Sie nutzen können, um ähnliche Belohnungen auszulösen oder die Bedürfnisse zu befriedigen?

  Können Sie Ihr Umfeld verändern, um die Auslöser für die Gewohnheit zu verändern?

Hürden aufbauen

Genauso wie Sie Hürden abbauen, um eine Gewohnheit aufzubauen, können Sie Hürden aufbauen, um eine Gewohnheit abzubauen. Je größer oder je mehr Hürden Sie haben, desto weniger wahrscheinlich wird es für Sie, dass Sie zu dieser Gewohnheit greifen.

Einfach gesagt: Machen Sie es sich so schwierig wie möglich, Ihre Gewohnheit durchzuführen.

- **Zu viel Zeit am Handy abgewöhnen:** Verstecken Sie Apps in Unterordnern, stellen Sie Bildschirmzeitbegrenzungen ein, löschen Sie Apps vom Handy.

- ✔ **Snoozen am Morgen abgewöhnen:** Legen Sie Ihren Wecker weit weg, sodass Sie aufstehen müssen. Oder installieren Sie sich eine Wecker-App, die Sie Rätsel lösen lässt, bevor Sie aufstehen.
- ✔ **Online-Shopping abgewöhnen:** Kreditkarten/PayPal-Informationen aus den Shops löschen, Apps desinstallieren.
- ✔ **Die abendliche Tüte Chips abgewöhnen:** Keine Chips im Haus haben (stattdessen gesunde Alternativen).

Teil IV
Der Top-Ten-Teil

Besuchen Sie uns auch auf Insta, Facebook oder www.fuer-dummies.de!

IN DIESEM TEIL …

In diesem letzten Teil des Buches finden Sie noch drei kurze Kapitel, die Ihnen schnell wichtige Informationen geben. Zum einen finden Sie ein paar praktische Tipps, welche Apps für die Produktivität gut geeignet sind, und zum anderen Anregungen für den Fall, dass Sie einen stressigen Arbeitstag haben und ein bisschen mehr Gelassenheit benötigen. Im letzten Kapitel lernen Sie zehn Warnsignale kennen, die Ihnen aufzeigen, dass Ihre gesunde Produktivität in Gefahr ist.

IN DIESEM KAPITEL

Die besten Apps für Produktivität

Übersicht über Kosten und technische Voraussetzungen

Kapitel 10
Zehn Apps für gesunde Produktivität

In diesem Kapitel finden Sie eine Liste mit zehn Apps für gesunde Produktivität, die Sie unterstützen können. Es existieren wahnsinnig viele Apps zum Thema Produktivität. Besonders solche, die sich mit Projektmanagement und Aufgabenorganisation beschäftigen, und Apps, die Teamarbeit möglich machen oder Termine organisieren.

In diesem Kapitel finden Sie allerdings eine Liste mit Apps, die keine Projektmanagement-Apps sind (davon finden Sie ein paar in Kapitel 2), sondern im weiteren Sinne etwas mit Produktivität zu tun haben.

Testen Sie sich gerne durch die Apps und probieren aus, welche Sie ansprechen und welche Sie eventuell in Ihrem Leben und Ihrem Arbeitsalltag integrieren wollen.

Habitica

Habitica ist eine gamifizierte App, die Gewohnheiten in ein Rollenspiel verpackt. Als Nutzer erstellen Sie sich eine Spielfigur, die durch das Erledigen von Aufgaben Belohnungen erhält. Sie können die App nutzen, um sich dadurch neue Gewohnheiten aufzubauen.

- ✔ Funktioniert mit: iOS, Android, Web
- ✔ Kosten: In der Grundversion kostenlos

Streaks

Streaks (englisch für Streifen oder Zug) ist eine App, mit der Sie Ihre Gewohnheiten tracken können. Für jeden Tag, an dem Sie Ihre Gewohnheit durchgeführt haben, verlängert sich Ihr aktueller »Streak«.

Die App basiert auf dem Konzept »Don't Break the Chain«, der Idee, die Kette nicht zu unterbrechen – also jede Gewohnheit jeden Tag durchzuführen. Leider gibt es die App bisher nur für iOS.

- ✔ Funktioniert mit: iOS, macOS, iPadOS, watchOS
- ✔ Kosten: 6,99 Euro Einmalzahlung

Forest

Forest ist eine App, die Sie für die Pomodoro-Technik nutzen können. Sie können die Zeiten Ihres Pomodoros selbst einstellen, sodass es zu Ihren Bedürfnissen passt. Während Ihr Pomodoro läuft, dürfen Sie die App nicht verlassen, sonst bricht das Pomodoro ab.

Nach dem Vervollständigen eines Pomodoros werden digitale Bäume gepflanzt. Wenn Sie mehrere Pomodoros am Tag abschließen, haben Sie einen kleinen digitalen Wald gepflanzt. Sollten Sie den Pomodoro vorzeitig abbrechen, sterben Ihre Bäume. Sie können also einen kleinen, gesunden Wald pflanzen, oder eben einen Wald mit toten Bäumen.

- ✔ Funktioniert mit: iOS, macOS, Android, Windows, Web
- ✔ Kosten: Kostenlos für Android, 4,99 Euro für iOS

Focus@Will

Focus@Will ist eine App, die Ihre Konzentration und Ihren Fokus durch Musik unterstützen soll. In der App finden Sie verschiedene Playlisten und können darin je nach Ihren Präferenzen die Musik auswählen, bei der Sie sich besonders gut konzentrieren können.

Sie können aus unterschiedlicher instrumentaler Musik, aber auch aus Naturgeräuschen auswählen. Laut eigenen Aussagen sorgt Focus@Will dafür, dass die aktiven Nutzer eine Steigerung von 200–400 Prozent an Fokuszeit erleben. Versuchen Sie's!

- ✔ Funktioniert mit: iOS, Android, macOS, Windows, Web
- ✔ Kosten: Kostenlose 7-Tage-Testversion, ansonsten 9,99 Euro im Monat oder 58,99 Euro im Jahr

Freedom

Freedom ist ein Webseitenblocker, der Webseiten für eine bestimmte Zeit blockiert. Wenn Sie wissen, dass Sie die Tendenz haben, sich ablenken zu lassen, können Sie Freedom nutzen, um diese Webseiten für eine bestimmte Zeit – bis zu 8 Stunden am Tag – zu blockieren.

Der Vorteil der Freedom App ist, dass sie übergreifend über viele Plattformen und Geräte funktioniert, sodass Sie zum Beispiel zwischen Ihrem Laptop und Ihrem Handy synchronisieren können.

- ✔ Funktioniert mit: iOS, macOS, Android, Windows, ChromeOS, Linux
- ✔ Kosten: Kostenlose Testversion, sonst 8,99 Dollar im Monat

Rescue Time

Rescue Time ist eine App, die zwei Funktionen hat: Zeiterfassung und Blockieren von Webseiten, die Sie ablenken könnten.

Sie können mit der App einen Überblick behalten, wie viel Zeit Sie mit bestimmten Aufgaben verbringen, und Zeit für Projekte automatisch erfassen. Sie erhalten Berichte, wie Sie Ihre Zeit nutzen. Sie können Ziele setzen und Ihre Fortschritte tracken.

- ✔ Funktioniert mit: Windows, macOS, Android
- ✔ Kosten: Kostenlose Grundversion oder 12 Euro im Monat (oder 78 Euro im Jahr für die Premium Version)

Coffitivity

Coffitivity ist eine Webseite, auf der Sie Hintergrundgeräusche, wie zum Beispiel Café- oder Universitätsgeräusche, anhören können. Vielen Menschen hilft es, wenn es nicht zu still während der Arbeit ist, aber auch nichts Konkretes sie ablenkt. Diese Hintergrundgeräusche können auch helfen, wenn Sie tatsächliche Geräusche, zum Beispiel die Kollegen in Ihrem Büro, ausblenden wollen.

Coffitivity können Sie direkt über deren Webseite streamen, oder auch über YouTube. Ergänzend zu Coffitivity gibt es allerdings noch viele andere YouTube-Videos, die Ähnliches abspielen.

- ✔ Funktioniert mit: Browserversion – funktioniert daher mit den meisten Geräten
- ✔ Kosten: kostenlos

MindNode

MindNode ist eine App, die für visuelles Brainstorming and Mindmapping gedacht ist. Sie können damit klassische Mindmaps erstellen, um Ihre Ideen, Gedanken oder Projekte zu skizzieren.

- ✔ Funktioniert mit: macOS, iOS, iPadOS
- ✔ Kosten: Kostenlose Version verfügbar, Premium Version ab 2,99 Euro im Monat

Toggle Tracker

Toggle Tracker ist eine Zeiterfassungs-Software, die grundsätzlich dafür gedacht ist, Zeit zu tracken, die Sie für Kundenprojekte aufwenden, zum Beispiel um dann entsprechende Berichte und Rechnungen zu erstellen. Allerdings können Sie diese App auch super dafür nutzen, zu tracken und herauszufinden, wie Sie generell Ihre Zeit verbringen und damit erkennen, wo Sie eventuelle Veränderungen einbauen könnten.

- ✔ Funktioniert mit: iOS, Android, Windows, macOS, Linux, Web
- ✔ Kosten: Kostenlos für bis zu fünf Nutzer, Premium Version ab 9 Euro pro User im Monat

Bear Focus Timer

Bear Focus Timer ist eine App für Pomodoro. Sie legen das Handy kopfüber, dann startet das Pomodoro. Wenn Sie es beenden, dann freut sich ein freundlicher Bär. Wenn Sie vorher abbrechen, weil Sie das Handy hochnehmen, wird der freundlich Bär böse.

- ✔ Funktioniert mit: iOS
- ✔ Kosten: 1,99 Euro Einmalzahlung

IN DIESEM KAPITEL

Was Sie tun können, wenn Sie völlig unter Strom stehen

Wie Sie mit kleinen Übungen zu etwas mehr Gelassenheit finden

Kapitel 11
Zehn Tipps für Gelassenheit an stressigen Arbeitstagen

In diesem Kapitel finden Sie zehn Tipps für die Tage, an denen wirklich gerade einfach alles zu viel ist. Wenn Ihr Stresslevel bei 1000 ist und Sie nicht mehr wissen, wo Ihnen der Kopf steht.

Dabei geht es nicht darum, wie Sie eine Übersicht in Ihr Aufgabenchaos erhalten oder wie Sie mehr Aufgaben abgearbeitet bekommen, sondern wie es Ihnen besser geht. Wie Sie sich selbst wieder runterfahren und beruhigen können, wenn Ihr Stresslevel zu hoch ist. Damit es Ihnen besser geht, aber auch, damit Sie sich wieder auf Ihre Aufgaben konzentrieren können.

Physiologische Seufzer

Haben Sie schon mal gesehen, was Kinder machen, wenn sie sehr stark geweint haben und sich danach wieder zu beruhigen versuchen? Sie atmen zweimal schnell ein und dann kommt ein langes Ausatmen. Wenn Sie das mal ausprobieren, merken Sie bestimmt, was damit gemeint ist. Kinder machen das automatisch, um sich wieder zu beruhigen, Sie können aber auch als erwachsene Person den gleichen Mechanismus nutzen.

So gehen Sie vor:

1. Atmen Sie durch die Nase ein.
2. Halten Sie den Atem für einen Moment.
3. Atmen Sie noch mal durch die Nase »nach«.

4. Halten Sie den Atem für einen Moment.

5. Atmen Sie durch den Mund aus.

Führen Sie die Übung einige Male aus. Sie können sie leicht einbauen vor einem Meeting, während Sie einfach nur vor Ihrem Bildschirm sitzen. Keiner wird davon etwas mitbekommen.

Meditation

Eine kurze Meditationseinheit kann Ihnen helfen Ihren Stress abzubauen. Wenn Sie regelmäßig meditieren, vermag dies auch langfristig Ihren Stress zu reduzieren und mehr Gelassenheit zu fördern. Meditation kann aber auch kurzfristig helfen, wenn Sie sich gerade akut gestresst fühlen.

Sie können sich dazu einfach einen Timer stellen, die Augen schließen und sich auf Ihren Atem konzentrieren. Wenn Sie das nicht in Ihrem Büro machen können, dann können Sie sich – wenn es da auch nicht so gemütlich ist – auf die Toilette verziehen.

Wollen Sie sich keinen Timer stellen, gibt es sehr, sehr viele Apps, die geführte Meditationen anbieten. Manchmal finden Sie hier auch spezielle Themen, zum Beispiel eine Meditation gegen Stress oder Angst. Im Akutfall können drei Minuten bereits reichen.

4-7-8-Atemübung

Es gibt sehr viele Atemübungen, die Ihren Stress reduzieren können. Hier gilt es, einfach ein bisschen zu probieren, was Ihnen hilft und welche Atemübung Sie sich außerdem merken können, sodass Sie diese dann auch anwenden.

Eine der Möglichkeiten ist die 4-7-8-Atemübung. Diese Übung kann Ihren Stress und Angstzustände reduzieren und Ihnen helfen in die Entspannung zu kommen.

So funktioniert es:

1. Atmen Sie 4 Sekunden durch die Nase ein.

2. Halten Sie Ihren Atem für 7 Sekunden.

3. Atmen Sie dann durch Ihren Mund für 8 Sekunden wieder aus.

Wenn Ihnen die 4, 7 oder 8 Sekunden zu lang sind, ist das nicht schlimm. Versuchen Sie einfach so nah wie möglich an die jeweiligen Sekunden zu kommen. Es ist einfach eine Übungssache.

Bauchatmung

Die Bauchatmung ist ebenfalls eine Atemtechnik, die sehr leicht durchzuführen ist. Die meisten Menschen atmen sehr flach. Im Alltag ist das auch normal, aber wenn Sie Ihren Stress reduzieren wollen, dann versuchen Sie tief in den Bauch zu atmen.

1. Legen Sie eine Hand auf Ihren Brustkorb und eine Hand auf Ihren Bauch.

2. Achten Sie darauf, welche Ihrer Hände sich mehr bewegt, wenn Sie atmen. Die Hand auf der Brust oder die Hand auf dem Bauch?

3. Versuchen Sie jetzt ganz bewusst so zu atmen, dass sich die Hand auf dem Bauch mehr bewegt. Atmen Sie ganz tief gegen die Hand auf Ihrem Bauch ein und dann ganz langsam wieder aus.

Diese Atmung fördert Entspannung.

Body-Check

Besonders dann, wenn Sie viel Zeit an Ihrem Schreibtisch verbringen und viel »nur« mit Ihrem Kopf arbeiten, verlieren Sie leicht die Verbindung zu Ihrem Körper und merken gar nicht mehr, dass Sie zum Beispiel verkrampft dasitzen, Ihre Stirn runzeln oder Ihre Schultern konstant hochziehen.

Beim Body-Check gehen Sie einfach mental Stück für Stück durch Ihren Körper durch. Sie können oben am Kopf oder unten an den Füßen anfangen und dann einfach mental den Rest durchgehen. Achten Sie dabei darauf, ob Sie etwas verkrampfen oder anspannen und lassen dann ganz bewusst locker.

Sie können sich dazu auch gerne eine Erinnerung im Handy stellen oder einen Post-it® an Ihren Computer kleben, um sich daran zu erinnern, dass Sie diese Übung regelmäßig durchführen. Lassen Sie alles einmal locker und strecken Sie sich regelmäßig.

Durchschütteln

Eine einfache Übung, um Stress zu reduzieren: Stehen Sie von Ihrem Schreibtisch auf und schütteln Sie einmal alles durch. Arme, Beine und den ganzen Körper.

Wenn Sie das erste Kapitel gelesen haben, dann werden Sie wissen, dass Zittern besonders bei Tieren (die sich totgestellt haben) eine natürliche Reaktion auf Stress ist. Das Schütteln können Sie für sich bewusst nutzen, um Ihren Stress zu reduzieren.

Bewegung baut Cortisol und überschüssige Energie ab, die Sie vermutlich dabei blockiert, konzentriert an Ihren Aufgaben zu sitzen.

Ein Vorteil von Homeoffice: Niemand sieht, wenn Sie sich durchschütteln. Eine weitere Möglichkeit: Wenn Sie sich nicht schütteln wollen, dann machen Sie sich einmal laut Musik auf die Ohren und tanzen zu Ihrem Lieblingssong durch Ihre Wohnung. Eine prima Methode, um Stress abzubauen und Ihre Laune zu steigern. Drei Minuten reichen, um Ihren Tag zu verbessern.

Grundbedürfnisse checken

Wenn Sie dazu neigen, Ihre Grundbedürfnisse zu vernachlässigen, wenn Sie gestresst sind, dann sorgen Sie dafür, dass Sie regelmäßige Erinnerungen haben – zum Beispiel einen Timer, eine App, einen Post-it®.

- ✔ Haben Sie genug getrunken? Nicht nur Kaffee, sondern auch Wasser?
- ✔ Haben Sie genug gegessen und auch nicht nur Süßigkeiten oder Fast Food, sondern richtiges Essen?
- ✔ Haben Sie sich genug bewegt?
- ✔ Haben Sie genug geschlafen?
- ✔ Hatten Sie in letzter Zeit genug Zeit für Ihre Hobbys und Freundschaften?

Manchmal müssen Sie sich wie eine Zimmerpflanze behandeln. Es ist kein Wunder, dass es Ihren Pflanzen nicht gut geht, wenn diese nicht genug Wasser bekommen oder genug Licht.

Ihre Grundbedürfnisse zu erfüllen ist keine Garantie, dass Sie keinen Stress haben, aber Ihre Grundbedürfnisse nicht erfüllt zu haben, ist fast schon eine Garantie, dass es Ihnen nicht gut geht.

Raus an die frische Luft

Gehen Sie raus und machen Sie eine Pause. Wenn Sie von Ihren vielen Aufgaben überfordert, angespannt und gestresst sind, dann gehen Sie raus. Selbst wenn Sie das Gefühl haben, dass genau das der falsche Zeitpunkt ist, weil Sie eigentlich an Ihren Aufgaben arbeiten müssten, und nur der Gedanke, dass Sie sich eine Pause nehmen, Sie schon stresst, dann ist genau das der richtige Zeitpunkt.

Rausgehen an die frische Luft und Bewegung haben viele Vorteile. Bewegung und frische Luft, natürliches Licht und im Idealfall auch noch Natur können Stress reduzieren.

Bewegung fördert außerdem die Durchblutung und setzt Endorphine frei. Endorphine hellen Ihre Stimmung auf und die verstärkte Durchblutung kann Ihnen helfen – sobald Sie wieder am Schreibtisch sitzen – sich besser zu konzentrieren.

Journaling

Wenn Sie das Gefühl haben, dass Sie zu sehr unter Strom stehen, Ihr Kopf nicht aufhören kann zu denken und sich im Grübeln verfängt, und Sie sich deswegen nicht mehr auf Ihre eigentliche Arbeit konzentrieren können, schreiben Sie Ihre Gedanken auf.

Ein Tagebuch oder ein Journal zu führen, kann Ihnen helfen Ihre Ängste, Sorgen, Selbstzweifel und andere Gedanken zu sortieren. Manchmal ist es schon hilfreich, einfach Ihre Sorgen aufzuschreiben, um diese loszulassen. Gerade dann, wenn Sie dazu neigen, aus kleinen Mücken einen Elefanten in Ihrem Kopf zu machen. Wenn Sie diese Gedanken aufschreiben, nimmt das Ihren Ängsten oft die Macht und Sie merken, dass diese vielleicht etwas überzogen sind und Sie ihnen nicht so viel Raum geben müssen.

Ein Journal zu führen, kann Ihnen helfen wieder Klarheit über die Situation zu gewinnen, Ihre Prioritäten zu setzen und damit massiv Ihren Stress zu reduzieren. Es kann auch dabei unterstützen, Ihre Emotionen zu verarbeiten.

Es geht bei dieser Art von Journaling nicht darum aufzuschreiben »Liebes Tagebuch, heute gab es Müsli zum Frühstück …«, sondern das festzuhalten, was Sie beschäftigt. Welche Gedanken Ihnen durch den Kopf gehen.

Wenn Sie gar nicht wissen, worüber Sie schreiben sollen, dann nehmen Sie sich eine bestimmte Anzahl an Seiten in Ihrem Notizbuch vor, die Sie füllen müssen. Zum Beispiel drei Seiten. Haben Sie am Anfang keine Ahnung, was Sie eigentlich notieren sollen, dann schreiben Sie genau das auf.

Mit der Zeit werden Ihnen dabei andere Gedanken in den Kopf kommen und dann schreiben Sie diese auf. Nach einer Weile fließt es vielleicht einfach so aus Ihnen heraus, wenn Sie sich »zwingen« die drei Seiten zu füllen. Es könnte sogar passieren, dass Sie überrascht sind, was in Ihrem Kopf doch so alles passiert und nun in Ihrem Journal steht. Manchmal kommen da überraschende Dinge zum Vorschein, die Ihnen hoffentlich helfen, etwas Klarheit zu finden.

Gespräch mit einer vertrauen Person

Soziale Verbindungen können ebenfalls Stress reduzieren. Das kann der Kontakt mit Ihrer Familie und mit Freunden sein. Oder auch mit vertrauten Kollegen oder Kolleginnen. Es kann helfen über die Themen zu sprechen, die Sie aktuell beschäftigen. Ab und zu ist es auch hilfreich, andere Perspektiven zu hören, die den Druck rausnehmen oder zu einer Lösung führen können.

Es muss aber auch gar nicht unbedingt ein Gespräch über die Stressthemen sein. Manchmal ist die Lösung auch, sich ganz bewusst aus dem Thema rauszuziehen und Zeit mit Menschen zu verbringen, die mit Ihren Arbeitsthemen nichts zu tun haben, sodass Sie andere

Gesprächsthemen haben. Das kann Ihnen helfen, sich noch mal bewusst zu machen, dass das Leben doch aus so viel mehr besteht als nur Arbeit.

Wenn Sie Zeit mit Ihren Liebsten verbringen, wird das sogenannte Kuschelhormon Oxytocin ausgeschüttet. Das ist ein Hormon, das uns ziemlich glücklich macht und die negativen Seiten von Stress abfedern kann.

IN DIESEM KAPITEL

Woran Sie erkennen, dass Ihr Stresslevel zu hoch ist und Ihre Produktivität nicht mehr gesund

Wo Sie sich professionelle Unterstützung suchen können

Kapitel 12
Warnsignale, dass Ihre gesunde Produktivität in Gefahr ist

In diesem Kapitel finden Sie ein paar Warnsignale, die Ihnen zeigen, dass Ihre gesunde Produktivität in Gefahr ist. Sie sollen Ihnen helfen, möglichst frühzeitig zu erkennen, dass Ihre Arbeitsweise anfängt Ihrer Gesundheit und Ihrem Wohlbefinden zu schaden.

Indem Sie die Warnsignale erkennen, können Sie früh genug gegensteuern und zurück in eine Balance finden, die Ihnen hoffentlich langfristig hilft, gesund produktiv zu sein.

Die hier aufgelisteten Warnsignale sind sicherlich nicht vollständig. Zu viel Stress kann viel Auswirkungen haben – einige davon haben Sie in Kapitel 1 kennengelernt – aber die hier aufgelisteten Warnsignale sind schon recht eindeutige Zeichen. Dabei gilt aber auch, dass alle diese Signale immer mal wieder auftauchen können, ohne dass Sie sich direkt Sorgen machen müssen.

Wichtig ist aber, dass diese nur ab und zu auftauchen. Sobald sie konstant da sind oder Sie mehrere von diesen Warnsignalen haben, dann sollten Sie sich überlegen, ob und was Sie verändern können.

Verhaltensweisen, die Sie nicht loswerden können

Wenn Sie Verhaltensweisen haben, die Sie nicht loswerden – auch wenn Sie das wollen – kann das ein Warnsignal sein. Dies sind insbesondere Verhaltensweisen, von denen Sie wissen, dass Sie Ihnen nicht guttun.

Vielleicht verbringen Sie jeden Abend vor Ihrem Handy auf Social Media, obwohl Ihnen bewusst ist, dass ein Buch die bessere Wahl wäre und Lesen Ihnen einen erholsameren Schlaf bringen würde. Sie wissen auch, dass Sie sich generell besser fühlen würden, wenn Sie abends lesen, anstatt auf einen Bildschirm zu sehen, aber Sie können sich trotzdem nicht dazu bringen, das Handy wegzulegen und zu lesen. Es nervt Sie vielleicht schon richtig, aber aufhören können Sie auch nicht.

Andere Verhaltensweisen wären zum Beispiel, sich jeden Abend die Tüte Chips gönnen zu müssen. Oder Sie haben keine Energie mehr zum Sport zu gehen, auch wenn Ihnen das immer Spaß gemacht hat und Sie wissen, wie gut es Ihnen tun würde.

Wenn Ihr Stresslevel besonders hoch ist, kann das dazu führen, dass Sie in den Überlebensmodus geraten. Ihr voller Fokus liegt darauf, Ihre Aufgaben zu erledigen. Für alles andere haben Sie nur noch wenig Energie übrig. Das bedeutet, Sie übernehmen die Verhaltensweisen, die Ihnen leicht fallen und nicht die Verhaltensweisen, die gut für Sie wären. Deswegen vernachlässigen wir dann gesunde Gewohnheiten – besonders wenn diese noch nicht sehr tief verankert sind. Wir verfallen dann oft in ein Muster, das sich schnelle Befriedigung wünscht: Zucker, Tiefkühlpizza oder Social Media für den extra Dopaminausstoß.

Hamsterradgefühl

Wenn Sie das Gefühl haben, dass Sie sich konstant im Hamsterrad befinden, kann das ebenfalls ein Warnsignal sein.

- ✔ Dieses Gefühl, dass Sie immer nur hin und her hetzen und hinterherrennen.
- ✔ Das Gefühl mit allem nicht hinterherzukommen.
- ✔ Das Gefühl, die Kontrolle zu verlieren und nur zu reagieren, statt zu agieren und zu planen.
- ✔ Das Gefühl, überhaupt keine Entscheidungsmacht zu haben, anstatt aktiv zu gestalten, Ihr Leben, Ihre Aufgaben, Ihre Arbeit.

Weil im Außen so viel passiert, dass Sie immer nur kurzfristig auf alles reagieren können, anstatt langfristig zu planen. Sie fühlen sich wie in einem Hamsterrad gefangen und schaffen es nicht auszusteigen.

Außerdem gelingt es Ihnen nicht, dass Ihr Gehirn mal runterfährt. Ihre Gedanken rasen und drehen sich nur um Ihre vielen To-dos oder andere Themen, die Sie gerade beschäftigen. Auch in Ihrem Kopf dreht sich alles wie in einem (Hamster-)Rad. Egal, was Sie probieren, Ihr Kopf kommt einfach nicht zur Ruhe. Selbst in Pausenzeiten, Urlauben oder an Wochenenden denken Sie noch über Arbeitsthemen nach.

Schlafprobleme

Schlafprobleme können ebenfalls Warnsignale sein. Natürlich gibt es viele Ursachen für Schlafprobleme, aber Stress und Überforderung sind ziemlich weitverbreitete Ursachen für Schlafprobleme. Gleichzeitig verstärkt zu wenig oder schlechter Schlaf Stress. Ein fieser Teufelskreis, aus dem es schwierig sein kann auszubrechen.

- ✔ **Nicht einschlafen können, nicht durchschlafen können oder sich niemals richtig wach und frisch zu fühlen,** sind alles Warnsignale. Zumindest dann, wenn sie zu einer Regelmäßigkeit werden und nicht nur ab und zu mal auftauchen. Dass Sie auch einfach mal so schlecht schlafen, ist normal. Aber eben nicht jede Nacht.

- ✔ **Am liebsten die ganze Zeit einfach schlafen wollen** kann ein Warnsignal sein. Konstant nur noch schlafen wollen, ist möglicherweise auch ein Zeichen für totale Erschöpfung aufgrund eines stressigen Alltags. Es kann aber auch die mentale Flucht aus dem Alltag sein, der Ihnen vielleicht gerade zu viel ist.

- ✔ **Nicht schlafen zu wollen und viel zu lang wach zu bleiben** (die sogenannte *Bedtime Revenge Procrastination*), kann auch ein Zeichen dafür sein, dass Ihnen die Kontrolle im Leben fehlt. Weil Sie wenig Möglichkeiten haben, tagsüber Ihre Zeit zu bestimmen, machen Sie es dann eben zur Schlafenszeit. Sie gehen noch nicht schlafen, weil Sie endlich mal Ihre Ruhe haben. Keine E-Mails, keine Anrufe, keiner, der Sie stört oder irgendetwas von Ihnen will. Außerdem hatten Sie den ganzen Tag über viel zu wenig Zeit für sich. Daher müssen Sie jetzt genau diese Zeit vor dem Schlafengehen nutzen. Sie bleiben viel zu lange wach. Dies bringt dann natürlich auch wieder negative Konsequenzen mit sich, weil Sie zu wenig schlafen.

Wenn Sie einen Grund von außen haben, warum Sie schlecht schlafen, kleine Kinder, die noch nicht durchschlafen, oder rücksichtslose Nachbarn, ist Stress nicht unbedingt die Ursache. Aber es kann dazu führen, dass Ihr Stress noch weiter steigt. Guter Schlaf ist wichtig für Ihre mentale Gesundheit.

Körperliche Symptome

Wenn Sie unerklärliche körperliche Symptome haben, ohne physische Ursachen, dann könnten auch diese Warnsignale sein.

Vielleicht kennen Sie das auch: Sie haben kleine Wehwehchen, die immer mal wieder auftreten, aber weil sie nicht stark oder lebenseinschränkend sind, kümmern Sie sich nicht weiter darum. Sie gewöhnen sich fast schon daran – gehört halt zum Leben dazu. Sie werden eben älter.

Das können Kopfschmerzen, Verspannungen, Nackenschmerzen, Rückenschmerzen, Kieferknirschen, Hautprobleme, Verdauungsprobleme und insgesamt ein sehr anfälliges Immunsystem sein. Sie haben nun mal einen empfindlichen Magen – ist doch normal, dass Sie ab und zu mal Durchfall haben. Und Sie sind außerdem wetteranfällig – Kopfschmerzen sind doch auch normal.

Sicherlich ist es normal, dass Sie sich nicht jeden Tag zu 100 Prozent fühlen, dass Sie mal krank werden, mal Kopfschmerzen haben oder auch mal irgendein Essen nicht vertragen und Magenprobleme haben. Aber achten Sie mal darauf, wie häufig diese Beschwerden wirklich auftauchen. Führen Sie zum Beispiel mal ein Protokoll. Das hilft Ihnen einzuschätzen, wie häufig diese Themen auftauchen und auch, wenn Sie Ihre Symptome einem Arzt oder einer Ärztin schildern.

Natürlich können diese Symptome auch eine körperliche Ursache haben. Daher ist es wichtig, sie zum Beispiel von einem Arzt abklären zu lassen. Findet sich erst mal keine körperliche Ursache, dann kann es Stress sein.

Stress kann viele körperliche Auswirkungen haben. Gleichzeitig ist es aber auch wichtig, dass Sie sich vernünftig medizinisch abchecken lassen und nicht nur mit »Sie müssen halt einfach Ihren Stress reduzieren!« abspeisen lassen. Zumindest nicht dann, wenn Sie nicht ordentlich untersucht wurden.

Vernachlässigung Ihrer Gesundheit

Ein weiteres Warnsignal ist, wenn Sie Ihre Gesundheit vernachlässigen und sie auf Ihrer To-do- und Prioritätenliste sehr weit unten ist. Das kann sich unterschiedlich äußern:

- ✔ Vielleicht haben Sie keine gesunden Gewohnheiten,
- ✔ opfern bewusst Ihren Schlaf,
- ✔ ernähren sich schlecht,
- ✔ bewegen sich zu wenig,
- ✔ rauchen Sie oder trinken zu viel Alkohol

– selbst wenn Sie wissen, dass all diese Gewohnheiten für Sie nicht gut sind.

Absolute Warnsignale sind,

- ✔ wenn Sie tatsächlich krank sind und sich keine Auszeit gönnen.
- ✔ wenn Ihre Gesundheit in Ihrer Prioritätenliste immer weiter nach unten rutscht.
- ✔ wenn Sie sich mit starken Krankheitssymptomen zur Arbeit schleppen, anstatt auf Ihren Körper zu hören.
- ✔ wenn Sie Vorsorgetermine aufschieben – vielleicht waren Sie seit ein paar Jahren schon nicht mehr beim Arzt.
- ✔ wenn Sie es im Krankheitsfall aus zeitlichen Gründen ebenfalls nicht zum Arzt schaffen.
- ✔ wenn Sie sich mit ein paar Medikamenten und Schmerzmitteln vollpumpen, sodass Sie Ihrer Arbeit schon irgendwie nachgehen können. Sich krank zu melden, können Sie sich gerade einfach nicht leisten.

Schuldgefühle bei Pausen und Urlaub

Sie sind erschöpft und freuen sich auf Ihre freien Tage – endlich Wochenende oder Urlaub. Endlich mal etwas Pause. Aber anstatt sich zu entspannen oder mit Freude irgendeinem Hobby nachzugehen, überkommen Sie auf einmal Schulgefühle. Sie fühlen sich schlecht, weil Sie frei machen und nicht arbeiten. Schuldgefühle, während Sie Pausen oder Urlaub machen, sind ein absolutes Warnsignal.

Sie wissen rational, dass Ihnen Pausen, Urlaub und Wochenenden zustehen und Sie wissen auch, dass es wichtig ist, diese tatsächlich wahrzunehmen. Sie haben sich vielleicht sogar schon so richtig auf den Urlaub gefreut, sind sich auch bewusst, dass Sie ihn dringend nötig haben. Sie freuen sich zudem darauf, endlich mal auszuspannen und die Arbeit mal Arbeit sein zu lassen. So richtig schön ausspannen! Wenn der Urlaub dann aber endlich da ist, werden Sie rastlos. Das Abschalten klappt gar nicht. Sie fühlen sich nervös und denken nur an Ihre Arbeit. Sie überkommen auf einmal Schuldgefühle, dass Sie nicht arbeiten, und es überfällt Sie ein absoluter Drang endlich wieder zu arbeiten. Nicht weil Sie gerne wollen und Spaß haben an Ihrer Arbeit (Das ist ein gesunder und schöner Nebeneffekt vom Urlaub, sich wieder auf die Arbeit freuen und Lust haben loszulegen), sondern weil Sie arbeiten »müssen.« Dafür sorgen Ihre Schuldgefühle.

Diese Schuldgefühle treten bei Ihnen wahrscheinlich nicht nur auf, wenn Sie im Urlaub sind, sondern auch besonders dann, wenn Sie sich während der Arbeit eine Pause nehmen. Sie wissen, dass das Mittagessen wichtig für Sie ist und Sie haben auch mal gelesen, dass Sie das nicht während des Arbeitens vor dem Bildschirm zu sich nehmen sollten, also nehmen Sie sich die Zeit und essen mit Ihren Kollegen in der Kantine. Aber Sie haben bereits nach ein paar Minuten aufgegessen und Ihre Kollegen essen wirklich langsam und unterhalten sich gemütlich dabei. Können die nicht mal ein bisschen schneller machen, Sie müssen schließlich dringend zurück an Ihren Schreibtisch. Ihre Schuldgefühle, dass Sie hier immer noch beim Mittagessen sitzen und nicht arbeiten, überkommen Sie. Sie müssen sich jetzt entscheiden: Fühlen Sie sich Ihren Kollegen gegenüber unhöflich und stehen schon mal auf oder halten Sie dieses unangenehme Gefühl aus und warten noch?

Wenn Sie es nicht schaffen, ein entspanntes Mittagessen mit Ihren Kollegen auszuhalten, weil Ihr Schreibtisch Sie wieder ruft und wenn dies regelmäßig vorkommt – dann ist das ebenfalls ein Warnsignal.

Ständige Erreichbarkeit

Haben Sie schon mal am Ende des Arbeitstages Ihren Arbeitslaptop zugeklappt, Ihr Arbeitshandy weggelegt und wollten eigentlich entspannt Feierabend machen und Ihre E-Mails erst morgen wieder lesen. Aber dann war doch irgendwie wieder dieser konstante Sog. Einmal kurz schauen schadet ja nun wirklich nicht, oder? Damit Sie morgen keine bösen Überraschungen erwischen. Sicher ist sicher.

Wenn Sie ständig und immer erreichbar sein müssen und auch nach Feierabend, am Wochenende und im Urlaub sicherheitshalber Ihre E-Mails checken, dann ist dies ebenfalls ein Warnsignal.

Können Sie Ihre Arbeit nicht mal Arbeit sein lassen, sondern haben das Gefühl, Sie müssten ständig erreichbar sein, dann erhöht das natürlich Ihren Stress und lässt die Grenzen zwischen Privatleben und Arbeit verschwinden. Erreichbar sein, weil Ihr Arbeitsgeber das von Ihnen erwartet oder erreichbar sein, weil Sie nicht anders können, ist beides nicht besonders positiv.

Verlust von Freude

Natürlich können sich Geschmäcker und Interessen über die Zeit ändern, aber wenn Ihnen auf einmal Hobbys, Erlebnisse, Zeit mit Freunden – die Ihnen sonst immer viel Spaß gemacht haben – keine Freude mehr bereiten, dann kann das daran liegen, dass Sie einfach emotional erschöpft sind. Dies ist schon ein gravierendes Warnsignal.

Wenn Sie das Gefühl haben, gar nichts bereitet Ihnen mehr Freude und Sie stumpfen generell immer mehr ab, dann wird es Zeit die Notbremse zu ziehen.

Ständige Gereiztheit

Ständige Gereiztheit, Überreaktionen – Sie brechen zum Beispiel bei Kleinigkeiten auf einmal in Tränen aus – bis hin zur Frustration und Wut, weil Sie überstimuliert sind – sind alles Warnsignale für ungesunde Produktivität und dass Ihr Stresslevel sehr hoch ist. Besonders dann, wenn Sie sich so eigentlich gar nicht kennen.

Auch Zynismus ist oft ein sehr deutliches Warnsignal.

Sie erinnern sich vielleicht noch an die Amygdala aus Kapitel 1, die während einer stressigen Phase das Ruder übernimmt und damit dem Teil unseres Gehirns, das für Emotionskontrolle zuständig ist, keinen Raum mehr gibt.

Rückzug

Wenn Sie den Wunsch verspüren, sich zurückzuziehen, einfach nur die Decke über den Kopf ziehen wollen und oft diesen Gedanken haben »Lasst mich doch einfach alle in Ruhe!«, ist auch das ein Warnsignal.

Auf diese Weise kann sich zeigen, dass Sie Ihre Ruhe haben wollen, um produktiv zu arbeiten – Sie vernachlässigen also soziale Beziehungen für Ihre Arbeit. Es kann aber auch sein, dass Sie generell alles ausblenden wollen. Nicht nur die Arbeit, sondern auch alles andere, wie zum Beispiel Ihre sozialen Beziehungen. Sie wollen einfach nur im Bett liegen und vor sich hin vegetieren und einfach gar nichts machen müssen. Beides keine guten Zeichen.

Wie bei allem, kommt es hier natürlich immer auf die Balance an. Mal eine Verabredung abzusagen, weil Ihre Arbeit dazwischenkommt, ist kein Problem, solange es nicht die Norm wird. Mal einen Tag nur im Bett zu verbringen, weil Ihnen nach einer stressigen Phase danach ist, ist auch kein Problem. Aber je häufiger dies vorkommt, desto eher ist dies ein Warnsignal.

Professionelle Unterstützung

Wenn Sie sich in vielen dieser Warnsignale erkannt haben und das Gefühl haben, dass Sie da allein nicht mehr rauskommen, dann suchen Sie sich bitte professionelle Hilfe. Da in Deutschland leider die Wartezeiten oft sehr lang sind, bis Sie zum Beispiel einen Therapieplatz finden, fangen Sie damit lieber früher als später an.

Es gibt mehrere Möglichkeiten, wie Sie das tun können:

- ✔ Hausarzt oder Hausärztin können Ihnen Kontakte und Überweisungen vermitteln.
- ✔ Sie können direkt zu einem Therapeuten Kontakt aufnehmen.
- ✔ Viele Krankenkassen beraten und vermitteln zum Beispiel therapeutische Erstgespräche.
- ✔ Der Patientenservice kann unter der Telefonnummer 116 117 vermitteln und weiterhelfen.
- ✔ Die Telefonseelsorge bietet kostenlose Beratung rund um die Uhr unter der Nummer 0800-1110111 an.
- ✔ Viele Regionen haben Krisendienste oder Psychosoziale Beratungsstellen – recherchieren Sie einfach die Angebote in Ihrer Stadt oder Region im Internet.

Abbildungsverzeichnis

Abbildung 1.1: Die gesunde Stresskurve 34

Abbildung 1.2: Die ungesunde, chronische Stresskurve 34

Abbildung 2.1: Beispiel für Kalender-Blocking 47

Abbildung 2.2: Eisenhower-Matrix 55

Abbildung 2.3: Beispiel für ein Kanban Board 61

Abbildung 4.1: Der Schlaf-Wach-Rhythmus 94

Abbildung 4.2: Intro- oder extrovertiert? 109

Abbildung 5.1: Der Prokrastinations-Kreislauf 131

Abbildung 5.2: Kreislauf zum Durchbrechen der Prokrastination 134

Abbildung 5.3: Zusammenhang zwischen Gedanken, Emotionen und Verhalten 137

Abbildung 6.1: People Pleasing als Teufelskreis 156

Abbildung 6.2: Trotzdem »Nein« sagen als Ausweg aus dem People-Pleaser-Teufelskreis 158

Abbildung 6.3: Beispiel eines Lebensrades 163

Abbildung 8.1: Dunning-Kruger-Effekt 198

Abbildung 8.2: Der Teufelskreis von Selbstzweifeln und harter Arbeit 200

Stichwortverzeichnis

Symbole

80/20-Regel 55

A

ABCDE-Methode 56
Ablehnung 174
Ablenkung 65
  durch Push-Meldung 78
  externe 66, 73
  Geräusche 76
  innere 66, 76
  Smartphone 78
  Soziale Medien 78
Accountability Partner 224
ADHS 83
Adrenalin 32
Affirmation 138
ALPEN-Methode 51
Amygdala 32–33
App 58, 59
  Asana 59
  Bear Focus Timer 238
  Coffitivity 237
  Evernote 59
  Focus@Will 236
  Forest 236
  Freedom 237
  FocusMate 225
  GoalsWon 225
  Habitica 235
  Microsoft To Do 59
  MindNode 238
  Miro 59
  Notion 59
  OneNote 59
  Rescue Time 237
  Streaks 236
  Supporti 225
  Todoist 59
  Toggle Tracker 238
  Trello 59
Arbeit
  unsichtbare 208
Arbeitsleistung 199
Arbeitsplatz
  fester 75
Arbeitsumgebung
  männliche 208
Arbeitsvolumen
  hohes 179
Atemtechnik 114–115
Atmung
  4-7-8 114
  Bauch 114
  Bauchatmung 241
  Doppelatmung 115
  physiologischer Seufzer 115, 239
  Wechsel 115
Aufgabenverwaltung 57
Aufschieben *Siehe* Prokrastination
Ausrede
  Notfallplan 218

B

Batching 81
Bedenkzeit 169
Bedürfnis
  verstehen 229
Belohnung 144, 166
Best Possible Self 164
Bewegung 113–114
Beziehung
  soziale 38
Big Five 178
Body-Check 241
Body-Scan 116
Braindump 60

C

Charaktereigenschaft
  Verträglichkeit 153
Cortisol 32–33, 35, 92

D

Decision Fatique *Siehe* Entscheidungsmüdigkeit
Diskriminierung 209
Dunning-Kruger-Effekt 197
Durchschütteln 241

E

Ego-Depletion Theory 215
Eisenhower-Matrix 54
E-Mail-Flut 52
Emotion
  aushalten 135, 162, 227
  und Gedanke 137
Energiegeber 89–91
Energiemanagement 87–90
Energieräuber 89–91
Entscheidung 71
Entscheidungsmüdigkeit 95
Entwurf
  erster 144
Erfolg
  feiern 202
Erfolgsjournal 185
Ernährung 94
Erreichbarkeit 249
  ständige 29
Erziehung 152
Extinktion
  Gewohnheit 226
Extroversion 108–110, 112

F

Feedback
  annehmen 196
Fehler 186
  absichtlich machen 191
  Tagebuch 187
  Vorteile 186
Fehlerkultur 195
Fixed Mindset 188
Flow 125
Fokus 47, 65
  stärken 80
Fokusphase 95
Fokuszeit 74
Frösche essen 56
Fuck-Up Nights 186

G

Gedanken
  hinterfragen 200
  negative 136
  restrukturieren 183
  Schwarz-Weiß-Denken 187
Gelassenheit 239
Gesundheit
  Vernachlässigung 248
Gewichtsdecke 106
Gewohnheit 211
  aufbauen 215, 219, 217–222, 224–225
  ersetzen 227–228, 231
  gesunde 225
  Habit Stacking 223
  loswerden 225–228, 231
  Tagebuch 231
  Vorteile 212–213, 214
Glaubenssätze 159
Grenze 156
  kommunizieren 167–171
  verschwimmende 29
Großraumbüro 76
Growth Mindset 188
Grundbedürfnis 242

H

Hamsterrad 246
Herz-Kreislauf-Erkrankungen 38
Herzschlag 32
Hilfsmittel
  geräuschreduzierende 75
Hochstapler-Syndrom 204–205
  Kritik 207
  prominente Beispiele 206
  Umgang mit 209
Homeoffice 101
Hour
  Scary 57
Hürde
  aufbauen 231
  reduzieren 143, 222
Hustle 28
Hustle Culture 28

I

Ignoranz
  pluralistische 177, 194
Immunreaktion
  reduzierte 37
Impostor-Syndrom *Siehe* Hochstapler- Syndrom
Impuls
  aushalten 77, 79
Informationsüberflutung 30, 69, 71, 81
Insight 103
Introversion 108–109, 111–112

J

Journaling 243

K

Kalender 46
Kalender-Blocking 46–47, 141
Kampf-oder-Flucht-Reaktion 32
Kanban 60
Kindheit 152
Kindheitserfahrungen 194
Klarheit 50
  Ziele und Prioritäten 162
Klein anfangen 217
Koffeinkonsum 94
Kommunikation 74
Komplimente 203
Kraftstunde 49
Kreativphase 97

L

Lebensrad 163
Lebensstil
  gesunder 117
Leistungsdruck 30
Leistungseinbußen
  kognitive 37
Leistungsfähigkeit 114
Licht 93
  am Abend 93
  am Morgen 93
Liste
  später 77

M

Meditation 82, 240
  Body-Check 241
  Body-Scan 116
Melatonin 92
Methode
  10-Minuten-Methode 140
  ABCDE 56
  ALPEN 51
  Eat that Frog 56
Monotasking 80
Motiv 119
Motivation 51, 119, 139
  Entstehung 125
  extrinsische 122, 124
  intrinsische 123–125
  nach dem Anfangen 139
Multitasking 68
  Konsequenzen 68
  vermeiden 80
Muskelschmerzen 37
Muskelverspannungen 113

N

Nachmittagstief 96
Negativverzerrung 185, 195
Nein
  kein böses Wort 160–161
Neinsagen 159–161, 167–171
Newsfeed
  reduzieren 80
Notizbuch 57

P

Pareto-Altruismus 167
Pareto-Prinzip 55
Parkinson'sches Gesetz 48
Pause 46, 75, 98
  Fehler 98–99
  richtig machen 99–102
People Pleasing 149, 151–153, 171, 199
  Nachteile 153–155
  Teufelskreis 155, 157–159
Perfektionismus 173–176, 179, 199
  abstellen 219–221
  Auswirkungen 180
  Bewältigungsstrategien 182, 184–185
  dysfunktionaler 179
  funktionaler 178
  Nachteile 181
  Prioritäten 189
  Ursachen 176, 177–178
  Vorteile 180

Pflaster
  abreißen 144
Plan
  Wenn-dann-Plan 145
Planungsfehler 48
Planungsfehlschluss 132
Pomodoro-Methode 81, 142
Power Hour 49
Prioritätensetzung 53, 189
Problem
  psychisches 38
Produktivität
  gesunde 27, 40
  Grund 41
Produktivitätskiller 65, 68–69, 72
Prokrastination 54, 127, 128, 129–131, 198
  einfach anfangen 140
  klein anfangen 140
  Kosten 132
  überwinden 133–134
  verzeihen 146
Push-Meldung 78

R

Regel
  80/20 55
Regeln
  im Team 75
Reizreduzierung 81
Routine
  Feierabend 62
  Wochenende 62
Rückzug 250

S

Sauerstoff 32
Schlaf 103
  besserer 106
  Mangel 104
  Probleme 107
  Qualität 105–106
  Revenge Bed Time Procrastination 108
  Snoozen 105
Schlafprobleme 38, 247
Schlaf-Wach-Rhythmus 92–98
Schuldgefühl 133, 249
Selbstmitgefühl 184, 201
Selbstreflexion 200
Selbstschutz 156
Selbstwertgefühl 153, 157
Selbstzweifel 193–195, 197
  Auswirkung 198–200
  dokumentieren 201
  Umgang mit 200–203
  Ursachen 194
Self-Handicapping 130
Seufzer
  physiologischer 115, 239
Smartphone 70
  Dopamin 79
Social Media
  Sucht 70
Sorgen 77
Sozialisierung 209
Stress 27
  abbauen 39
  chronischer 35, 39
  Folgen 35
  gefährlicher 33
  gesunder 34
  Reduktion 156
  weniger 50
Stressabbau
  Atmen 114–115
  Bewegung 113–114
Stressauslöser 31
  arbeitsbezogene 31
  physische 31
  soziale 31
  traumatische 31
Stresskurve 34
Stressmanagement 41
  instrumentelles 41
  mentales 42
  regeneratives 42
Stressreaktion 31
Struktur
  unklare 54
Sundayreset 63
Symptom
  körperliches 247

T

Tagebuch 125
Template 61
Tipps
  Notfall 113

U

Überlastung 200
Unklarheit 72
Unterbesetzung 30
Unterbrechung
  durch Kollegen 74
  im Homeoffice 75
Unterstützung
  professionelle 209, 251

V

Veränderung 42
Verdauung 32
Vergleich 195
Verhaltensweisen
  ungesunde 37
Vitaminmangel 117
Volition 120
Vorhersage 138
Vorurteile 209

W

Warnsignal 245–246
Warum
  verstehen 215
Webseiten
  blockieren 80
Wechselkosten 48
Werte 165
Whiteboard 58
Workflow 61

Y

Yoga 40

Z

Zeit
  Einschätzung 48
  Ersparnis 44
  freie 46
Zeitdruck 132
Zeitersparnis 48
Zeitfresser 44–46
Zeitlimit 189
Zeitmanagement 43–44, 157
Ziel
  setzen 190
Zwei-Minuten-Regel 50, 52

Diese Bücher könnten Sie auch interessieren

A. Broere

Effizienter arbeiten für Dummies

1. Auflage 2019 **ISBN:** 978-3-527-71614-2
144 Seiten

Format: 217 mm x 143 mm

Ladenpreis: 10,- €*

Sie wollen lernen, wie Sie effizienter und belastungsfrei Arbeiten? Sie wollen wissen, wie Sie Ihre Aufmerksamkeit steuern können und Sie sich einen idealen Tag zusammenstellen? Dann schnappen Sie sich dieses Buch, denn es zeigt Ihnen den besten Weg.

C. Mörsch und M. Müller

Konzentriert arbeiten für Dummies

1. Auflage 2020 **ISBN:** 978-3-527-71700-2
330 Seiten

Format: 140 mm x 216 mm

Ladenpreis: 17,- €*

Um ein herausforderndes Arbeitsziel zu erreichen, brauchen Sie Konzentration. Dieses Buch zeigt Ihnen in, was Sie dafür tun können, um Ihre Konzentrationsfähigkeit deutlich zu verbessern und erfolgreicher in jedem Job zu sein.

P. Lahnstein

Berufliche Kommunikation für Dummies

1. Auflage 2025 **ISBN:** 978-3-527-72115-3
304 Seiten

Format: 176 mm x 240 mm

Ladenpreis: 18,- €*

Fällt auch Ihnen die perfekte Antwort oft erst zu spät ein, und Konflikten und Mitarbeitergesprächen gehen Sie lieber aus dem Weg? Petra Lahnstein zeigt in diesem Buch, wie authentische, wertschätzende Kommunikation gelingt. Mit konkreten Tipps zum Erfolg!

*Der €-Preis gilt nur für Deutschland. Preisänderungen und Irrtümer vorbehalten.

Diese Bücher könnten Sie auch interessieren

D. Voigt

Toxische Menschen am Arbeitsplatz für Dummies

1. Auflage 2025 **ISBN:** 978-3-527-72354-6
352 Seiten

Format: 176 mm x 240 mm

Ladenpreis: ca. 20,- €*

Erscheinungstermin: Mai 2025

Dieses Buch beleuchtet die charakteristischen Merkmale und Dynamiken von toxischen Beziehungen speziell in beruflichen Kontexten. Sie lernen wirksame Strategien kennen, um emotionale Turbulenzen sicher zu überstehen, Missbrauch abzuwehren und sich langfristig zu schützen.

D. Voigt

Gesunder Umgang mit toxischen Menschen für Dummies

1. Auflage 2024 **ISBN:** 978-3-527-72229-7
288 Seiten

Format: 176 mm x 240 mm

Ladenpreis: 20,- €*

Lernen Sie die Techniken und Tricks von Narzissten, Soziopathen und Psychopathen kennen und erfahren Sie, wie Sie sich vor Manipulation, Machtspielen und Missbrauch von toxischen Menschen schützen können. Lassen Sie ihre Giftigkeit nicht die Regie über Ihr Leben übernehmen.

L. L. Smith

Gesunder Umgang mit Narzissmus für Dummies

1. Auflage 2024 **ISBN:** 978-3-527-72163-4
300 Seiten

Format: 176 mm x 240 mm

Ladenpreis: 22,- €*

Vermuten Sie, dass jemand in Ihrem Leben ein Narzisst ist, und möchten mehr darüber erfahren, wie Narzissten ticken? Möchten Sie lernen, wie Sie sich abgrenzen können? In diesem Buch finden Sie handfeste, praktischer Vorschläge, wie Sie sich vor Narzissten schützen können.

*Der €-Preis gilt nur für Deutschland. Preisänderungen und Irrtümer vorbehalten.

Diese Bücher könnten Sie auch interessieren

M. Kushner

Erfolgreich präsentieren für Dummies

4. Auflage 2019 **ISBN:** 978-3-527-71611-1
323 Seiten
Format: 176 mm x 240 mm
Ladenpreis: 18,- €*

Sei es in Schule, Studium oder Beruf - Vortrags- und Präsentationskünste muss jeder einmal beweisen. Dieses Buch ist ein umfassender Leitfaden für sichere und unterhaltsame Präsentationen.

S. E. Portny

Projektmanagement für Dummies

5. Auflage 2021 **ISBN:** 978-3-527-71787-3
400 Seiten
Format: 176 mm x 240 mm
Ladenpreis: 26,- €*

Alles rund um das Projektmanagement: Projekte planen, durchführen und kontrollieren, Zeit und Mittel planen, das Team richtig aufbauen.

M. Dörr

Erfolgreiches Zeitmanagement für Dummies

2. Auflage 2022 **ISBN:** 978-3-527-71930-3
300 Seiten
Format: 176 mm x 240 mm
Ladenpreis: 17,- €*

Markus Dörr zeigt Ihnen, wie Sie mit einer guten Tagesplanung erfolgreicher und zufriedener werden. Sie erfahren, wie Sie mit Störungen und Zeitdieben umgehen und der ständigen Erreichbarkeit durch E-Mail, Smartphone und Co. begegnen, die Technik aber zeitgleich sinnvoll nutzen.

*Der €-Preis gilt nur für Deutschland. Preisänderungen und Irrtümer vorbehalten.

Diese Bücher könnten Sie auch interessieren

S. Alidina

Achtsamkeit für Dummies

2. Auflage 2021 **ISBN:** 978-3-527-71879-5
358 Seiten
Format: 176 mm x 240 mm
Ladenpreis: 18,- €*

Sind Sie oft gestresst,angespannt und sehnen sich nach Entspannung? Wie es Ihnen gelingt, achtsam zu sein, bewusst nur eine Sache auf einmal zu tun und im Hier und Jetzt zu leben, zeigt Ihnen dieses Buch. Atemtechniken und Achtsamkeitsmeditationen steigern Ihr Wohlbefinden.

E. Kalbheim

Selbstfürsorge für Dummies - SONDERAUSGABE

1. Auflage 2024 **ISBN:** 978-3-527-72335-5
352 Seiten
Format: 140 mm x 216 mm
Ladenpreis: 10,- €*

Fühlen Sie sich angespannt und ausgelaugt? Das muss nicht sein. Eva Kalbheim hilft Ihnen mit diesem Buch dabei, Ihre Bedürfnisse zu erkennen, Zeit für sich selbst zu finden, Ihren Selbstwert zu stärken und gut für sich zu sorgen.

E. Kalbheim

Gelassenheit lernen für Dummies - SONDERAUSGABE

1. Auflage 2024 **ISBN:** 978-3-527-72336-2
352 Seiten
Format: 140 mm x 216 mm
Ladenpreis: 10,- €*

Gelassenheit ist der Schlüssel zu einem ausgeglichenen Leben. Wer in sich ruht, lebt gesünder. Lernen Sie die unterschiedlichen Möglichkeiten kennen, in verschiedenen Situationen gelassen zu reagieren und es dauerhaft zu bleiben.

*Der €-Preis gilt nur für Deutschland. Preisänderungen und Irrtümer vorbehalten.

www.ingramcontent.com/pod-product-compliance
Lightning Source LLC
LaVergne TN
LVHW061936220826
846092LV00004B/1023
9783527722747